Collection Rolf Heyne

Leben und Genießen im Frankreich der Impressionisten

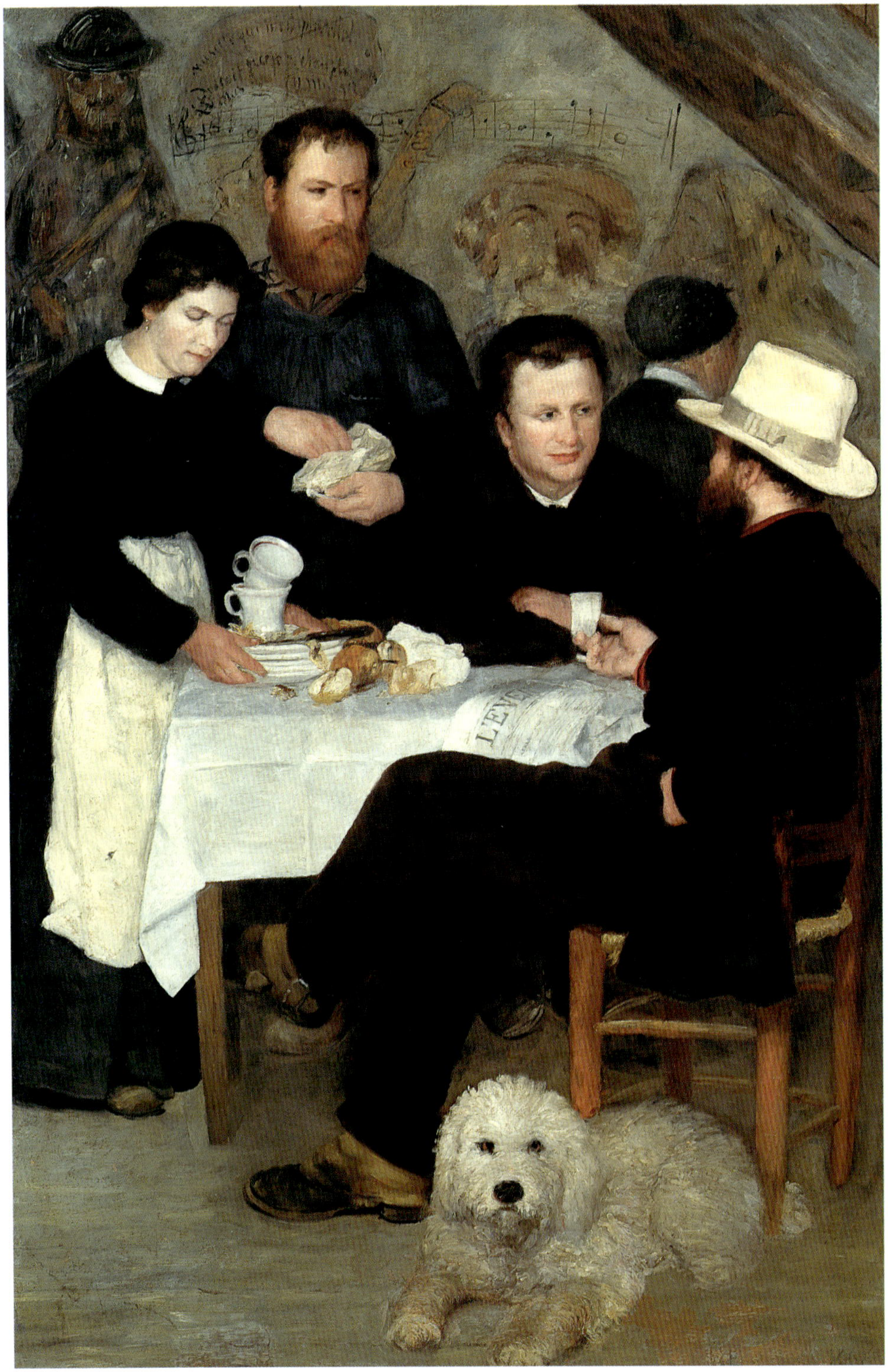

PAMELA TODD

Leben und Genießen im Frankreich der Impressionisten

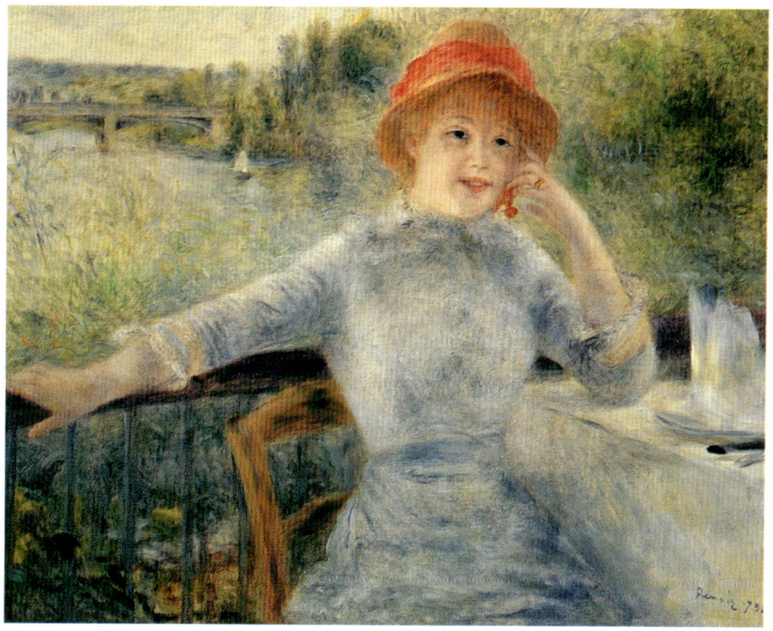

MIT 100 REZEPTEN

COLLECTION ROLF HEYNE
MÜNCHEN

Ⓥ **hinter Rezepten besagt, daß diese für Vegetarier geeignet sind**

Titel der englischen Originalausgabe:
THE IMPRESSIONISTS' TABLE
Aus dem Englischen übertragen von
Wolfgang Glaser (Rezepte) und von Gabriele Gockel und Barbara Reitz,
Kollektiv Druck-Reif, München

Die Originalausgabe erschien 1997 bei Pavilion Books Limited, London

Die vorliegende Ausgabe erschien 1997 erstmals unter dem Titel »Die Tafelfreuden der Impressionisten«
bei Wilhelm Heyne Verlag GmbH & Co. KG, München

Requisite: Penny Markham
Buchgestaltung: David Fordham
Bildrecherche: Lynda Marshall
Umschlaggestaltung: LIQUID Agentur für Gestaltung, www.liquidnet.de
Satz: KortSatz GmbH, München
Druck und Bindung: Conti Tipocolor, Florenz
Printed in Italy

ISBN 3-89910-158-8

Seite 2:
Pierre-August Renoir: Im Gasthaus von Mère Anthony

Seite 3:
Pierre-August Renoir: Alphonsine Fournaise in »La Grenouillère«

INHALT

EINFÜHRUNG
7

I
DIE NORMANDIE
FREUDE AM LEBEN, ESSEN UND MALEN
13

II
PARIS
GESPRÄCHE UND RAFFINEMENT
45

III
FONTAINEBLEAU & DIE SEINE
ESSEN UND FREUNDSCHAFT
87

IV
DIE BRETAGNE
REICHE ERNTE
123

V
DIE PROVENCE
AUF DER SUCHE NACH IMPRESSIONEN
153

AUSWAHLBIBLIOGRAPHIE
189

REGISTER
190

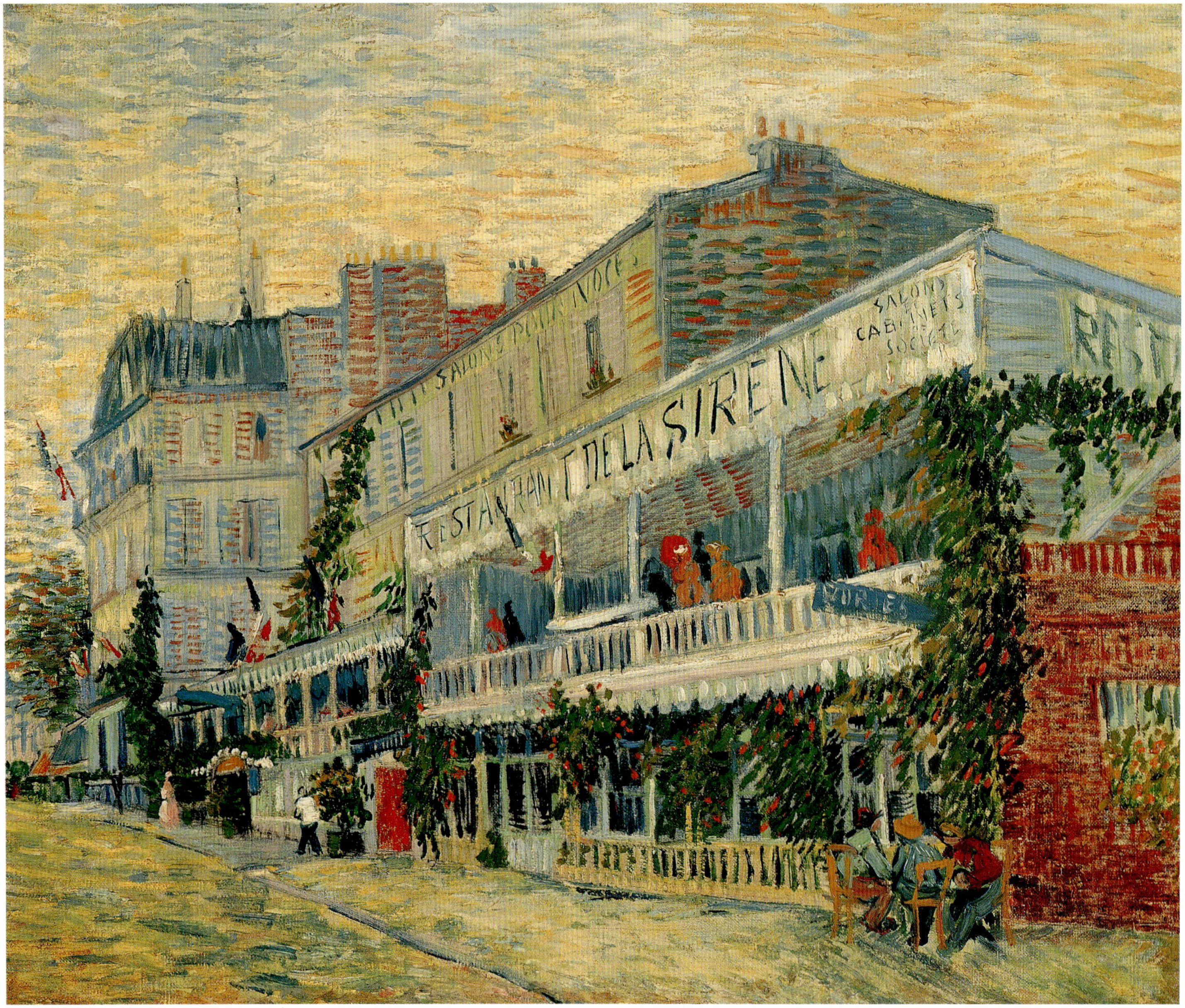

Vincent van Gogh: Das Restaurant de la Sirène in Asnières

EINFÜHRUNG

»Damals verstand man es noch, sich zu amüsieren!
Die Maschinen hatten noch nicht das ganze Leben vereinnahmt:
Man verfügte über genügend Muße, um sich zu vergnügen,
und das hat niemandem geschadet.«

AUGUSTE RENOIR

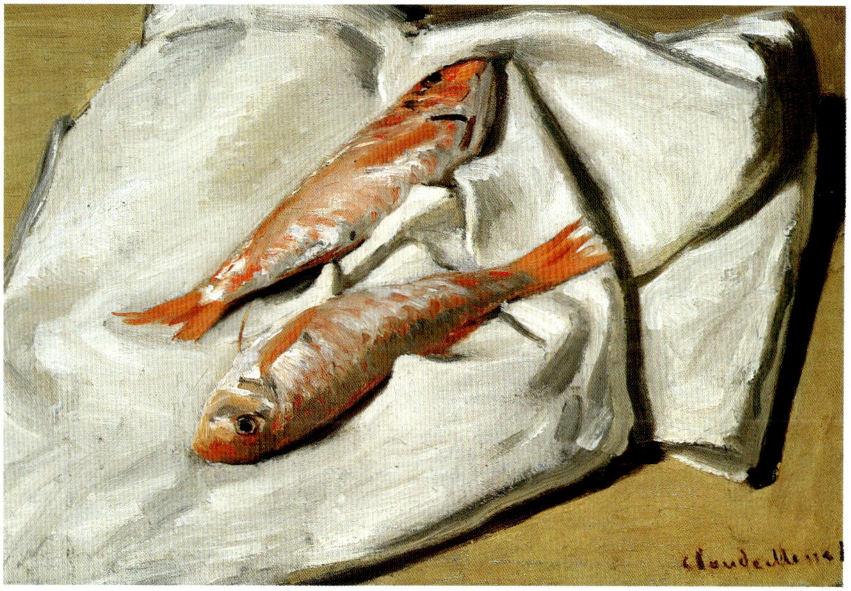

DIE BILDER DER IMPRESSIONISTEN vermitteln eine unwiderstehliche Lebensfreude und sind von einer jugendlichen, mitreißenden Kraft, die sie aus ihren gemeinsamen Idealen, Festen und Freundschaften, aber auch aus den geteilten Entbehrungen schöpften. Vergnügungen aller Art sind ihr Thema, und die unbeschwerte Heiterkeit der Gemälde, ihre leuchtenden Farben, ihr schwungvoller Pinselstrich und die sonnendurchfluteten Szenen machen es uns heute schwer, in diesen Werken etwas Radikales oder eine gegen das Establishment gerichtete Provokation zu sehen. Vielmehr wecken sie im Betrachter Lust und einen Hauch von Sehnsucht nach jener Zeit, in der Liebe, Licht und Geselligkeit – oft bei einem gemeinsamen Mahl – so viel mehr wogen als die schnöden finanziellen Sorgen des Alltags. Zu ihrer Zeit jedoch wurden die Impressionisten mißverstanden und belächelt, ihre Bilder als Geschmiere von ein paar Verrückten diskreditiert. Bei ihrer ersten Gruppenausstellung im Jahre 1874 konnten weder Publikum noch Kritiker Verständnis für die »anfängliche Wirrheit« der Gemälde aufbringen. Die Unmittelbarkeit, Frische und Spontaneität der Arbeiten schockierten und erschreckten, so daß man zu Beschimpfungen Zuflucht nahm oder sich darüber mokierte. Der einflußreiche Kritiker Albert Wolff beispielsweise schrieb verächtlich: »Sie nehmen Leinwand, Farben und Pinsel, klecksen wahllos etwas hin und hoffen das Beste.« Louis Leroy machte sich in einem satirischen Dialog (den er für die am 25. April 1874 erschienene Ausgabe von *Le Charivari* schrieb) über sie lustig und belegte sie mit dem spöttisch gemeinten Begriff »Impressionisten«. Monet aber war entzückt, griff die Bezeichnung auf und wurde der neue Anführer, das Herz und die Seele der Gruppe.

Die Ausstellung verbesserte die prekäre finanzielle Situation der Gruppe zwar nur wenig, trug aber immerhin dazu bei, die bestehenden Bande noch enger zu knüpfen. Als Angehörige einer Generation – Camille Pissarro, Edgar Degas, Paul Cézanne, Alfred Sisley, Claude Monet, Berthe Morisot, Auguste Renoir, Edouard Manet und Frédéric Bazille wurden alle zwischen 1830 und 1841 geboren – trafen sie sich häufig in ihren Lieblingscafés und -restaurants in Paris, luden sich gegenseitig nach Hause ein und unternahmen gemeinsam Ausflüge aufs Land. Sie teilten nicht nur die Kosten miteinander, sondern auch Erfahrungen, Erkenntnisse, Triumph und Verzweiflung. Viele von ihnen lebten auf Pump, eine Quelle, die leider oft nur allzu schnell wieder versiegte. Häufig hatten sie nicht einmal Geld fürs Essen, geschweige denn für Farben, und waren moralisch und finanziell auf die Unterstützung der wohlhabenderen Mitglieder der Gruppe angewiesen – des dandyhaften Manet, der ursprünglich ihren Mittelpunkt bildete, des weltmännischen Degas und des hünenhaften, bärtigen Bazille. 1868 schrieb Monet in einem verzweifelten Brief an Bazille, er sei »ohne Hemd auf dem Leibe« aus seiner Wohnung geworfen worden, und flehte ihn an, »mir unverzüglich zu schreiben, ob Sie etwas für mich tun können«. Bazille, ein vielversprechender junger Maler, dessen Laufbahn tragischerweise ein jähes Ende nahm, als er im französisch-preußischen Krieg fiel, kaufte ein großes Bild Monets in Raten, was die Situation ein wenig entspannte, doch schon bald klagte Monet erneut über seine Armut. In Arles lebte van Gogh einmal vier Tage lang lediglich von 43 Tassen Kaffee und alten Brotkrusten, während er ein Feuerwerk von herrlichen Farben auf die Leinwände zauberte. Selbst diejenigen aus begüterten Elternhäusern – wie beispielsweise Cézanne – hatten es nicht leicht, mußten sie doch mit den dürftigen Zuwendungen eines Vaters auskommen, der nicht nur den Lebensstil des Sohnes mißbilligte, sondern auch seine Kunst.

Als Renoir und Monet im Sommer 1868 Seite an Seite in dem berühmten schwimmenden Café »La Grenouillère« am Ufer der Seine bei Croissy malten und versuchten, die schimmernden Lichtreflexe auf dem graugrün glänzenden Fluß einzufangen, bewahrte Renoir seinen Kollegen Monet, dessen Geliebte Camille Doncieux und deren gemeinsamen Sohn vor dem Verhungern, indem er mitbrachte, was an der elterlichen Tafel übriggeblieben war. »Wir haben zwar nicht jeden Tag zu essen«, schrieb Renoir an Bazille, »aber ich bin trotzdem zufrieden, weil es sich in Monets Gesellschaft hervorragend malen läßt.«

Wieder in Paris, teilten sich die beiden ein Atelier und aßen Linsen, die langsam auf einem Herd in der Ecke vor sich hinköchelten, welcher nur auf beharrliches Drängen des Modells entfacht wurde. »Niemals bin ich glücklicher gewesen«, berichtete Renoir seinem Sohn Jean. »Ich muß aber auch zugeben, daß es Monet von Zeit zu Zeit gelang, ein Essen zu beschaffen, und dann stopften wir uns mit getrüffeltem Truthahn voll und spülten mit Chambertin nach!« Abends trafen sie sich mit den anderen im »Café Guerbois« oder im »Nouvelle-Athènes« und tauschten in angeregten Gesprächen oft bis in die Nacht hinein Gedanken über die Kunst und das Leben aus. Als Verfechter einer unbeschwerten, hei-

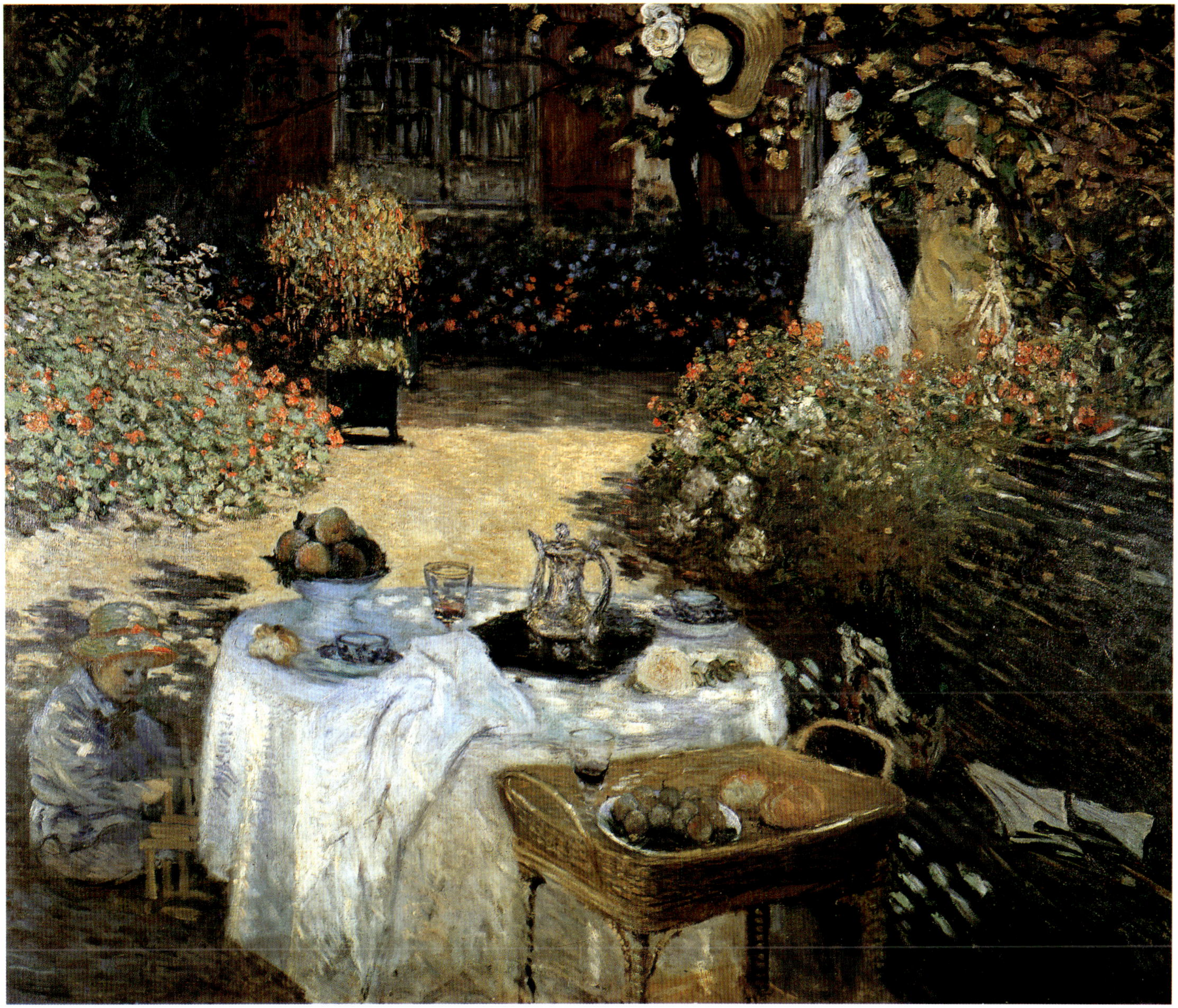

Claude Monet: Das Mittagsmahl (Monets Garten in Argenteuil)

teren Lebensweise arbeiteten sie an der Entstehung eines neuen Kunststils, der dem Licht Vorrang vor der Form gab und auf die Leinwand bannen sollte, was Baudelaire »die Gegenwärtigkeit des Augenblicks« nannte.

Die bis heute anhaltende Faszination der impressionistischen Gemälde beruht darauf, daß sie eine Landschaft und einen Lebensstil einfingen, die inzwischen wohl für immer verloren sind. Wir schätzen am Werk der Impressionisten vor allem das lebendige Spiel des Lichts und die Szenen strahlenden Glücks. Eine erstaunlich große Zahl von Bildern hat die unbeschwerte Heiterkeit eines Mahls zum Thema – sie zeigen im Freien aufgestellte Tische oder üppige Picknickgelage im Schatten einladender Bäume. Die Künstler entfernten sich von den klassischen Themen und den monumentalen Historiengemälden, die die Wertschätzung des Salons genossen, und wandten sich dem weniger spektakulären Bereich des privaten Lebens zu, malten Freunde und Verwandte, die am Mittagstisch oder nach einem offenbar genußreichen Mahl gemütlich beim Kaffee zusammensaßen. Welch verführerische Gelassenheit liegt in der anmutigen Schönheit des appetitlich gedeckten Tisches in Monets *Le Déjeuner (Das Frühstück)*, welch reizvolle Ausgelassenheit zeigt die zauberhafte, belebte Szene in dem am Fluß gelegenen Restaurant Fournaise, die Renoir in *Le Déjeuner des Canotiers (Das Frühstück der Ruderer)* festgehalten hat! Wirklich außergewöhnlich am Werk der Impressionisten ist, daß jede Spur von Not und Existenzkampf, die ihr Leben überschatteten, daraus getilgt ist und die Gemälde eine Atmosphäre der Entspanntheit und Zufriedenheit mit den einfachen Freuden des Lebens wiedergeben. Ihrer Begeisterung für das Leben, für die leiblichen Genüsse und die Freundschaft kann sich kein Betrachter entziehen. Es ist oft darauf hingewiesen worden, daß Renoir niemals traurige Bilder, ja nicht einmal Winterlandschaften, gemalt hat. Er äußerte einmal, es gebe bereits genügend Leid im Leben, so daß man diesem nicht noch weiteres hinzufügen müsse. Und als sein Lehrer an der École des Beaux-Arts ihm vorwarf, er male nur zu seinem Vergnügen, gab er die berühmte Antwort: »Wenn es mir keinen Spaß machte, würde ich es sicher nicht tun.«

Das Kunstestablishment erholte sich lange nicht von dem Angriff, den der Impressionismus darstellte. Doch dank der Unterstützung einiger weniger hellsichtiger Kunsthändler wie Paul Durand-Ruel und Ambroise Vollard fanden die Gemälde allmählich besseren Absatz. Und mit dem wachsenden Einkommen erhöhte sich auch der Lebensstandard. Nun konnten die Künstler die billigen Cafés um Les Halles, wo sie bisher mit rotgesichtigen Lastträgern und wettergegerbten Gemüsegärtnerinnen an einem Tisch gesessen hatten, um eine Tasse dampfende Suppe zu löffeln, gegen die elegante Atmosphäre des »Pruniers«, des Restaurants »Marguéry's«, des »Café de Paris« und des »Hôtel Drouot« tauschen, wo erfolgreiche Schriftsteller, Künstler und Politiker die erlesenen Spezialitäten der begabtesten Köche der Welt genossen. Die Impressionisten stammten aus verschiedenen Gegenden Frankreichs und aus unterschiedlichen Schichten. Manet, Degas und Berthe Morisot waren bürgerlicher Herkunft, Renoir ein Kind der Arbeiterklasse. Pissarro entstammte einem begüterten Elternhaus, stieß aber seine Familie vor den Kopf, indem er das Dienstmädchen heiratete. Einige Mitglieder der Gruppe, zum Beispiel Monet und Renoir, waren Familienväter; andere wie Degas führten ein Junggesellendasein. Sisley, Renoir und Monet hatten uneheliche Kinder, und Cézanne hielt sein Leben lang die Existenz eines unehelichen Sohnes vor seinem Vater geheim. Was diese so verschiedenen Menschen miteinander verband, war ihr gemeinsames künstlerisches Anliegen und die Weigerung, den traditionellen, institutionalisierten Weg mit seinen einengenden Vorschriften zu Erfolg und

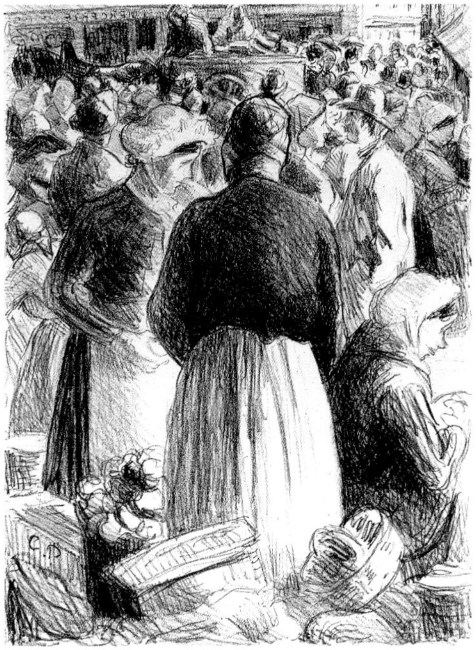

Eine Lithographie des Marktes in Pontoise von Camille Pissarro

Anerkennung einzuschlagen. Sie waren Rebellen, die das Café der Akademie und die freie Natur dem Atelier vorzogen, mit einem unstillbaren Hunger nach Leben, leiblichen Genüssen und Freundschaft.

Und sie lebten in einer Zeit des raschen sozialen Wandels, weshalb die Geschichte des Impressionismus eng mit den Cafés, Tanzpalästen und Vergnügungsstätten verwoben ist, die in Paris überall aus dem Boden schossen; mit der neuen, aus England stammenden Mode, im Meer zu baden, die Trouville und Deauville in elegante Seebäder verwandelte; und mit dem Entstehen eines Schienennetzes, dank dem man die hübschen Dörfer entlang der Seine von Paris aus in einer Viertelstunde erreichen konnte.

Die impressionistischen Gemälde geben Zeugnis von der sozialen Revolution, die zu dieser Zeit stattfand: Sie ermöglichte den Frauen, ohne männliche Begleitung ein Café oder Restaurant aufzusuchen, und schenkte der neuen Mittelschicht genügend Freizeit, die Sonntage bei einem Picknick auf dem Land zu verbringen oder mit Freunden auswärts zu essen.

Dieses Buch folgt den Impressionisten durch die Regionen Frankreichs, mit denen sie am engsten verbunden waren. Es gibt Einblick in die reichhaltige, üppige Gastronomie der Normandie, die der »bon gourmand« Monet so liebte, und in die raffinierte Küche des Paris jener Zeit, da es noch die unumstrittene kulinarische Hauptstadt der westlichen Welt war. Die Langusten, geräucherten Schinken, Terrinen und *pâtés*, die in den belebten Gaststätten und kleinen Dörfern entlang der Seine serviert wurden, sind ebenso Thema wie die frischen Pilze – *cèpes, morilles und truffes* – aus den Wäldern um Fontainebleau. Nach der guten, kräftigen Bauernkost der Bretagne und den vielen Fischsuppen, Eintöpfen und köstlichen *fruits de mer* der Küste mit ihrer verschwenderischen Fülle wendet es sich schließlich der großen klassischen Küche der Provence zu, in der Cézanne und Renoir schwelgten.

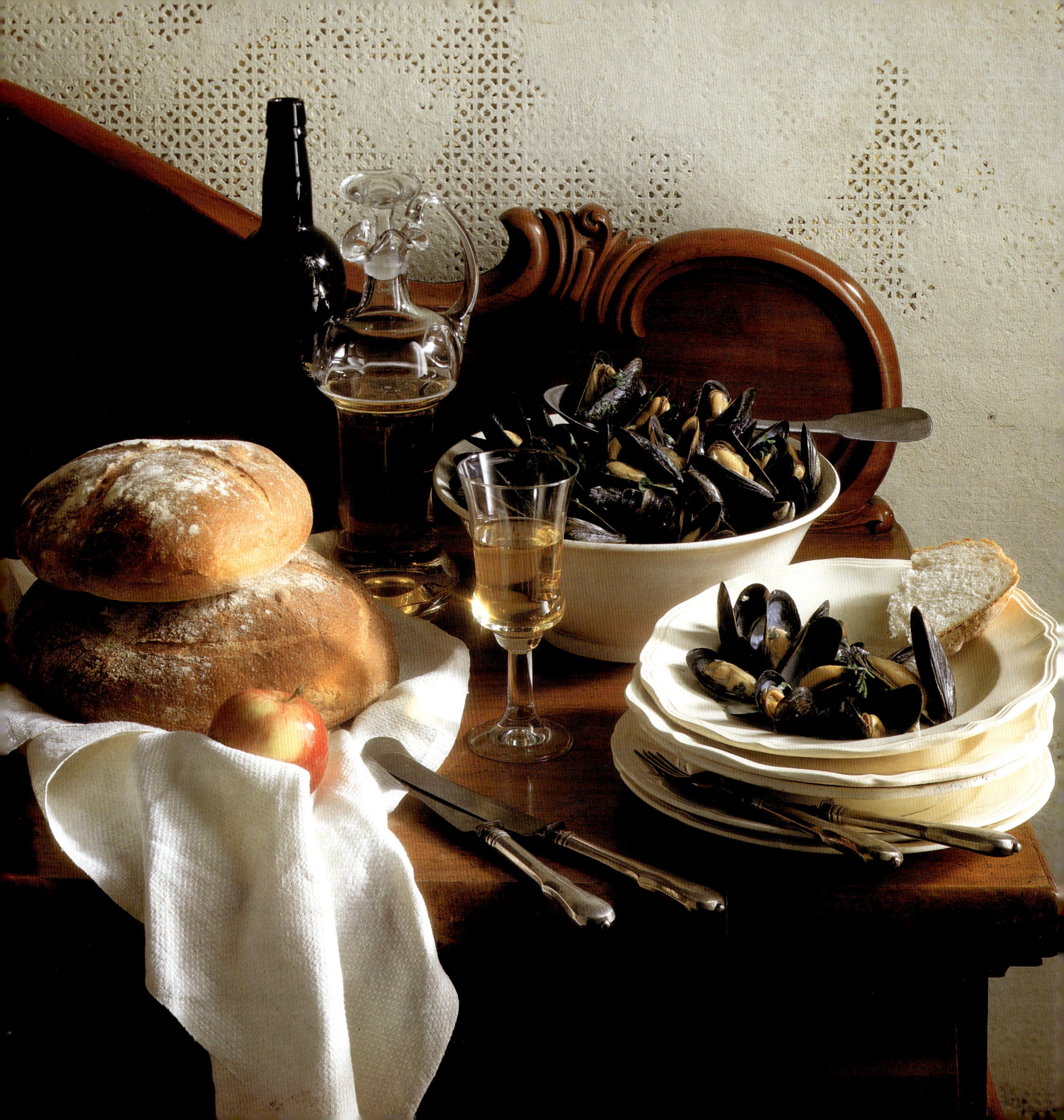

I

DIE NORMANDIE

Freude am Leben, Essen & Malen

»Ich würde gern für immer in einem Winkel der Welt leben,
der so still ist wie dieser.«

CLAUDE MONET in einem Brief an FRÉDÉRIC BAZILLE, 1868

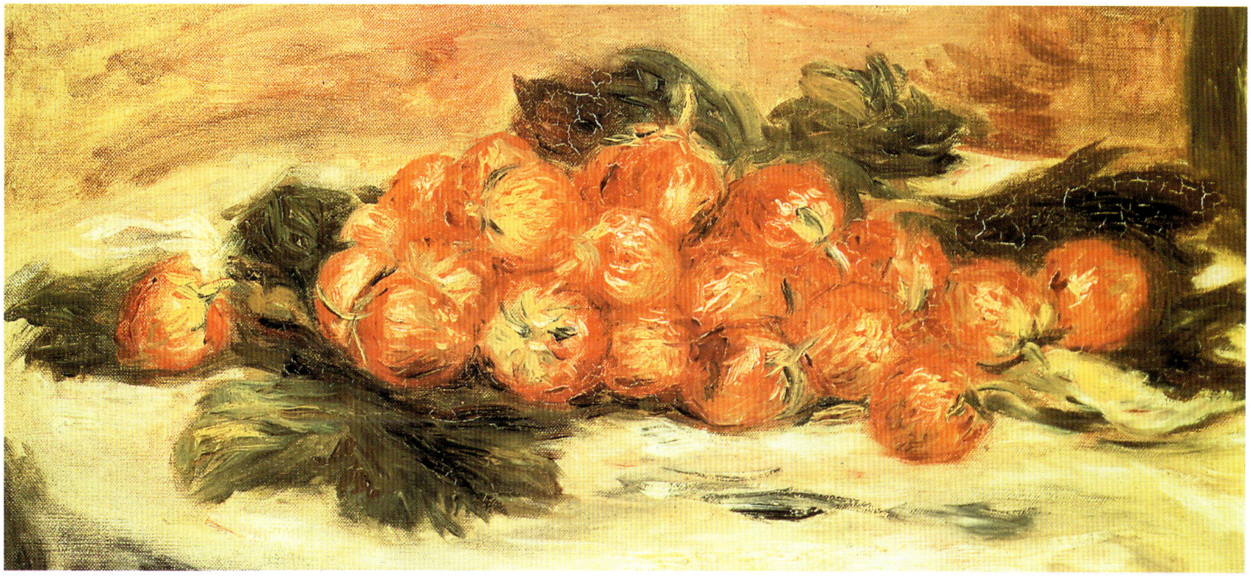

PIERRE-AUGUSTE RENOIR: ERDBEEREN AUF WEISSEM TISCHTUCH
GEGENÜBER: MIESMUSCHELN IN CIDRE (SIEHE SEITE 30)

DIE STRASSE ZUR »FERME SAINT-SIMÉON« hat sich seit den Tagen Monets kaum verändert: In einer schwungvollen Kurve führt sie über der pittoresken Hufeisenform des geschäftigen Hafens von Honfleur bergauf – eng und mit Kopfstein gepflastert, gesäumt von Fachwerkhäusern in allen möglichen, vom Regen verwaschenen Farben. Zur Rechten geben kleine Lücken zwischen den Häusern den Blick frei auf eine steile Treppe, die zu einer verkehrsreicheren, moderneren Straße hinunterführt. Man kann sich gut vorstellen, wie der dreiundzwanzigjährige Claude Monet und sein enger Freund Frédéric Bazille Farben und Staffelei schultern und im rosigen Licht der Morgendämmerung auf dieser Straße losziehen – wie jeden Morgen im Sommer des Jahres 1864. Sie hatten zwei Zimmer über einer Bäckerei gemietet und wurden allmorgendlich vom köstlichen Duft frisch gebackenen Brotes geweckt. Als junge, mittellose Künstler, die mit dem traditionellen Kunstestablishment auf Kriegsfuß standen, hätten sie sich niemals träumen lassen, daß ihr Werk eines Tages in einem nach einem Förderer Monets benannten Museum hängen würde: Eugène Boudin hatte

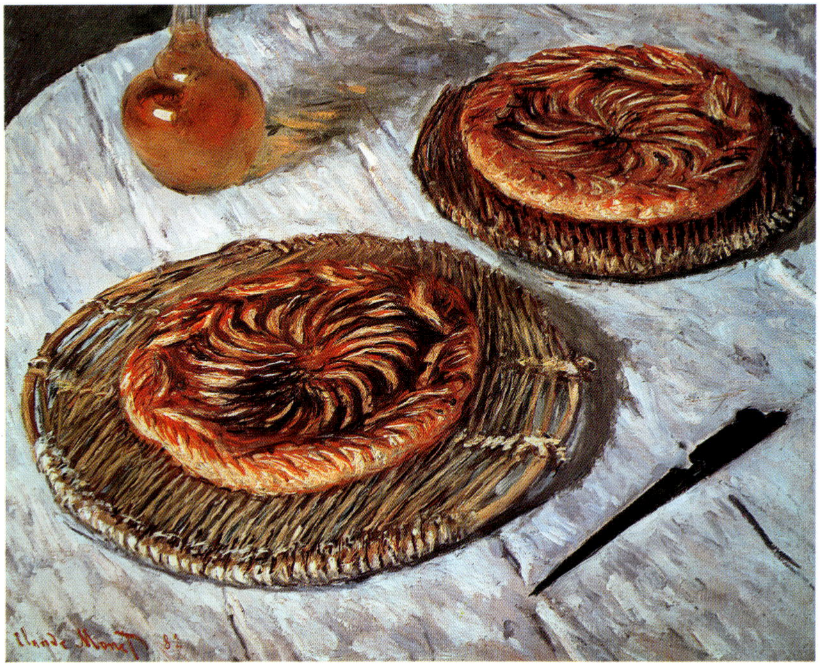

Claude Monet: Les Galettes

Monet gedrängt, sich ernsthaft der Kunst zuzuwenden, nachdem er seine für ein Taschengeld gezeichneten Karikaturen gesehen hatte. Das nach ihm benannte Museum befindet sich auf der linken Seite der ansteigenden Straße und beherbergt eine erstaunliche Sammlung von Gemälden jener Gruppe miteinander befreundeter Maler, die als Impressionisten bekannt wurden.

In jenem Sommer 1864 aber stand die Freundschaft, nicht der Ruhm, im Vordergrund. Bazille, der aus dem südfranzösischen Montpellier stammte, fühlte sich von der Normandie Monets sofort in Bann gezogen. »Das Land ist himmlisch«, schrieb er seinen Eltern. »Üppigere Weiden und schönere Bäume als hier gibt es wohl nirgends; überall grasen Kühe und Pferde. Das Meer, oder besser die Seine, die hier breiter wird, liefert einen herrlichen Horizont hinter den riesigen Grünflächen.« Alles bezauberte ihn: der Kopfschmuck der Frauen aus gestärkter Baumwolle, die Landschaft und die normannischen Gerichte, die er täglich in der »Ferme Saint-Siméon« oder in Le Havre bei der Familie Monets zu essen bekam.

Die »Ferme Saint-Siméon« war damals ein bescheidenes Landgasthaus. Sie steht zwar noch immer am Hang über Honfleur, doch ist das Haus inzwischen so piekfein hergerichtet, daß Monet es nicht wiedererkennen würde. 1864 stand das schlichte strohgedeckte Gebäude inmitten eines Apfelbaumgartens und wurde von dem normannischen Ehepaar Toutain bewirtschaftet. Es war berühmt für seine rustikale Gemütlichkeit und den reich gedeckten Tisch von Mère Toutain, an dem die Besucher oft von mittags bis abends verweilten. Wenn im Sommer draußen unter den Bäumen lange Tische aufgestellt wurden, war die Ferme einer der Lieblingsplätze der Maler. Boudin, den Baudelaire als Maler der »Magie von Luft und Wasser« beschrieb, machte Gustave Courbet mit Mère Toutains Küche bekannt, mit ihren Garnelen und Muscheln und mit ihrer berühmten ***matelote à la marinière***, bei der einem buchstäblich das Wasser im Munde zusammenlief. Von dem selbstgemachten Cidre des Bauern war Courbet zwar nicht besonders angetan – er beklagte, das Zeug tauge zu nichts weiter, als sich die Hände damit zu waschen –, doch das hinderte ihn nicht, sich ein paar Gläser aus »Père Toutains kleinem Fäßchen« zu genehmigen und anschließend seinen Rausch unter einem Baum auszuschlafen.

Die lebhafte Skizze, die Boudin von einer um einen Holztisch versammelten Gruppe von Malern anfertigte, zeichnet ein fesselndes Bild von der *joie de vivre* unter den Malerfreunden. Sie zeigt den jungen Monet mit Schnauzbart, der – offensichtlich hoch erfreut über die

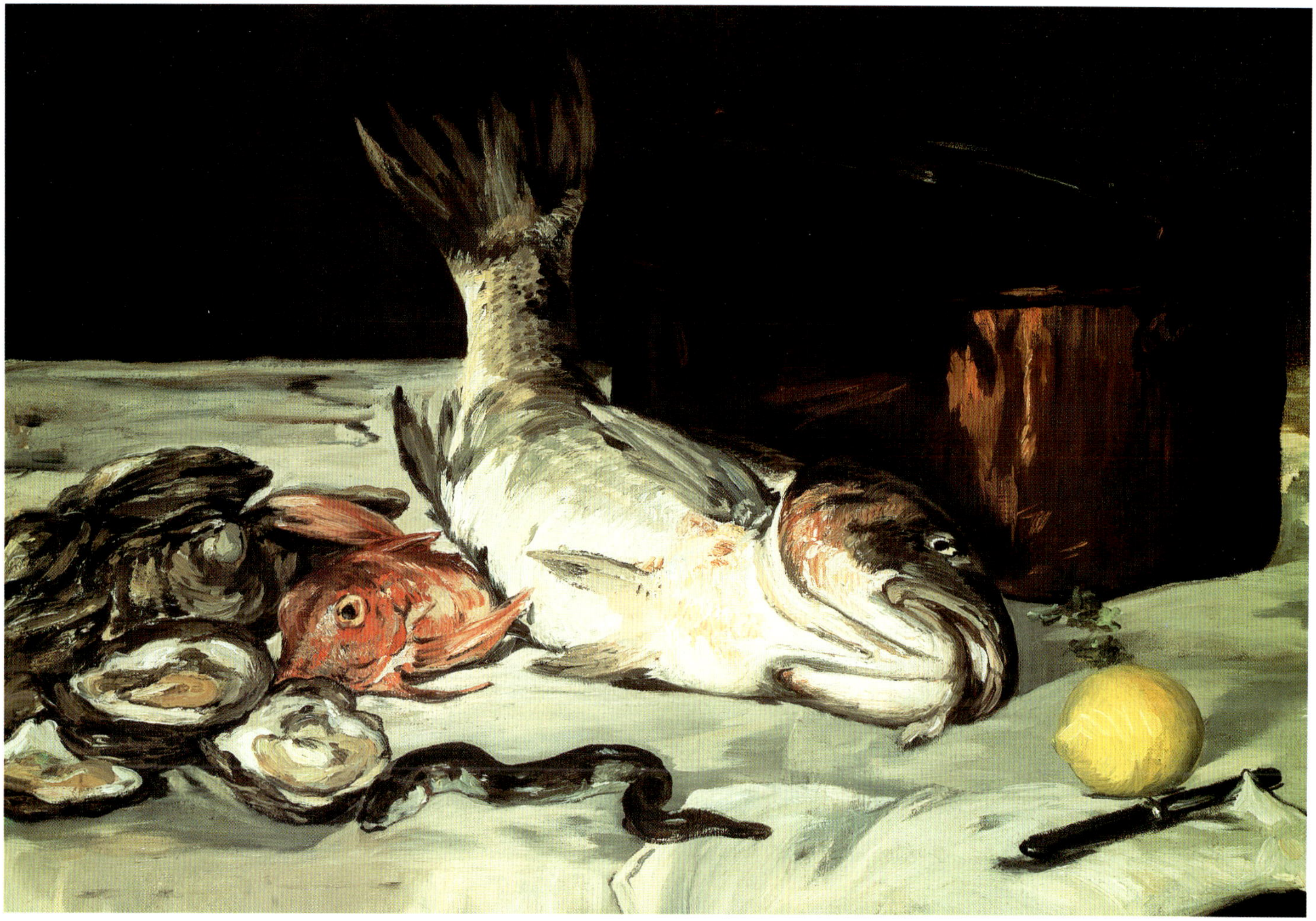

Edouard Manet: Stilleben mit Karpfen

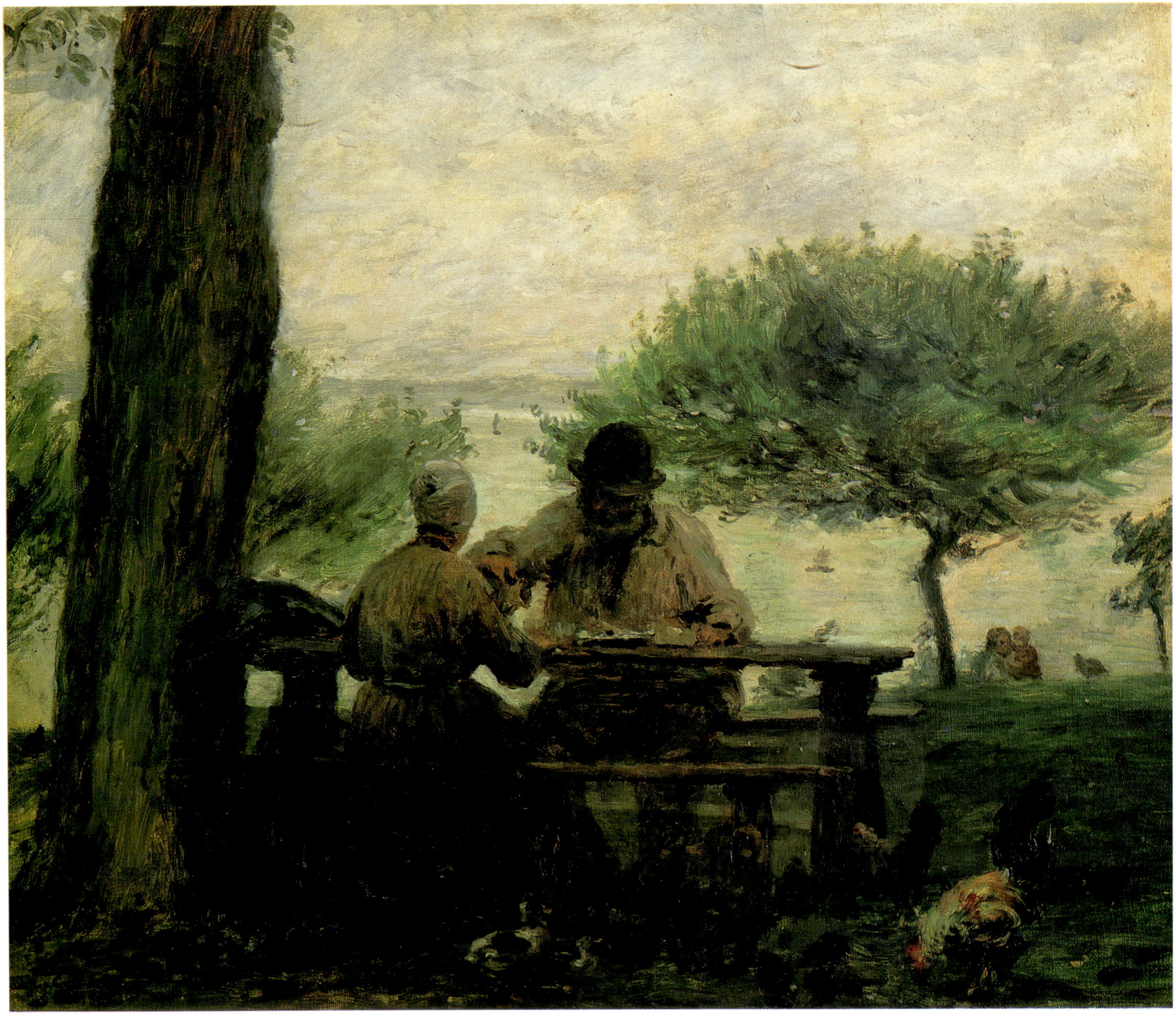

ADOLPHE-FELIX CALS: MAHLZEIT IN HONFLEUR

erlauchte Gesellschaft – sein Glas auf den Künstler erhebt. Für Monet war die Normandie seine Heimat. Noch in seiner Kindheit waren die Eltern von Paris nach Le Havre gezogen und führten dort zusammen mit seinem Onkel Lecadre ein gutgehendes Lebensmittelgeschäft. Monet wuchs in einem heiteren, gutbürgerlichen Haushalt auf, dessen angenehm regen Tagesablauf ein Besucher 1853 folgendermaßen schilderte: »... tagsüber Spaziergänge und Baden im Meer; abends improvisierte Konzerte und Tanz ..., all das brachte Stimmung in dieses Haus, dessen Gastgeber das Leben genießen wollten.«

Die Unbeschwertheit der Eltern scheint sich auf den jungen Claude übertragen zu haben, der in seiner Kindheit gern am Strand herumstreunte und die Schule schwänzte.

»Ich war schon von Geburt an ohne jede Disziplin«, schrieb er. »Nie, nicht einmal als Kind, brachte man mich dazu, mich an bestehende Regeln zu halten. Das bißchen, was ich weiß, habe ich zu Hause gelernt. Die Schule war für mich immer ein Gefängnis; wenn die Sonne schien und das Meer so verführerisch war, schaffte ich es nie, dort zu bleiben, nicht einmal vier Stunden am Tag. Wieviel mehr Spaß machte es doch, über die Klippen zu klettern und in den seichten Mulden herumzuplanschen! So sah, zur großen Verzweiflung meiner Eltern, das ungeregelte, aber gesunde Leben aus, das ich bis zum Alter von vierzehn oder fünfzehn führte. Dazwischen erlernte ich irgendwie die Grundlagen des Lesens und Schreibens und der Arithmetik; von der Orthographie hatte ich nur oberflächliche Kenntnis. Mehr lernte ich nicht in der Schule. Dennoch bereitete sie mir nie großes Kopfzerbrechen, weil ich nebenbei immer meinen Spaß hatte. Ich kritzelte Männchen auf die Seitenränder meiner Bücher, verzierte unser blaues Durchschlagpapier mit höchst phantasievollen Zeichnungen und malte ganz abscheuliche Gesichter und Profile meiner Lehrer, so daß sie nicht mehr wiederzuerkennen waren.«

Monets frühzeitiges Interesse an der Kunst wurde von Boudin gefördert, der ihn drängte, »die einfache Schönheit der Natur zu suchen«, und ihn zu Malausflügen aufs Land mitnahm. Boudin dabei zu beobachten, wie er geschickt die durchscheinende Qualität des Lichts oder die sich verdunkelnde Wasseroberfläche beim Nahen eines Sturms einfing, kam für den jungen Maler einer Offenbarung gleich. »Plötzlich«, schrieb er, »war mir, als sei ein Schleier gerissen: Ich hatte verstanden, ich hatte begriffen, was Malerei sein konnte.« Diese Lehrstunden sollte Monet nie vergessen, und von nun an war sein Werk von weiten Himmeln, breiten, ausladenden Stränden, dem Meer mit seinen wechselnden Stimmungen und der üppigen Landschaft um ihn herum geprägt, die immer wieder in ein anderes Licht getaucht schien. Gleichzeitig zeichnete wohl die einfache, aber üppige regionale Küche verantwortlich für seinen geradezu unmäßigen Appetit (es hieß, Monet äße für vier).

Die Küche der Normandie zählt zu den reichhaltigsten Frankreichs; für die guten, einfachen und bekömmlichen Gerichte werden stets die besten Zutaten verwendet: eine traumhafte Butter, eine schwere, elfenbeinfarbene Sahne, äußerst gesundes Gemüse und Obst, Fleisch aus bester Fütterung und Fisch, wie man ihn in Frankreich nicht frischer finden kann. Die Käse der Region – wie Camembert, Livarot, Pont l' Évêque, Pavé d'Auge und Neufchâtel – haben zu Recht Berühmtheit erlangt; und die verschwenderisch verwendeten Äpfel verleihen der ***tripe à la mode de Caen*** ihre charakteristische Würze, bilden den wichtigsten Bestandteil des berühmten normannischen Apfelflans und liefern den Grundstoff für Cidre und Calvados. Die Küste, das üppige Weideland und die Obstgärten der Normandie haben eine großartige Küche hervorgebracht, und Essen wurde hier immer ernst genommen.

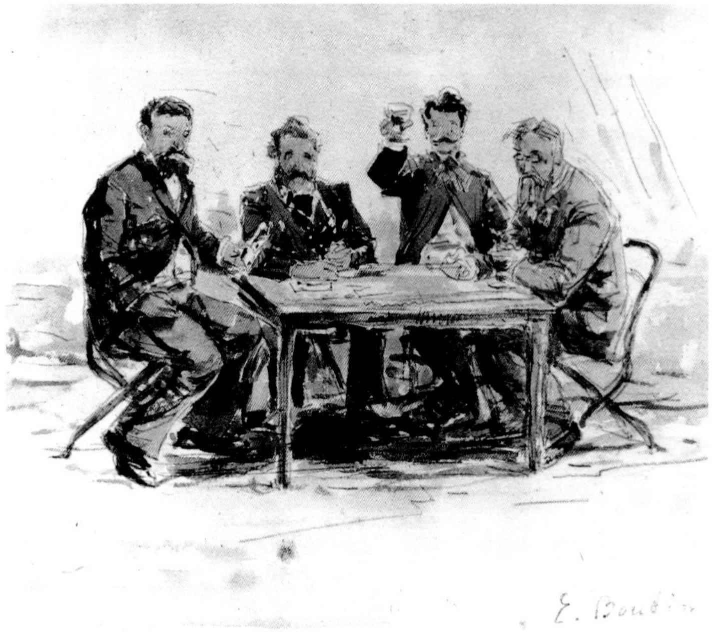

Diese in kräftigen Wasserfarben gehaltene Skizze seiner Freunde fertigte Eugène Boudin 1867 in der »Ferme Saint-Siméon« an. Monet prostet dem Maler zu.

Die ausgiebige Bewegung an der frischen Luft und die langen, malend im Freien verbrachten Sonnentage taten ein übriges für den Appetit der jungen Künstler. Dank der jüngst erfundenen Maltuben aus Zink, die das arbeitsintensive und die Maler ans Atelier fesselnde Anrühren der Pigmente in Öl überflüssig machten, konnten Monet und Bazille draußen arbeiten, bis das Licht nachließ. Gegen acht Uhr packten sie dann ihre Staffeleien und Paletten zusammen, verstauten Farben und Pinsel in einem Holzkasten und begaben sich an die Tische vor dem Bauernwirtshaus, wo sie aßen und tranken und über ihre Arbeit sprachen, während die Sonne im roten Dunst hinter dem vom Wind gekräuselten Meer versank, auf dem die Fischerboote nur noch als kleine Punkte zu erkennen waren. Ein Schild, das André Gill für das Gasthaus von Mère Toutain malte, gibt uns ein wenig Aufschluß über die Gerichte, die sie – assistiert von ihrer Tochter, »la belle Marie«, und einem jungen Mädchen namens Rosie – servierte: Es zeigt ein Kaninchen, einen Lachs und einen Schwan, die glücklich in einer übergroßen, mit Cidre, aufgeschlagenen Eiern und Schweinekoteletts gefüllten Kasserolle tanzen, während eine Ente geduldig darauf wartet, ebenfalls in den Topf zu wandern.

Honfleur war der Arbeit und Kameradschaft so zuträglich, daß Monet seine Abreise immer wieder verschob. Im Herbst schrieb er schwärmerisch an Boudin: »Ich weile noch immer in Honfleur. Es fällt mir ausgesprochen schwer, Abschied zu nehmen. Außerdem ist es jetzt gerade so schön hier, daß man es einfach ausnutzen muß.«

Hin und wieder fuhr er mit dem Raddampfer nach Trouville hinüber, um Courbet zu besuchen, der in diesem mondänen Erholungsort Winterquartier bezogen hatte und dessen Gesellschaft Monet genoß; Courbet erinnerte ihn mit seinem unersättlichen Appetit und seinem außerordentlichen Stehvermögen beim Alkoholgenuß an Rabelais. Und Courbet war es auch, der ihn mit Alexandre Dumas bekannt machte. Dumas liebte gutes Essen und Kochen genauso wie das Schreiben, wenn nicht noch mehr, und verband seine Vorlieben im *Grand Dictionnaire de Cuisine*, der zum größten Teil bei seinem Aufenthalt in Roscoff an der bretonischen Küste und später in Le Havre entstand. Besonders schätzte er die Krabben und *bouquets roses* (Garnelen) jenes Küstenstrichs, und er erfand für Monet und Courbet, die dies durchaus zu würdigen wußten, einen *potage à la crevette.*

Viele Impressionisten statteten der Normandie einen Besuch ab, ja sie wurde sogar zu einem wichtigen Stützpunkt der Gruppe und übte

Normandie, Spätherbst 1885

Meine liebe Mama,
ich möchte Ihnen sagen, daß mich an den Ohren friert und ich jede Menge Cidre trinke. Obwohl draußen alles von Rauhreif überzogen ist, hat die Landschaft doch nichts von ihrem Zauber verloren ...

Brief von TOULOUSE-LAUTREC an seine Mutter,
COMTESSE ADÈLE

selbst auf den eingeschworenen Städter Degas eine große Anziehungskraft aus, der sich, fasziniert von der Eleganz und Heiterkeit der Strände, eine Weile in Etretat und Dieppe aufhielt. Madame Morisot mietete für ihre begabten Töchter Berthe und Edma malerische Bauernhäuser und Mühlen in der Nähe von Dieppe als Ausgangspunkte für deren sommerliche Malausflüge, und Berthe kehrte auch nach ihrer Hochzeit mit Manets Bruder Eugène noch oft nach Fécamp oder Cherbourg zurück. Renoir war häufig zu Gast auf dem Schloß des Bankiers Paul Bérard im zehn Kilometer von Dieppe entfernten Wargemont, wo er endlich seinem Hang zum Luxusleben nachgeben konnte. Auch für Seurat war Honfleur von großer Bedeutung; er verbrachte den Sommer 1886 hier und malte zum erstenmal zarte, kontemplative Landschaften, die nur aus Punkten bestanden, sowie eine Ansicht von den »verschwimmenden Grautönen« des Hafens in zarter monochromer Palette. Camille Pissarro war allerdings enttäuscht, daß der Ort bei seinem Aufenthalt im Jahre 1903 »leider sehr entstellt durch Villen« war. In einem bedauernden Brief an seinen Sohn Lucien in London setzte er diesen über die Veränderungen in Kenntnis: »Wir übernachteten im Hôtel Saint-Siméon, das bekannt ist, weil hier alle Maler von 1830 bis heute gewohnt haben. Früher war es ein Gutshof unter Apfelbäumen auf grünen Wiesen mit dem Blick auf das Meer. Boudin, Corot, Daubigny, Monet, Jongkind sind hier gewesen. Aber von dieser ruhmvollen Vergangenheit ist heute nichts mehr zu sehen. Die Esel von neuen Besitzern haben ›mal Ordnung‹ hineingebracht! Es ist scheußlich vermalt und verputzt, die Alleen geradegezogen und mit Sand bestreut. Man sieht das Meer nur noch von den Speisesälen, aber nicht von den Fenstern des Zimmers aus. Mit einem Wort, es ist für die herbeiströmenden Engländer hergerichtet. Zu schade! So bin ich denn wieder ins Hôtel Continental zurückgekehrt ...«

Pissarro verbrachte einige Zeit in der Altstadt von Rouen, wo er besonders die gewundenen Gäßchen mit den zahlreichen *charcuteries* liebte, die *terrines* und *galantines, pâtés* und *ballotines* in die Auslagen stellten, mit *boucheries,* die stolz fertig gegarte Kutteln in irdenen Schüsseln feilboten, und *boulangeries,* die mit langen, knusprigen Broten und dunklen, runden *miches* vollgestopft waren. Seit jeher übten auch Märkte eine große Anziehungskraft auf ihn aus; so fertigte er etwa zahlreiche Studien von Hausfrauen an, die sich an den Fleisch-, Fisch- und Obstständen drängten, um die beste und frischeste Ware zu ergattern. Auch die Landfrauen mit Kopftüchern, die lange weiße Lauchstangen, grün-weißen Blumenkohl und sorgfältig aufgeschichtete Salatköpfe und Kräuter anboten, inspirierten ihn. Die mit viel Liebe gezeichnete junge Geschäftsfrau in seinem Gemälde *La Charcutière* (*Die Metzgersfrau*) hatte neben frischem Fleisch vielleicht auch die für die Gegend typischen Schweinefleischgerichte wie *andouille de Vire*, eine leicht geräucherte Wurst aus Innereien mit schwarzer Haut, im Angebot, oder die zu Pyramiden aufgetürmten *rilletes,* ein auf der Zunge zergehendes Schweinefleisch im Steintopf, das neben *pâté* zu den wichtigsten normannischen *hors-d'œuvres* zählt.

Wie seine ersten, so verbrachte Monet auch seine letzten Jahre in der Normandie. 1883 erwarb er das langgestreckte, niedrige Maison du Pressoir (Haus der Cidrepresse), das auf einem 8000 m^2 großen Grundstück mit Apfelbäumen stand und im traditionellen Stil eines normannischen Bauernhauses gemauert war. Das Haus gehörte zum Dorf Giverny, 40 Kilometer nordwestlich von Paris, das an der Straße nach Rouen liegt und sich entlang eines sanften Gebirgszuges über dem lieblichen Seinetal erstreckt. Dort verbrachte er, abgeschirmt von einer zunehmend als aufdringlich empfundenen Welt und liebevoll

Claude Monet: Das Mittagsmahl (Frühstück)

umsorgt von seiner zweiten Frau Alice Hoschedé – einer exzellenten Köchin –, seine zweite Lebenshälfte im Kreis der Freunde und der nunmehr großen Familie: Seine eigenen zwei Kinder wuchsen glücklich zusammen mit den sechs Kindern Alices auf, so daß der Haushalt auf zehn Personen angewachsen war.

Haus und Garten machten viel Arbeit. Monet hatte die grauen Außenmauern zartrosa und die Fensterläden, die Holzveranda sowie die Geländer in einem Grün gestrichen, das die Dorfbewohner später »monetgrün« nennen sollten. Er überwachte persönlich die Bepflanzung der überbordenden Blumenbeete, die inzwischen wieder in ihrer alten Pracht erblüht sind und, wie auch das Haus, besichtigt werden können. Das Innere des Hauses ist eine wahre Symphonie der Farben. Monet mischte selbst die beiden Gelbtöne für das Eßzimmer und strich damit Wände, Stühle, Tischchen und Anrichten aus Holz, so daß der Raum geradezu zu leuchten scheint. An die Wände hängte er seine Sammlung japanischer Drucke. Neben dem Eßzimmer befindet sich die große, helle Küche mit lichten blau-weißen Kacheln und einer beachtlichen Anzahl von glänzenden Kupferpfannen, die zuverlässig Dienst auf dem schönen Briffaut-Herd taten.

Ungeachtet seiner unsteten und bohemehaften Jugend kehrte Monet, der ja aus gutbürgerlichen Verhältnissen stammte, in Giverny zu einem solchen Lebensstil zurück und wurde ein großer Feinschmecker. Neben Renoir war Monet wohl der lebenslustigste unter den impressionistischen Malern, gewiß aber derjenige mit dem kräftigsten Appetit. Sein täglicher Stundenplan, an den er sich strikt hielt, war von den Lichtverhältnissen und von seiner Liebe zum Essen bestimmt. Er stand um fünf Uhr, also oft vor Morgengrauen, auf, nahm ein herzhaftes holländisches Frühstück aus gekochtem Fleisch, hartgekochten Eiern und verschiedenen Käsesorten zu sich und verbrachte anschließend den Vormittag malend im Garten. In seinen Kindern fand er willige Helfer, die manchmal den Radkarren mit seinen Malutensilien dorthin schieben durften, wo er jeweils gerade arbeiten wollte. Um halb zwölf wurde die Familie durch zweimaliges Läuten einer Außenglocke zum Mittagessen gerufen. Am Tisch fanden bequem vierzehn Personen Platz, und um die häufigen Besucher zu verköstigen, konnte man zur Not weitere sechs Gedecke auflegen. Manchmal wurde auch draußen auf der Holzveranda gespeist, wo man Monets herrlichen Garten, der sanft zum Fluß hin abfiel, in all seiner Pracht bewundern konnte. Monet liebte schwarzen Pfeffer und machte die Salate bei Tisch selbst an. Besonders schätzte er mit Knoblauch gewürzten und mit Croutons bestreuten Endiviensalat aus dem eigenen Garten oder Löwenzahnblätter mit Speckstreifen. Das Mittagessen, eine gesellige Angelegenheit, war stets reichhaltig, und zum Abschluß wurde oft eine Schale Obst »so schön wie Blumen« auf den Tisch gestellt.

Nach einem Spaziergang durch den Garten trank Monet ein Glas selbstgebrannten Pflaumenschnaps und kehrte dann zu seiner Leinwand zurück, wo er bis zum Tee blieb, der im Garten eingenommen wurde. Am Abend allerdings bewirtete Monet nur ungern Gäste, da er sich meist schon um halb zehn schlafen legte.

Die Familie Monet versorgte sich weitgehend selbst. Man hielt Truthähne und Hühner; die Kinder angelten gern in dem fischreichen Fluß, in dem es sogar Aale gab; und sechs Gärtner hielten den Gemüsegarten sowie den reich blühenden Blumengarten in Schuß, der sich wie ein wogendes Meer von Farben unter den Fenstern des gelben Eßzimmers ausbreitete.

Monet selbst betätigte sich nicht als Koch, obwohl er eifrig Rezepte sammelte und sogar den Besitzer des Restaurants »Marguéry« am Boulevard de Bonne-Nouvelle in Paris überredete, ihm das Rezept für *sole*

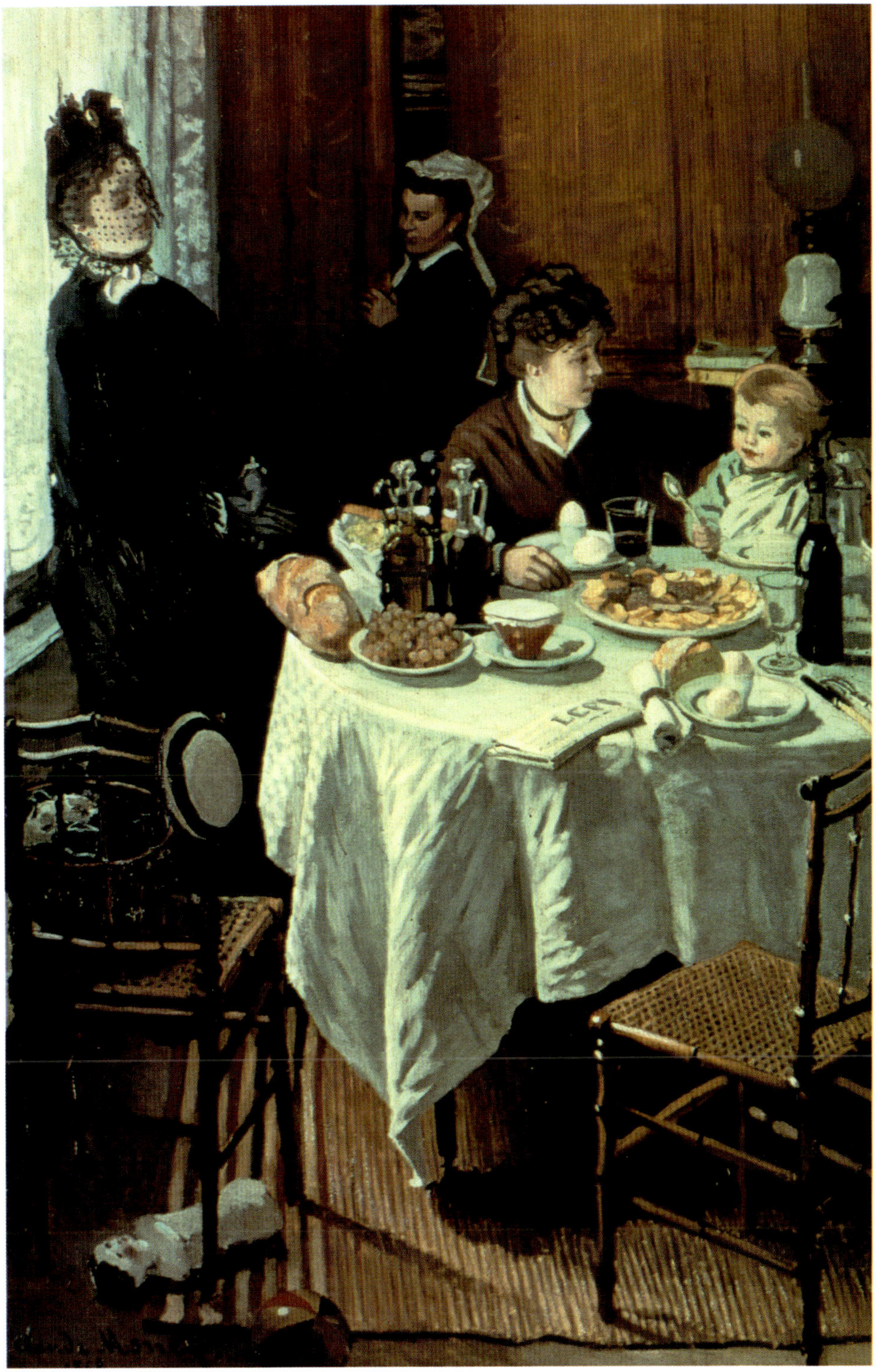

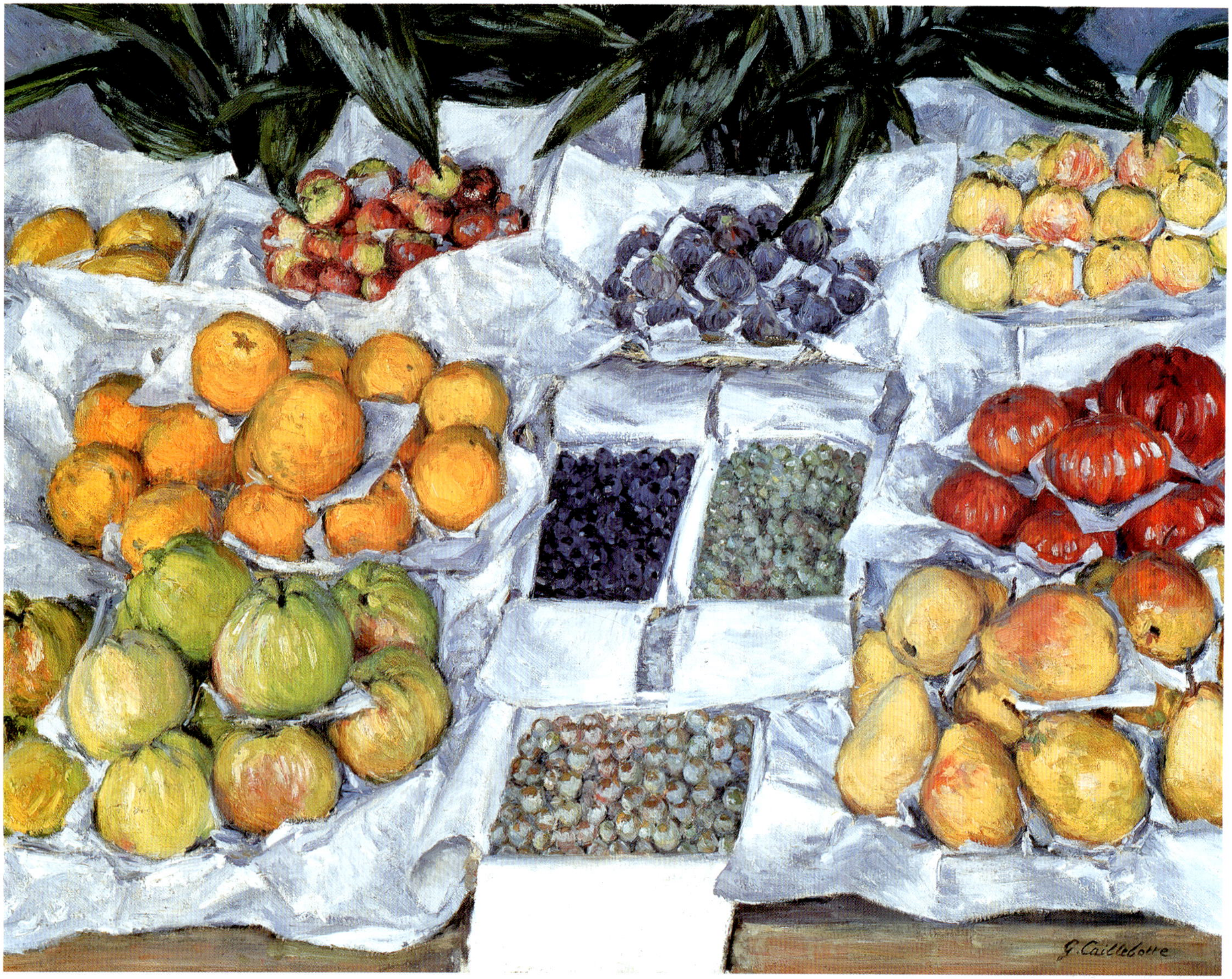

GUSTAVE CAILLEBOTTE: FRÜCHTE AUF EINEM STAND

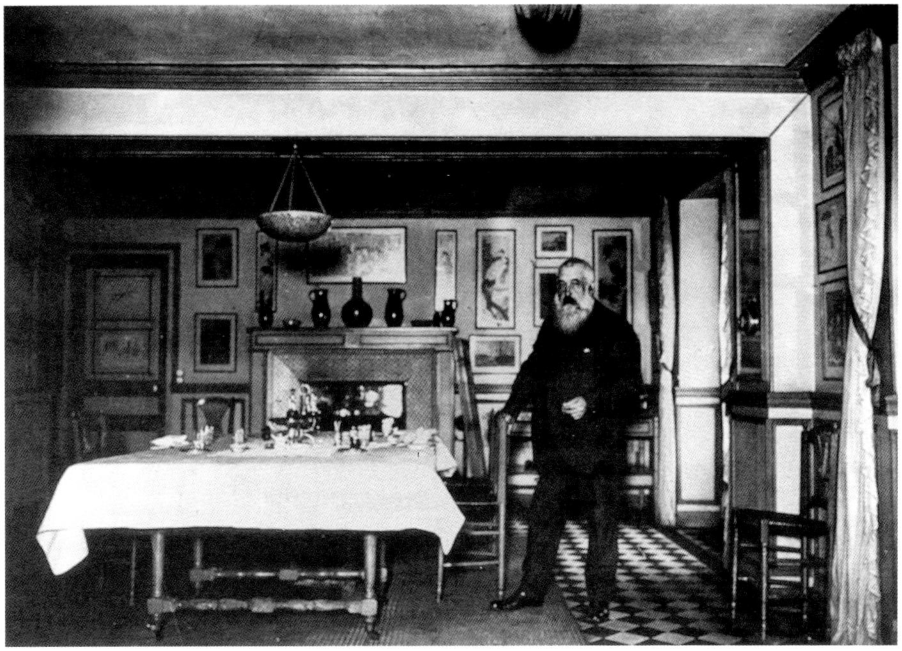

Monet in seinem überwältigenden gelben Esszimmer in Giverny

Marguéry zu verraten, damit er es zu Hause nachkochen lassen konnte. Und er liebte es, Menüs zusammenzustellen und die Speisenfolge zu bestimmen. Aus den sechs erhaltenen eng beschriebenen Rezeptbüchern Madame Monets wissen wir, daß er kostspielige, aufwendige Gerichte wie »*truffes à la servette*«, »*entrecôte marchande de vin*« und »*vert-vert*«, einen mit Pistazien bestreuten Biskuitkuchen, liebte, der mit einer – durch Spinatpüree – grün gefärbten Fondantglasur überzogen wird. Von den zahlreichen Köchinnen, welche die Monets in Giverny beschäftigten, war Marguerite die berühmteste. Ihre Arbeitgeber schätzten sie so sehr, daß Monet, als sie heiraten wollte, sofort ihren Mann Paul als Butler einstellte, um sie keinesfalls zu verlieren.

Im Jahre 1893 erwarb Monet ein weiteres Stück Land und erhielt die Genehmigung, einen Nebenfluß der Epte hindurchzuleiten, um einen Teich anzulegen, den er mit auffällig schönen Seerosen bepflanzte. Den Teich überspannt eine Brücke im japanischen Stil; an seinem Ufer blühen, von anmutigen Weiden überschattet, Irispflanzen.

Im Herbst des Jahres 1900 heiratete Alices Tochter Marthe den amerikanischen Impressionisten Theodore Butler. Nach der Trauung wurde in Giverny ein sechsgängiges Mittagessen serviert. Auf verschiedene *hors d'œuvres* folgten Steinbutt in Sauce hollandaise oder Garnelensauce, gebratenes Wild und Truthahn, in Knochenmark gebratener Speck, Languste, *pâté de foie gras*, Salat, Pralinen und Eiscreme. Monet hatte außerdem eine Schwäche für Küchengeräte, wobei eine handbetriebene Eismaschine, damals der letzte Schrei, unter all den kupfernen Fischtöpfen, Kasserollen, Sieben und Pfannen in der blau-weißen Küche herausstach. Und auch wenn Monet es nie lernte, ein Auto zu steuern, war er doch ein begeisterter Beifahrer; beim ersten Hinweis auf schönes Wetter packte die Familie Picknickkörbe, Flaschen und Krüge in den Kofferraum ihres Panhard-Levassor und brach zu einer gemächlichen Spazierfahrt durch die sanft gewellte Landschaft auf.

Monet war ein geselliger Mensch und hielt stets Kontakt zu seinen Malerkollegen, die immer herzlich eingeladen waren, nach Giverny zu kommen. Am 23. November 1894 schrieb er seinem Freund Gustave Geffroy: »Ich hoffe, daß Cézanne wieder zu uns stoßen und sich unserer Runde anschließen wird.« Und er fügte hinzu: »Aber er ist so verschroben, hat solche Angst vor neuen Bekanntschaften, daß ich fürchte, er wird uns enttäuschen, obwohl er Sie gerne treffen würde. Wie unglücklich ist doch das Leben dieses Mannes verlaufen, weil er nie genügend Unterstützung fand! Er ist ein wahrer Künstler, hegt jedoch zu viele Zweifel, und man muß ihm Mut machen.« Geffroy

Pierre-Auguste Renoir: Frühstück in Berneval

bestätigte Monets Hinweis auf die wunderliche Art Cézannes: »Auf jeden von uns wirkte er schon in der ersten Minute befremdend, weil er so ängstlich, heftig und ausgesprochen emotional ist.«

Um seinem Gastgeber nicht zur Last zu fallen, zog Cézanne es vor, im Hôtel Baudy Quartier zu beziehen. Mary Cassatt, die ebenfalls dort wohnte, beschrieb dieses verstörende Genie in einem Brief folgendermaßen: »Er erinnert an einen Südländer, wie Daudet ihn schildert. Als ich ihn zum erstenmal sah, wirkte er auf mich wie ein Räuber. Seine großen, hervortretenden roten Augen gaben ihm ein ungestümes Aussehen; dieser Eindruck wurde noch verstärkt durch einen fast grauen Ziegenbart und eine so heftige Redeweise, daß buchstäblich das Geschirr klirrte. Später entdeckte ich, daß ich mich durch Äußerlichkeiten hatte in die Irre führen lassen. Denn er ist alles andere als wild und hat ein sanftes, geradezu kindliches Gemüt.

Sein Benehmen verblüffte mich zunächst – er kratzt seinen Suppenteller aus, kippt ihn dann und läßt noch den letzten Tropfen auf den Löffel träufeln; und er nimmt sogar das Kotelett in die Hand und knabbert das Fleisch vom Knochen. Er ißt mit dem Messer, und mit diesem Instrument, das er zu Beginn der Mahlzeit fest umklammert und nicht mehr weglegt, bis er sich vom Tisch erhebt, fuchtelt er beim Gespräch ständig herum. Doch obwohl er keinerlei Manieren hat, legt er uns gegenüber eine Höflichkeit an den Tag, wie sie keiner der anderen Männer hier je gezeigt hat. Er läßt niemals zu, daß Louise ihm vor uns auflegt, wie es die Sitzordnung eigentlich vorgibt; sogar das dumme Dienstmädchen behandelt er mit Ehrerbietung; und die Kappe, die er zum Schutz seiner Glatze trägt, nimmt er ab, sobald er den Raum betritt. Allmählich begreife ich, daß man in diesem Fall nichts auf das Äußere geben darf.

Die Gespräche beim Mittag- und Abendessen drehen sich vornehmlich um Kunst und Kochen. Selten bin ich einem toleranteren Künstler als Cézanne begegnet. Er beginnt jeden Satz mit ›meiner Ansicht nach ist es so‹, räumt aber ein, daß andere mit ihrer Wiedergabe der Natur vielleicht genauso ehrlich und wahrhaftig sind, auch wenn sie andere Überzeugungen hegen. Cézanne meint jedenfalls nicht, daß jeder die Dinge mit denselben Augen sehen muß.«

Auch als sich Cézanne am 28. November zu den Hausgästen Monets gesellte – zu denen unter anderen Präsident Georges Clemenceau, die Kritiker Geffroy und Octave Mirbeau sowie der Bildhauer Auguste Rodin zählten –, legte er ein exzentrisches Verhalten an den Tag. Bei einem Rundgang durch den Garten warf er sich plötzlich vor Rodin auf die Knie, »um einem berühmten Mann dafür zu danken, daß er ihm die Hand schütteln durfte«.

Und zwei Tage später ließ er sich erneut von seinen Gefühlen hinreißen. Monet hatte Renoir, Sisley und ein paar andere zum Essen eingeladen, um sie mit ihm bekannt zu machen. Als Monet beim Dessert im Namen der anderen Anwesenden eine Rede hielt, in der er Cézanne ihrer aufrichtigen Bewunderung versicherte, brach dieser in Tränen aus und rief stotternd: »Also auch Sie, Monet! Auch Sie machen sich über mich lustig!« Dann sprang er vom Tisch auf und eilte zurück nach Aix, ohne die unvollendeten Bilder aus seinem Hotelzimmer mitzunehmen.

Die Picknicks und Hausfeste in Giverny waren Legion, außerdem gab Claude Monet Hochzeitsfrühstücke für Germaine, Lily und Sisi. Doch schließlich – er hatte die meisten seiner Freunde überlebt – starb Claude Monet 1926 im Alter von 86 Jahren. Die einfache Bestattung, die Monet sich gewünscht hatte, fand an einem Wintertag statt – sein wunderbarer Garten war in tiefem Frost erstarrt.

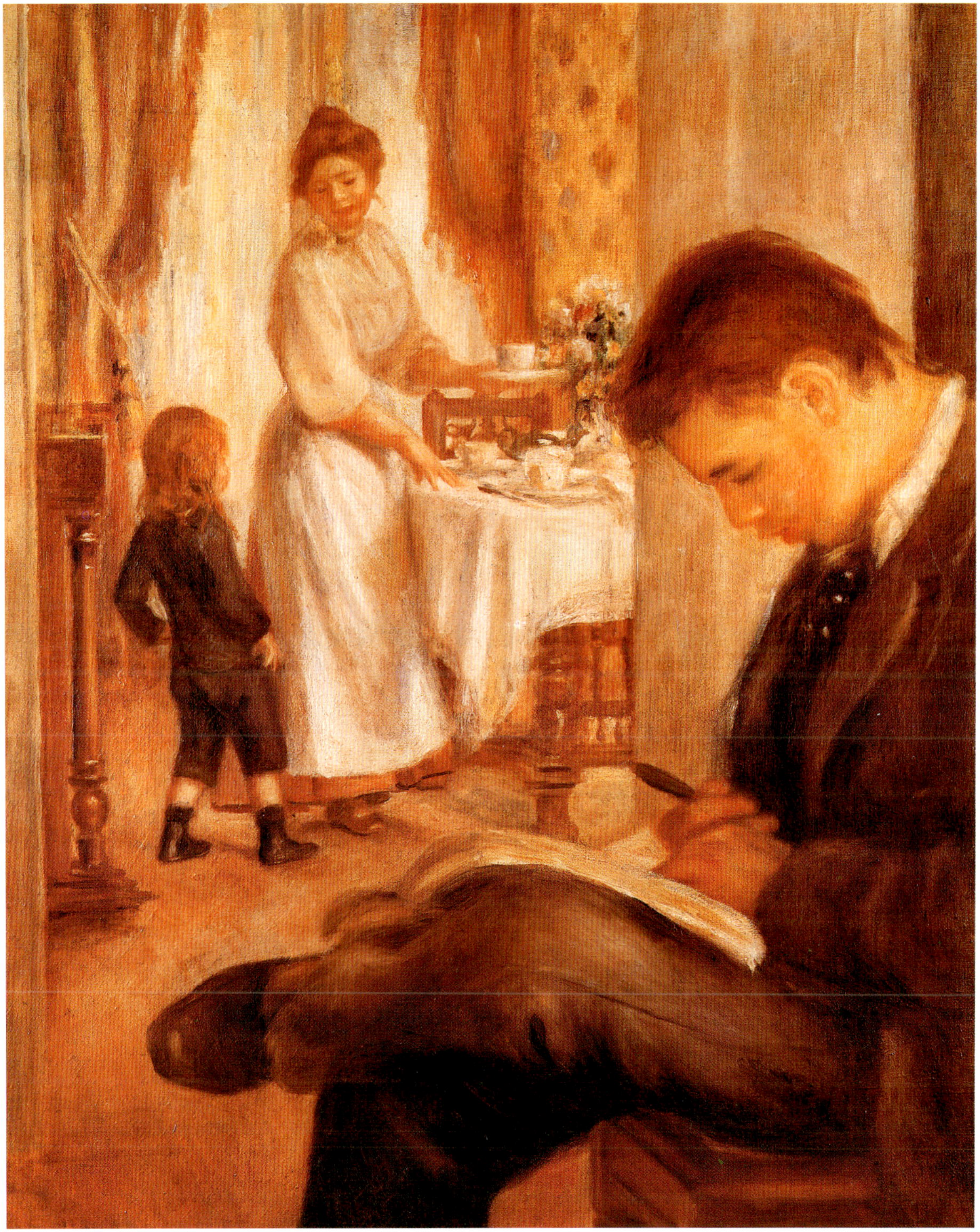

Crêpes Normandes

Pfannkuchen auf normannische Art

Für 4 Personen

100 g Mehl, 1 Prise Salz, 1 Ei, verquirlt
0,3 l Milch und Wasser, gemischt
4 EL Butter, zerlassen
Pflanzenöl

Für die Füllung:
6 EL Butter
225 g Champignons, geputzt, gesäubert und in Viertel zerteilt
3 EL Mehl, 0,45 l Milch
1 Prise geriebene Muskatnuß
2 EL Crème double oder Crème fraîche
2 EL frischer Estragon, gehackt
8 dünne Scheiben geräucherter Schinken
Salz und Pfeffer

Für die Pfannkuchen Mehl und Salz in eine Schüssel sieben. In die Mitte eine Mulde drücken und nach und nach Ei, Milch und Butter unterrühren. Zu einem glatten Teig verarbeiten, beiseite stellen und 30 Minuten ruhen lassen. In der Zwischenzeit den Backofen auf 190° C vorheizen und eine feuerfeste Form einfetten.

Etwas Öl in einer beschichteten Pfanne von 20 cm Durchmesser erhitzen, bis es zu rauchen beginnt. Etwas Pfannkuchenteig hineingießen, die Pfanne schwenken, damit der Teig gleichmäßig den Boden überzieht, und bei mittlerer Hitze etwa 1 Minute backen, dann mit einem Spatel vom Rand lösen und den Pfannkuchen wenden. Weitere 30 Sekunden backen. Den Pfannkuchen aus der Pfanne nehmen, beiseite stellen und abkühlen lassen. Mit den restlichen 7 Pfannkuchen ebenso verfahren.

Für die Füllung ein Drittel der Butter in einer Pfanne zerlassen. Die Champignons hineingeben und bei starker Hitze in 4 bis 5 Minuten braun braten. Wenn sie Flüssigkeit abzugeben beginnen, die Pfanne vom Herd nehmen.

Die restliche Butter in einem Topf erhitzen, das Mehl hineinstäuben und unter ständigem Rühren 30 Sekunden anschwitzen lassen. Den Topf vom Herd nehmen und unter ständigem Rühren langsam die Milch zugießen, dabei darauf achten, daß keine Klumpen entstehen und die Mehlschwitze glatt ist.

Den Topf wieder auf den Herd stellen und das Ganze unter ständigem Rühren etwa 2 Minuten köcheln lassen, bis die Sauce dick und sämig ist. Die Sauce vom Herd nehmen und mit geriebener Muskatnuß, Crème double und Estragon vermischen. Den ausgetretenen Saft von den Champignons unterrühren.

Die Pfannkuchen nacheinander folgendermaßen fertigstellen: mit einer Scheibe Schinken belegen, eine Reihe gebratene Champignons nahe am Rand anordnen und diese mit gut einem Eßlöffel Sauce überziehen. Die Pfannkuchen vorsichtig wie zu einer Biskuitrolle aufrollen.

Die gefüllten Pfannkuchen in die vorbereitete feuerfeste Form geben und gleichmäßig mit der restlichen Sauce überziehen. Für 15 bis 20 Minuten in den vorgeheizten Ofen schieben. Wenn die Sauce Blasen zu werfen beginnt, aus dem Ofen nehmen und die normannischen Pfannkuchen sofort servieren.

OMELETTE AUX PALOURDES

OMELETT MIT VENUSMUSCHELN

Venusmuscheln, in Frankreich *palourdes* genannt, findet man überall an der normannischen und bretonischen Küste, wo sie sich großer Beliebtheit erfreuen. Notfalls kann man auch in Lake eingelegte Muscheln aus dem Glas verwenden, man sollte sie jedoch vor der Zubereitung gut abspülen.

FÜR 2 PERSONEN

6 Eier, 1 kräftige Prise Salz, 2 EL Butter
1 EL Schnittlauchröllchen zum Garnieren
2 Zitronenspalten zum Beträufeln

FÜR DIE FÜLLUNG:

450 g frische Venusmuscheln, 2 EL Olivenöl, 1 kleine Stange Lauch, geputzt, gründlich abgespült und in dünne Scheiben geschnitten
1 Knoblauchzehe, zerdrückt

FÜR DIE FÜLLUNG die Venusmuscheln unter fließendem kaltem Wasser abspülen und die Schalen gründlich abbürsten. Alle geöffneten Muscheln, die sich nicht schließen, wenn man sie mit einem spitzen Messer berührt, aussortieren. Die Venusmuscheln mit wenig Wasser in einen großen Topf geben und zugedeckt 3 bis 4 Minuten garen. Den Topf dabei häufig rütteln, bis sich die Muschelschalen öffnen. Geschlossene Muscheln entfernen, die anderen Venusmuscheln in ein Sieb geben, 2 Eßlöffel Kochflüssigkeit auffangen und beiseite stellen. Die Venusmuscheln unter fließendem kaltem Wasser abspülen und das Muschelfleisch aus den Schalen lösen.

Das Öl in einem Topf erhitzen. Lauch und Knoblauch hineingeben und in 5 Minuten weich und glasig schmoren, ohne daß die Gemüse Farbe annehmen. Das Muschelfleisch sowie die Kochflüssigkeit unterrühren und den Topf vom Herd nehmen.

Die Eier mit etwas Salz aufschlagen. Die Butter in einer großen beschichteten Pfanne zerlassen. Wenn die Butter zu bräunen beginnt, die Eimasse hineingießen und die Pfanne schwenken, damit sich die Masse gleichmäßig verteilen kann. Mit einer Gabel vorsichtig rühren, bis die Eier zu stocken beginnen. Die Venusmuscheln sowie die Hälfte der Schnittlauchröllchen auf dem Omelett verteilen. Noch einige Sekunden braten lassen, dann die eine Hälfte des Omeletts vorsichtig über die andere schlagen. Das Omelett auf eine vorgewärmte Platte gleiten lassen, mit den restlichen Schnittlauchröllchen bestreuen, mit etwas Zitronensaft beträufeln und sofort servieren.

SOUPE DE CRESSON ET POMMES DE TERRE

BRUNNENKRESSE-KARTOFFEL-SUPPE

Für 4 Personen
225 g Brunnenkresse
2 EL Butter
1 Zwiebel, feingehackt
350 g Kartoffeln, geschält und in Würfel geschnitten
0,6 l Gemüsebrühe
0,3 l Milch
1 Prise geriebene Muskatnuß
Salz und Pfeffer
Zum Servieren:
4 EL Sahne
4 Zweige Brunnenkresse

DIE BRUNNENKRESSE PUTZEN, abspülen, die Blätter abzupfen und die Stengel feinhacken. Die Butter in einem Topf zerlassen, Zwiebeln und Kartoffeln hineingeben und unter häufigem Rühren in 10 Minuten goldgelb braten. Die Brunnenkresse zugeben, umrühren und mit Brühe und Milch aufgießen.

Das Ganze zum Kochen bringen, die Hitze reduzieren und zugedeckt 15 Minuten köcheln lassen, bis die Kartoffeln weich sind. Den Topfinhalt in einen Mixer oder in die Küchenmaschine gießen und pürieren. Die pürierte Suppe durch ein feinmaschiges Sieb in einen sauberen Topf geben, mit geriebener Muskatnuß, Salz und Pfeffer abschmecken und langsam erhitzen.

Die Suppe in vorgewärmte Schüsselchen oder tiefe Teller füllen und spiralförmig jeweils 1 Eßlöffel Sahne hineingeben. Jede Portion mit einem Zweig Brunnenkresse garnieren und die Suppe sofort servieren.

»Geschälte Gemüse waren die Eigenart der Mutter Chantemesse. Auf ihrem Tische, der mit einem Stück angefeuchteten Wollzeugs belegt war, gab es ganze Reihen von Kartoffeln, weißen Rüben, gelben Rüben, weißen Zwiebeln, zu vier und vier in kleinen Pyramiden geordnet, drei als Unterbau und einer als Spitze, völlig bereit, um in die Kasserollen der verspäteten Hausfrauen zu wandern.«

ÉMILE ZOLA, *Le Ventre de Paris* (*Der Bauch von Paris*)

BISQUE AUX CREVETTES

GARNELEN-CREMESUPPE

Alexandre Dumas, Autor der Klassiker *Die drei Musketiere* und *Der Graf von Monte Christo*, war ein passionierter Gourmet. Kurz vor seinem Tod verfaßte er den *Grand Dictionnaire de Cuisine*. Er schätzte Garnelen so sehr, daß er für seine engsten Freunde Courbet und Monet eine *potage à la crevette* kreierte.

FÜR 4 PERSONEN

2 EL Butter
1 Zwiebel, feingehackt, 1 Knoblauchzehe, feingehackt
2 Stangen Sellerie, in dickere Scheiben geschnitten
2 Mohrrüben, in Scheiben geschnitten
2 Zweige Petersilie, 2 frische Zweige Thymian
0,15 l trockener Cidre
450 g gekochte Garnelen in der Schale, abgespült und trockengetupft
225 g Filets von weißfleischigen Fischen wie Dorsch, Schellfisch oder Merlan, gehäutet
0,6 l Fischbrühe, 400 g Tomaten aus der Dose
50 g frische Semmelbrösel
6 EL Crème double oder Crème fraîche
Salz und Pfeffer

FÜR DIE CROÛTONS:
2 EL Pflanzenöl
2 dünne Scheiben Weißbrot ohne Rinde, in 1 cm große Würfel geschnitten

Die Butter in einem großen Topf zerlassen. Zwiebel, Knoblauch, Sellerie, Mohrrüben und Kräuter hineingeben und bei schwacher Hitze unter häufigem Rühren 20 Minuten schmoren lassen. Wenn die Gemüse weich und goldgelb sind, den Cidre zugießen und köcheln lassen, bis der Alkohol verdampft ist. In der Zwischenzeit das Öl für die Croûtons in einer Pfanne sehr heiß werden lassen. Die Brotwürfel hineingeben und unter ständigem Rühren von allen Seiten goldbraun werden lassen. Die Croûtons aus der Pfanne nehmen, auf Küchenpapier abtropfen lassen und beiseite stellen.

Garnelen mitsamt ihrer Schale, Fischfilets, Brühe und Tomaten in den Topf zu den Gemüsen geben, zum Kochen bringen, die Hitze reduzieren und das Ganze zugedeckt 30 Minuten köcheln lassen.

Die Suppe im Mixer oder in der Küchenmaschine pürieren und durch ein feinmaschiges Sieb in einen sauberen Topf passieren. Die Rückstände im Sieb dabei mit dem Rücken eines Holzlöffels kräftig auspressen. Die Semmelbrösel zusammen mit etwa 1 Schöpfkelle passierter Suppe in den gesäuberten Mixer oder in die Küchenmaschine geben und zu einer glatten Paste verarbeiten. Das Ganze zur Suppe geben, Crème double unterrühren und mit Salz und Pfeffer abschmecken. Die Suppe bis kurz vor dem Siedepunkt erhitzen und sofort mit den Croûtons oder knusprigem Baguette servieren.

BEIGNETS D'HUÎTRES

AUSGEBACKENE AUSTERN

An der Küste der Normandie gibt es Austernbänke in Hülle und Fülle. Auch die Impressionisten, die zum Malen hierherkamen, besonders Bazille und Monet, schätzten Austern sehr. Der Teig wird in diesem Rezept mit Cidre, dem »Wein« der Region, zubereitet.

FÜR 4 PERSONEN

Pflanzenöl zum Ausbacken
1 Ei, Eiweiß und Eigelb getrennt
1 EL Olivenöl
0,1 l Cidre
5 EL Mehl
etwas Mehl zum Bestäuben
Salz und Pfeffer
16 – 20 große Austern, ausgelöst, abgespült und trockengetupft
Zitronenspalten zum Garnieren

FÜR DIE MAYONNAISE:
1 Eigelb
1 Prise Zucker
1 TL Senfpulver
1 ½ TL Weißweinessig oder Zitronensaft
1 Prise Meersalz, Pfeffer
0,15 l französisches kaltgepreßtes Olivenöl

FÜR DIE MAYONNAISE das Eigelb mit Zucker, Senfpulver, Essig oder Zitronensaft, Salz und etwas Pfeffer in einer Schüssel zu einer dicken, hellgelben Masse aufschlagen. Das Olivenöl unter ständigem Rühren in dünnem Strahl zugießen und das Ganze so lange schlagen, bis die Mayonnaise dick, hellgelb und glatt ist. Nochmals abschmecken, mit Klarsichtfolie bedecken und beiseite stellen.

Einen schweren Topf 10 cm hoch mit Pflanzenöl füllen. Das Öl auf 180° C erhitzen. Die Temperatur läßt sich mit einem Zuckerthermometer überprüfen. Man kann statt dessen auch einen Brotwürfel ins heiße Fett geben: Wenn er innerhalb von 30 Sekunden gebräunt ist, hat das Öl die richtige Temperatur erreicht. In der Zwischenzeit das Eigelb leicht aufschlagen, Olivenöl, Cidre, Mehl sowie Salz und Pfeffer zugeben und zu einem glatten Teig verrühren.

In einer zweiten Schüssel den Eischnee steif schlagen und unter den Teig heben.

Die Austern mit etwas Mehl bestäuben. Jeweils drei Austern in den Teig tauchen, ins heiße Öl geben und in 1 bis 1 ½ Minuten goldbraun und knusprig ausbacken. Die Austern mit einem Schaumlöffel aus dem Öl nehmen und auf Küchenpapier abtropfen lassen. Im nicht zu heißen Ofen warm stellen und mit den restlichen Austern ebenso verfahren. Die ausgebackenen Austern mit den Zitronenspalten garnieren und heiß mit der Mayonnaise auftragen.

MOULES À LA CIDRE

MIESMUSCHELN IN CIDRE

Der kleine Landgasthof »Ferme Saint-Siméon« in der Nähe von Honfleur, heute ein 4-Sterne-Hotel mit Restaurant, wurde von den Impressionisten, darunter Monet, Bazille und Boudin, regelmäßig besucht. Eine Spezialität der wegen ihrer Gastfreundschaft und ihrer Kochkünste hochgeschätzten Inhaberin, Mère Toutain, war dieses Gericht.

FÜR 4 PERSONEN

1 ½ kg kleine Miesmuscheln
2 Schalotten, feingehackt
2 Knoblauchzehen, feingehackt
2 Stangen Sellerie, in kleine Würfel geschnitten
0,15 l trockener Cidre, vorzugsweise aus der Normandie
100 g Crème fraîche oder Crème double
Salz und Pfeffer
1 EL Kerbel, gehackt, 1 EL glatte Petersilie, gehackt
knuspriges Baguette zum Servieren

DIE MIESMUSCHELN UNTER fließendem kaltem Wasser abspülen, die Schalen gründlich abbürsten und die Bärte entfernen. Alle geöffneten Muscheln, die sich nicht schließen, wenn man sie mit einem spitzen Messer berührt, aussortieren.

Schalotten, Knoblauch, Sellerie und Cidre in einen Topf geben, zum Kochen bringen und die Miesmuscheln hineingeben. Zugedeckt bei mittlerer Hitze 4 bis 5 Minuten garen lassen, dabei den Topf häufig rütteln, bis sich alle Muscheln geöffnet haben. Ungeöffnete Muscheln aussortieren.

Die Muscheln in ein Sieb gießen, dabei die Kochflüssigkeit in einer Schüssel auffangen. Die Miesmuscheln in eine große Schüssel geben, mit Alufolie bedecken und in dem nicht zu heißen Ofen warm stellen. Die Kochflüssigkeit durch ein mit einem Mulltuch ausgelegtes Sieb in einen sauberen Topf gießen und aufkochen lassen. Mit einem Schneebesen die Crème fraîche oder Crème double unterrühren und die Sauce einige Minuten köcheln lassen, bis sie sämig und etwas eingedickt ist. Mit Salz und Pfeffer abschmecken.

Die Sauce über die Muscheln gießen, mit den frischen Kräutern bestreuen und sofort auftragen. Dazu viel knuspriges Baguette zum Auftunken der Sauce reichen.

MAQUEREAUX MARINÉS SAUCE MOUTARDE

EINGELEGTE MAKRELEN MIT SENFSAUCE

FÜR 4 PERSONEN

4 kleine Makrelen von je etwa 225 g, gesäubert
1 Mohrrübe, in dünne Scheiben geschnitten
½ rote Zwiebel, in dünne Scheiben geschnitten
1 Knoblauchzehe, in Scheiben geschnitten
2 Gewürznelken, 1 TL Fenchelsamen
2 Lorbeerblätter, 4 Zweige frischer Dill
1 TL weiße Pfefferkörner, etwas zerstoßen
2 Zitronenscheiben
2 Orangenscheiben
Meersalz
0,15 l trockener Cidre
6 EL Weißwein- oder Apfelessig

FÜR DIE SENFSAUCE:

175 g Crème fraîche
1 EL Dijon-Senf
1 Prise Meersalz

DIE FISCHE ABSPÜLEN und von innen und außen trockentupfen. Mohrrübe, Zwiebel, Gewürznelken, Fenchelsamen, Lorbeerblätter, Dill, Pfefferkörner, Zitronen- und Orangenscheiben und etwas Salz mischen und die Hälfte auf dem Boden einer großen, tiefen Bratenpfanne oder feuerfesten Form verteilen, die Makrelen darauf auslegen und mit der anderen Hälfte der Mischung bestreuen.

Cidre, Essig und 0,15 Liter Wasser zugießen und langsam aufkochen lassen. Den aufsteigenden Schaum von der Oberfläche abschöpfen. Die Makrelen vom Herd nehmen und zugedeckt in der Form abkühlen lassen.

Die Makrelen 2 bis 3 Tage im Kühlschrank marinieren, dabei die Fische gelegentlich wenden.

Die Makrelen vor dem Servieren rechtzeitig aus dem Kühlschrank nehmen und stehenlassen, bis sie Zimmertemperatur erreicht haben. Aus der Marinade heben und auf einer Platte anrichten.

Für die Sauce die Crème fraîche in eine Schüssel geben, mit Senf und etwas Salz verrühren und zu den eingelegten Makrelen reichen.

POTÉE AUX FRUITS DE MER

EINTOPF MIT MEERESFRÜCHTEN

Das Ehepaar Toutain, Inhaber des bei vielen Impressionisten beliebten Landgasthauses »Ferme Saint-Siméon«, setzte seinen Gästen regelmäßig diesen köstlichen Eintopf aus Meeresfrüchten vor, der bald zu Boudins Lieblingsgericht wurde.

FÜR 4 PERSONEN

1 kg Miesmuscheln in der Schale, gesäubert (siehe Seite 30)
450 g Riesengarnelen in der Schale
6 EL Butter, 1 Zwiebel, feingehackt
2 Knoblauchzehen, feingehackt
2 Stangen Lauch, geputzt, gründlich abgespült und in dünne Scheiben geschnitten
450 g Kartoffeln, geschält und in Würfel geschnitten
1 – 2 EL Curry-Paste, 0,6 l Fischbrühe, 0,3 l Crème double, 2 Lorbeerblätter
450 g Seeteufel- oder Dorschfilet, enthäutet, abgespült und in 2 ½ cm große Würfel geschnitten
2 EL Mehl, mit Salz und Pfeffer aus der Mühle gewürzt
frischer Kerbel, gehackt, Salz und Pfeffer

DIE MEERESFRÜCHTE VORBEREITEN: Alle geöffneten Muscheln, die sich nicht schließen, wenn man sie mit einem spitzen Messer berührt, aussortieren. Die Miesmuscheln in einen großen Topf geben und zugedeckt ohne Wasserzugabe 3 bis 4 Minuten garen lassen, bis sich ihre Schalen öffnen. Den Topf dabei häufig rütteln. Alle ungeöffneten Muscheln aussortieren. Den Muschelsaft durch ein mit einem Mulltuch ausgelegtes Sieb gießen und beiseite stellen. Die Muscheln unter fließendem kaltem Wasser abspülen, das Fleisch aus den Schalen lösen und beiseite stellen.

Die Garnelen aus den Schalen lösen, das Schwanzende nicht entfernen. Mit einem spitzen Messer am Rücken einschneiden und den schwarzen Darm entfernen. Die Garnelenschwänze abspülen und mit Küchenpapier trockentupfen.

Die Hälfte der Butter in einer Pfanne erhitzen. Zwiebel und Knoblauch hineingeben und unter Rühren 5 Minuten braten. Lauch und Kartoffeln zugeben und weitere 5 Minuten schmoren lassen. Die Gemüse mit einem Schaumlöffel aus der Pfanne nehmen und in eine feuerfeste Kasserolle geben. Die Curry-Paste in die Pfanne geben, kurz anbraten lassen, dann mit dem Muschelsaft aufgießen, gut umrühren und die Flüssigkeit auf die Hälfte einkochen lassen. Den Pfanneninhalt zusammen mit der Fischbrühe, Crème double und den Lorbeerblättern in die Kasserolle zu den Gemüsen geben. Das Ganze zum Kochen bringen, die Hitze reduzieren und die Kartoffeln zugedeckt in 15 Minuten gar werden lassen.

Garnelen und Fischfilet mit dem gewürzten Mehl bestäuben. Die restliche Butter in einer sauberen Pfanne erhitzen, in kleinen Mengen Garnelen und Seeteufelwürfel hineingeben und goldbraun braten. Anschließend zusammen mit dem Bratensaft in die Kasserolle geben und weitere 10 Minuten köcheln lassen.

Das ausgelöste Muschelfleisch zugeben und eine weitere Minute köcheln lassen. Wenn das Muschelfleisch heiß ist, den Eintopf mit Salz und Pfeffer abschmecken und mit Kerbel bestreuen. Sofort servieren.

LA VRAIE SOLE À LA NORMANDE

SEEZUNGE AUF NORMANNISCHE ART

Monet schätzte dieses klassische normannische Gericht aus dem Pariser Restaurant »Fournaise« am Seine-Ufer so sehr, daß er den Besitzer um das Rezept bat, um es zu Hause in Giverny nachkochen zu lassen.

FÜR 4 PERSONEN

4 Seezungenfilets, gesäubert, enthäutet, abgespült und trockengetupft
Öl zum Bestreichen
2 EL Butter
4 EL trockener Cidre
Saft von 1 Zitrone
2 EL gehackter frischer Dill
Dillzweige zum Garnieren

FÜR DIE SAUCE:
0,3 l Fischbrühe
4 EL ungesalzene Butter, in Würfel geschnitten
4 EL Sahne
Salz und Pfeffer
100 g gekochte geschälte Garnelen

DEN BACKOFEN AUF 220° C vorheizen. 4 große Blätter Alufolie mit etwas Öl bestreichen. Jeweils ein Seezungenfilet in die Mitte der Alufolie legen und leicht mit Salz und Pfeffer würzen. Die Folien nach oben biegen und jeweils ein Stückchen Butter, etwas Cidre, Zitronensaft und Dill über die Fischfilets geben. Die Alufolien fest zu kleinen Päckchen verschließen und für 15 bis 20 Minuten in den vorgeheizten Ofen geben, bis die Fischfilets gar sind und sich ihr Fleisch leicht zerteilen läßt.

In der Zwischenzeit die Brühe für die Sauce in einen Topf gießen und bei starker Hitze um zwei Drittel einkochen lassen. Die Hitze reduzieren und nach und nach die Butter einrühren. Unter die leicht angedickte, sämige Sauce die Sahne rühren und mit Salz und Pfeffer abschmecken.

Die Fischpäckchen aus dem Ofen nehmen, die Seezungenfilets vorsichtig auf vorgewärmte Teller gleiten lassen und warm stellen. Die Garflüssigkeit aus der Folie durch ein feinmaschiges Sieb in die Sauce gießen. Die Sauce nochmals erhitzen, die Garnelen unterrühren und rasch vom Herd nehmen. Die Seezungenfilets mit der Sauce überziehen, mit Dill garnieren und sofort servieren.

GEGENÜBER: SEEZUNGE AUF NORMANNISCHE ART

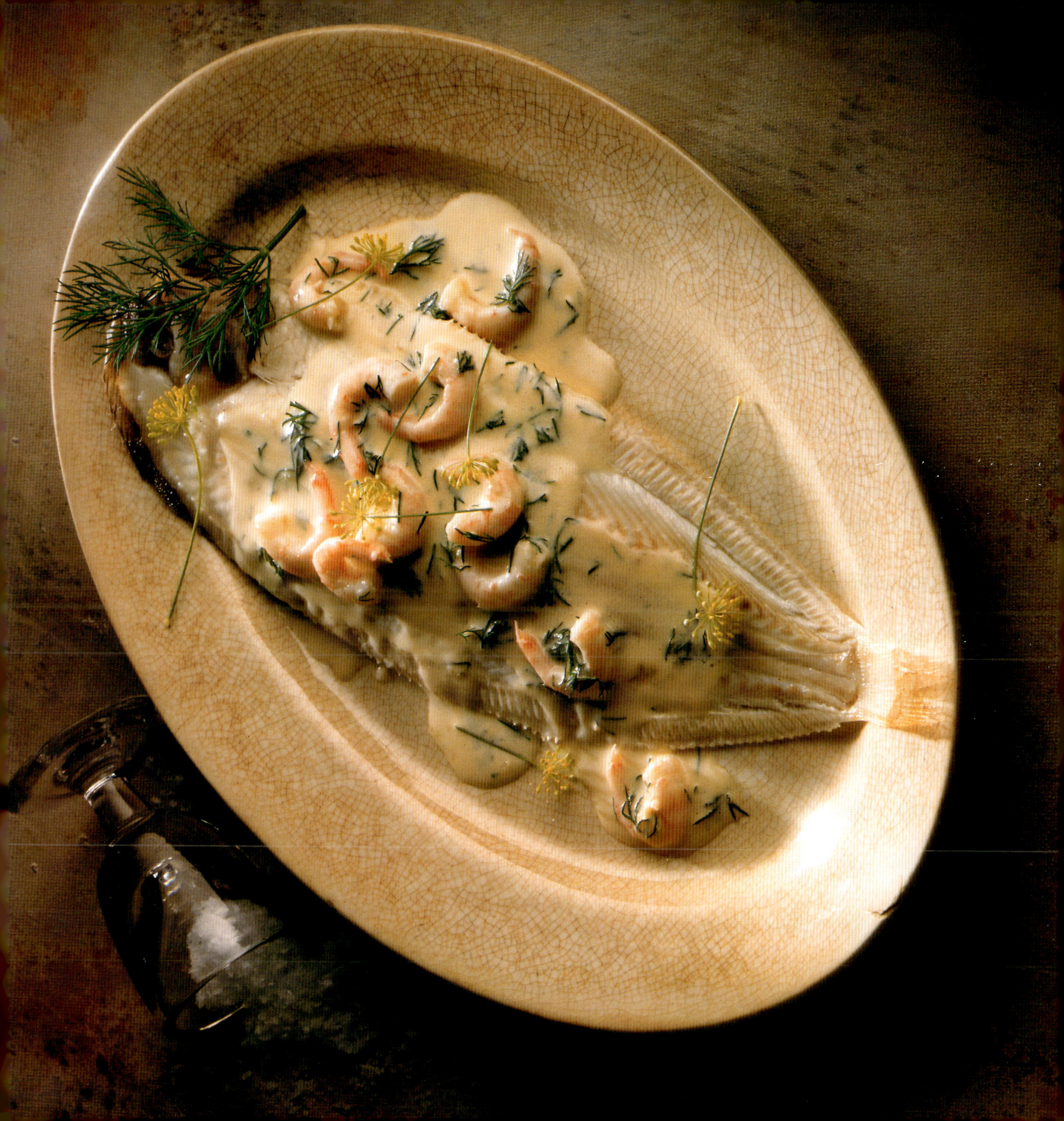

Poulet Vallée d'Auge

Huhn »Vallée d'Auge«

In seinem Garten in Giverny konnte Monet Hühner und Kapaune halten, jedoch bevorzugte er hochwertige Sorten wie z. B. Bresse-Hühner, deren Geschmack er besonders schätzte und die damals häufig für dieses typisch normannische Gericht verwendet wurden.

Für 4 Personen

4 EL Butter
2 Zwiebeln, in dünne Scheiben geschnitten
1 EL frischer Thymian, gehackt
1 TL Salz
1 TL Zucker
2 EL Olivenöl
1 großes Freilandhuhn, in 8 Stücke zerteilt, abgespült und trockengetupft
0,15 l trockener Cidre
2 Äpfel, ohne Kerngehäuse und in dicke Scheiben geschnitten
4 EL Calvados
4 EL Crème fraîche
Pfeffer
2 EL Petersilie, gehackt

Die Hälfte der Butter in einem schweren Schmortopf zerlassen. Die Zwiebeln hineingeben und bei starker Hitze unter häufigem Rühren 5 Minuten braten. Thymian, Salz und Zucker zugeben und bei mittlerer Hitze weitere 10 Minuten schmoren lassen. Dabei gelegentlich umrühren und darauf achten, daß die Zwiebeln nicht zu dunkel werden.

In der Zwischenzeit 1 Eßlöffel Butter und das Olivenöl in einem anderen Schmortopf erhitzen. Die Hühnerstücke hineingeben und bei starker Hitze in etwa 10 Minuten auf allen Seiten goldbraun anbraten.

Das Huhn in den Topf zu den Zwiebeln geben. Cidre zugießen, zum Kochen bringen und die Flüssigkeit fast vollständig verdampfen lassen. Mit 0,15 Liter Wasser aufgießen, erneut zum Kochen bringen, die Hitze reduzieren und zugedeckt 25 bis 30 Minuten schmoren lassen, bis das Huhn gar ist und der Fleischsaft klar heraustritt, wenn man mit einem spitzen Messer hineinsticht.

Währenddessen die restliche Butter in einer Pfanne erhitzen und die Apfelscheiben hineingeben. In 3 bis 4 Minuten von beiden Seiten goldgelb werden lassen und beiseite stellen.

Wenn das Huhn gar ist, die Äpfel zugeben. Den Calvados in einem kleinen Topf erhitzen, anzünden und sofort über das Huhn gießen. Den Topf dabei rütteln, bis die Flammen erloschen sind. Crème fraîche unterrühren und mit Salz und Pfeffer abschmecken. Das Hühnerragout mit gehackter Petersilie bestreuen und sofort servieren.

Als sich Monet 1868 in einem kleinen Haus in der Normandie eingemietet hatte, fühlte er sich »glücklich wie ein *coq en pâté*«.

CANARD AUX CERISES

ENTE MIT KIRSCHEN

Auf dem Wirtshausschild der beliebten »Ferme Saint-Siméon«, einem Werk André Gills, waren die Erzeugnisse der Region dargestellt, die in die Gerichte des Landgasthofes Eingang fanden, darunter auch eine Ente, die darauf wartet, gebraten zu werden.

FÜR 4 PERSONEN

4 Entenbrüste, abgespült und trockengetupft
2 EL Olivenöl

FÜR DIE MARINADE:
1 Zwiebel, in Scheiben geschnitten
2 Stangen Sellerie, in Scheiben geschnitten
1 Knoblauchzehe, zerdrückt
2 frische Zweige Thymian, 2 Lorbeerblätter
0,15 l leichter Rotwein

FÜR DIE SAUCE:
0,15 l Hühnerbrühe
675 g frische Kirschen, entsteint, oder 350 g entsteinte Kirschen aus dem Glas
2 EL Balsamico-Essig
Salz und Pfeffer

DIE HAUT DER ENTENBRÜSTE mit einem scharfen Messer vier- bis fünfmal einschneiden und die Brüste nebeneinander in eine flache, nichtmetallene Form legen. Die Zutaten für die Marinade miteinander vermischen und über die Entenbrüste gießen. Die Entenbrüste über Nacht zugedeckt im Kühlschrank marinieren.

Den Backofen auf 200° C vorheizen. Eine Bratenpfanne mit Alufolie auslegen und in den Ofen schieben. Die Entenbrüste aus der Marinade nehmen und mit Küchenpapier trockentupfen. Die Marinade durch ein Sieb gießen und beiseite stellen.

Das Öl in einem schweren Schmortopf erhitzen. Die Entenbrüste hineingeben und auf jeder Seite 1 bis 2 Minuten braun braten. Das Fleisch aus dem Topf nehmen, in die Bratenpfanne legen und für 6 bis 8 Minuten in den heißen Ofen schieben.

In der Zwischenzeit die Sauce zubereiten: Die Hühnerbrühe in den Schmortopf gießen und den Bratensatz damit löschen. Den Bratensatz mit einem Holzlöffel vom Boden kratzen, aufkochen lassen und die Flüssigkeit bei starker Hitze um die Hälfte reduzieren. Kirschen und Balsamico-Essig unterrühren, die Hitze reduzieren und die Sauce zugedeckt 5 bis 10 Minuten köcheln lassen, bis die Kirschen weich sind und Saft abzugeben beginnen. Die Sauce abschmecken.

Die Entenbrüste aus dem Ofen nehmen und in dünne Scheiben schneiden. Heiß mit der Kirschsauce auftragen.

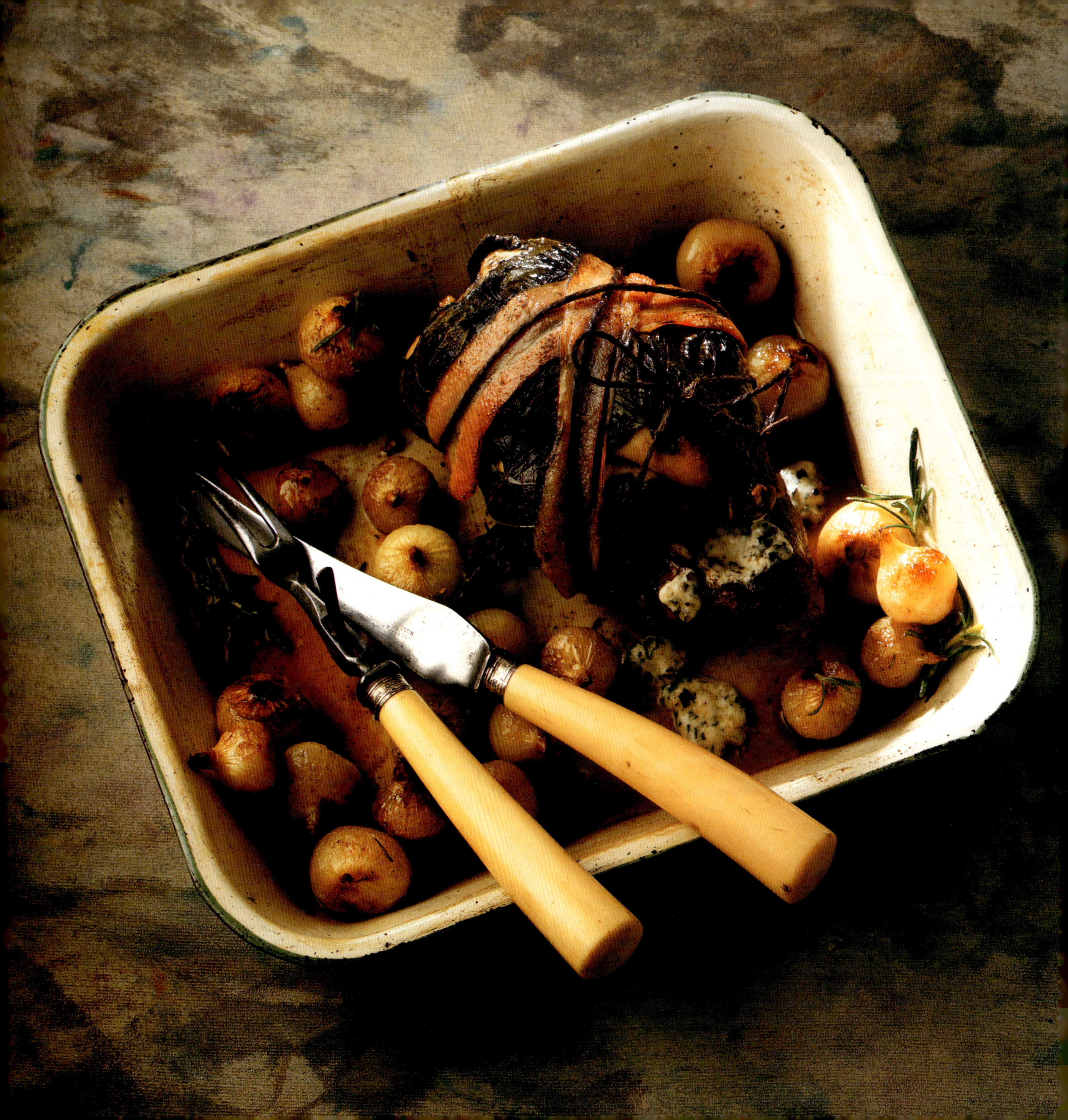

FAISAN AUX FEUILLES DE VIGNES ET AU CALVADOS

FASAN MIT WEINBLÄTTERN UND CALVADOS

Die Anregung zu diesem Rezept stammt aus dem hervorragenden Buch *Cuisine Grand-mère* von Jenny Baker, wonach die Fasane mit Gin, Wacholderbeeren und Endivien zubereitet werden. Im folgenden Rezept werden sie auf einem Bett aus Perlzwiebeln mit Rosmarin und Calvados gegart.

FÜR 4 PERSONEN

100 g Doppelrahm-Frischkäse
4 Pimentkörner, zerdrückt
1 EL frische Kräuter wie Schnittlauch, Petersilie oder Estragon, gehackt
2 Knoblauchzehen, zerdrückt
Salz und Pfeffer
2 kleine Fasanenhennen, gesäubert, abgespült und trockengetupft
4 EL weiche Butter
4 Weinblätter aus der Lake, abgetropft, abgespült und trockengetupft
4 große Scheiben Speck, ohne Schwarte
225 g Perlzwiebeln
4 Rosmarinzweige
4 EL Calvados
0,15 l Hühnerbrühe
frische Kräuter zum Garnieren

FRISCHKÄSE, PIMENT, KRÄUTER, Knoblauch, Salz und Pfeffer miteinander verrühren und die beiden Fasane damit füllen. Das Geflügel von allen Seiten mit etwas Butter einreiben, zuerst in jeweils 2 Weinblätter, dann in die Speckscheiben wickeln und mit Küchengarn in Form binden.

Die restliche Butter in einer feuerfesten Kasserolle, in der die beiden Fasane gerade nebeneinander Platz finden, erhitzen, bis sie aufschäumt. Das Geflügel hineingeben und bei mittlerer Hitze in 5 Minuten auf allen Seiten braun anbraten. Die Fasane mit einem Schaumlöffel aus der Kasserolle nehmen. Die Zwiebeln in den Topf geben und 10 Minuten vorsichtig schmoren lassen. Rosmarin zugeben und die Fasane auf das Zwiebelbett setzen.

Den Calvados in einem kleinen Topf erhitzen, anzünden und sofort über die Fasane gießen. Wenn die Flammen erloschen sind, die Brühe zugießen und zum Kochen bringen. Die Hitze reduzieren und die Fasane zugedeckt in etwa 50 Minuten gar schmoren. Das Geflügel aus der Kasserolle nehmen, in Alufolie wickeln und 10 Minuten ruhen lassen.

Den Bratensaft mit Salz und Pfeffer abschmecken. Die Fasane halbieren und auf einer vorgewärmten Platte auf dem Zwiebelbett anrichten. Die Sauce darübergießen, mit frischen Kräutern garnieren und servieren.

GEGENÜBER: FASAN MIT WEINBLÄTTERN UND CALVADOS

Petit Salé aux Lentilles

Gepökeltes Schweinefleisch mit Linsen

Für 4 Personen

1 kg gepökelter Schweinebauch oder Schweinshaxe, abgespült und trockengetupft
225 g Linsen aus Puy
2 kleine Zwiebeln, geviertelt
4 weiße Rübchen, geschält und halbiert
4 große Mohrrüben, geschält und geviertelt
4 große Stangen Sellerie, geputzt und in jeweils 4 Stücke zerteilt
4 Wacholderbeeren, leicht zerdrückt, 3 Gewürznelken
2 EL Butter oder 2 EL Crème double
Salz und Pfeffer
4 EL gehackte Petersilie

Für das Bouquet garni:
1 kleine Stange Sellerie
1 kleine Stange Lauch, sorgfältig abgespült
1 Knoblauchzehe, geschält, aber nicht zerteilt
1 Lorbeerblatt, 1 frischer Zweig Thymian
1 Zweig Petersilie, 6 weiße Pfefferkörner

Das Schweinefleisch in einen großen Topf geben, 1 1/4 Liter kaltes Wasser zugießen und zum Kochen bringen. Die Hitze reduzieren und das Fleisch zugedeckt 30 Minuten köcheln lassen. Den Schaum abschöpfen.

In der Zwischenzeit die Zutaten fürs Bouquet garni vorbereiten, auf ein Stück Mulltuch geben und dieses mit Küchengarn zu einem Säckchen binden.

Linsen, Gemüse, Bouquet garni und Gewürze zum Fleisch in den Topf geben. Nochmals aufkochen lassen, die Hitze reduzieren und zugedeckt weitere 30 bis 45 Minuten köcheln lassen, bis Linsen, Gemüse und Schweinefleisch gar sind.

Das Schweinefleisch aus dem Topf nehmen, auf einen vorgewärmten Teller geben, mit Alufolie bedecken und warm stellen. Das Mullsäckchen mit dem Bouquet garni entfernen. Butter oder Crème double unter die Linsen mischen und unter Rühren sämig werden lassen. Die Linsen mit Salz und Pfeffer abschmecken. Das Schweinefleisch in Streifen schneiden und unter die Linsen geben. Das Gericht auf einer vorgewärmten tiefen Platte anrichten, mit gehackter Petersilie bestreuen und sofort auftragen.

Navets Glacés au Jambon et à la Ciboulette

Glasierte weisse Rübchen mit Schinken und Schnittlauch

Für 4 Personen

675 g kleine junge weiße Rübchen, geputzt und abgebürstet
2 EL Butter, 1 TL Zucker, 1 TL Salz
225 g gekochter Schinken, in Würfel geschnitten
2 EL Schnittlauchröllchen, Pfeffer

Die grösseren Rübchen halbieren, in einen großen Topf geben, mit kaltem Wasser bedecken und zum Kochen bringen. Die Hitze reduzieren und die Rübchen 5 Minuten köcheln lassen. Die weißen Rübchen aus dem Topf nehmen, abtropfen lassen und beiseite stellen.

Die Butter in einer schweren Pfanne zerlassen. Wenn sie zu schäumen beginnt, die Rübchen hineingeben und bei mittlerer Hitze 5 Minuten braten. Die Pfanne dabei ständig rütteln, damit die Rübchen nicht ansetzen und gleichmäßig auf allen Seiten braten. Mit Zucker und Salz bestreuen, umrühren und die Rübchen unter gelegentlichem Wenden weitere 5 bis 8 Minuten braten.

Die Schinkenwürfel unterrühren und einige Minuten mitschmoren lassen. Wenn der Schinken heiß ist, Schnittlauch und reichlich schwarzen Pfeffer darüberstreuen und sofort auftragen.

Gegenüber:
Glasierte weisse Rübchen mit Schinken und Schnittlauch

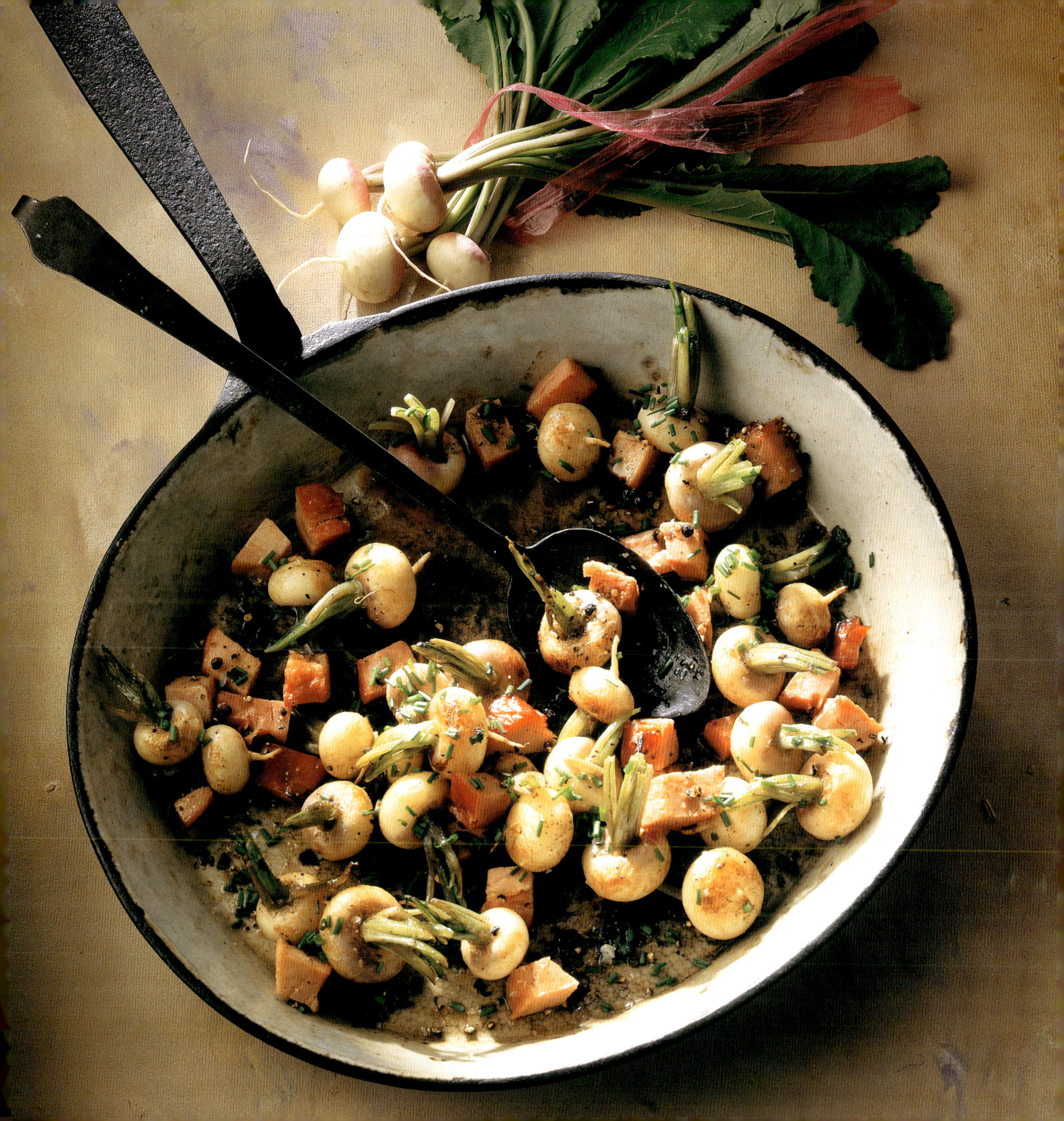

Gratin Dauphinois aux Trois Légumes ⓥ

Gemüse-Gratin

Für 4 Personen

0,45 l Milch
0,45 l Crème double
2 ganze Knoblauchzehen, geschält
4 Rosmarinzweige, zerrieben
2 Lorbeerblätter, zerrieben
1 Zwiebel, in Scheiben geschnitten
1 EL weiche Butter
350 g Kartoffeln, geschält und in hauchdünne Scheiben geschnitten
225 g Sellerieknolle, geschält und in hauchdünne Scheiben geschnitten
225 g große Topinambur, geschält und in hauchdünne Scheiben geschnitten
2 Stangen Lauch, geputzt, gründlich abgespült und feingehackt
geriebene Muskatnuß
Salz und Pfeffer

Den Backofen auf 190° C vorheizen. Milch, Crème double, Knoblauch, Rosmarin, Lorbeerblätter und Zwiebel in einen Topf geben. Langsam zum Kochen bringen und den Topf vom Herd nehmen. Das Ganze 10 Minuten ziehen lassen, durch ein Sieb gießen und beiseite stellen.

Eine feuerfeste Form mit Butter bestreichen. Abwechselnd eine Lage Kartoffel-, Sellerie- und Topinamburscheiben hineingeben. Jede Lage Gemüse mit etwas gehacktem Lauch, geriebener Muskatnuß, Salz und Pfeffer bestreuen.

Mit der Milch-Sahne-Mischung begießen. Die Gemüse 2 Stunden im vorgeheizten Ofen garen und die Oberfläche goldbraun werden lassen. Zur Garprobe mit einem spitzen Messer in die Gemüse stechen. Das Gratin aus dem Ofen nehmen, leicht abkühlen lassen und als Beilage zu Steaks oder Schmorgerichten servieren.

Salade Normande

Normannischer Salat

In Monets Garten in Giverny gab es immer reichlich Gemüse und Obst, die seine Köchin Marguerite für ihn zubereitete. Er bestand darauf, daß der von ihm so geliebte schwarze Pfeffer in Reichweite auf dem Eßtisch stand, so daß er sich den Salat selbst anmachen konnte.

Für 4 Personen

225 g neue Kartoffeln, abgebürstet
225 g Sellerieknolle, geschält
1 Apfel, Kerngehäuse entfernt
100 g gekochte Garnelen oder Nordseekrabben, ausgelöst
2 Chicoréeköpfe, geputzt
1 Bund Brunnenkresse, geputzt
2 Frühlingszwiebeln, geputzt und in Scheiben geschnitten
1 EL Kerbel, gehackt

Für die Salatsauce:

100 g Crème fraîche, 1 EL trockener Cidre
2 TL Weißwein- oder Apfelessig
1 TL frisch geriebener Meerrettich
Salz und Pfeffer

Für das Dressing die Crème fraîche in eine Schüssel geben und mit den restlichen Zutaten für die Sauce verrühren. Mit Salz und Pfeffer abschmecken. Zugedeckt beiseite stellen.

Die Kartoffeln in einen Topf geben, mit leicht gesalzenem kaltem Wasser bedecken und zum Kochen bringen. Die Hitze reduzieren und die Kartoffeln etwa 10 bis 12 Minuten kochen, bis sie gar sind. Die Kartoffeln abgießen, unter fließendem kaltem Wasser abschrecken und gut abtropfen lassen. Die Kartoffeln halbieren und in eine große Schüssel geben.

Sellerie und Apfel reiben und soviel Flüssigkeit wie möglich aus ihnen herauspressen. Zusammen mit den Krabben zu den Kartoffeln geben, die Salatsauce darüber verteilen und alles gut miteinander vermischen.

Die Chicoréeköpfe in einzelne Blätter zerteilen und eine große Platte so damit belegen, daß die Blattspitzen nach außen zeigen. Die Brunnenkresse darüber verteilen und den Salat in der Mitte anrichten. Mit Frühlingszwiebeln und Kerbel bestreuen und sofort servieren.

PLATEAU DE FROMAGES NORMANDS

NORMANNISCHE KÄSEPLATTE

In der Normandie gibt es zahlreiche ausgezeichnete Käsesorten, von denen der Camembert aus der Vallée d'Auge sicher der berühmteste ist, gleich gefolgt vom Livarot und Pont-l'Évêque. Neben diesen gehaltvollen, sahnigen Käsen zählt auch der herzförmige Neufchâtel zu den Spitzensorten.

Die obengenannten Käse auf einem Holzbrett anordnen und nach Belieben mit einigen Lorbeerblättern oder anderen frischen Kräutern garnieren. Mit einer Auswahl frischer Früchte und frischem Brot servieren.

TARTE TATIN Ⓥ

GESTÜRZTER APFELKUCHEN

Zwei Hektar Grund in Monets Garten in Giverny waren mit Apfelbäumen bepflanzt. Vielleicht stammt daher Monets Vorliebe für diesen klassischen Apfelkuchen, der durch die Schwestern Tatin berühmt wurde.

FÜR 8 PERSONEN

FÜR DEN KARAMEL:

6 EL Butter, 6 EL Zucker, 1 TL Zimtpulver

1 ½ kg Äpfel, vorzugsweise Reinetten oder Boskop, geschält, halbiert und Kerngehäuse entfernt

Crème fraîche oder Sahnequark

FÜR DEN MÜRBETEIG:

100 g Mehl, 1 Prise Salz

5 EL Butter, in kleine Würfel geschnitten

1 EL Zucker, 1 Eigelb

EIN BACKBLECH IN die mittlere Schiene des Backofens setzen und den Ofen auf 220° C vorheizen.

Für den Karamel die Butter in einer schweren, feuerfesten Form heiß werden lassen. Zucker und Zimt zugeben und 1 Minute erhitzen. Zum Kochen bringen und 5 Minuten köcheln lassen, bis der Karamel goldbraun zu werden beginnt.

Die Apfelhälften dicht nebeneinander mit der Schnittseite nach oben hineinsetzen und bei mittlerer Hitze 6 bis 8 Minuten schmoren lassen, bis sie an der Unterseite goldbraun sind.

In der Zwischenzeit den Teig (Zubereitung siehe Seite 119) aus dem Kühlschrank nehmen und zu einem runden Fladen ausrollen, der etwas größer sein sollte als die Form. Die Form vom Herd nehmen und die Äpfel schnell mit dem Teigfladen bedecken. Die Teigränder innen an der Form entlang nach unten drücken. Die Form auf das heiße Backblech setzen und den Kuchen 20 Minuten backen, bis der Teig fest und goldgelb ist. Aus dem Ofen nehmen und 15 Minuten abkühlen lassen.

Den Apfelkuchen auf eine große Platte stürzen und noch warm mit Crème fraîche oder Sahnequark servieren.

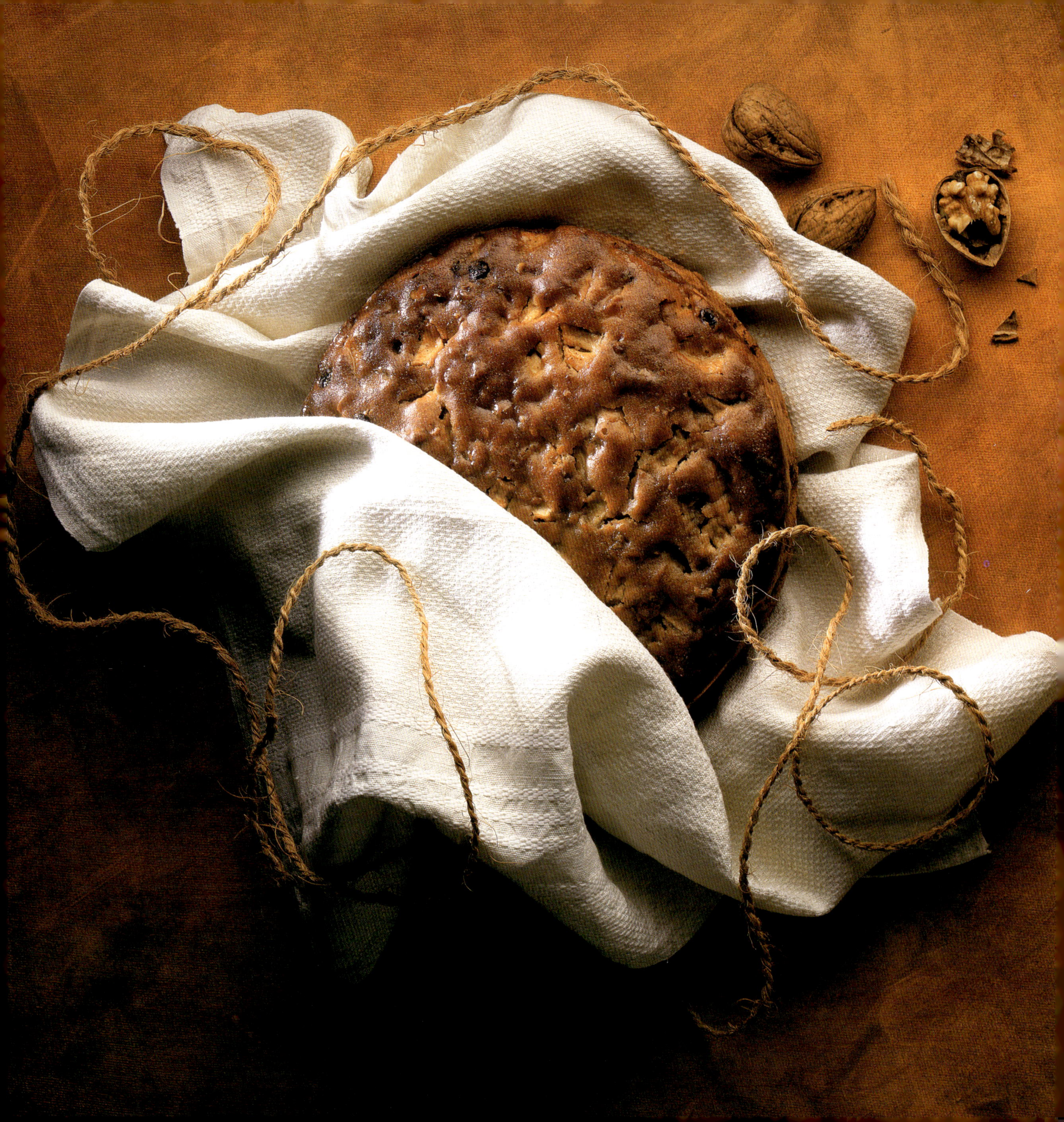

GÂTEAU NORMAND AUX POMMES ⓥ

NORMANNISCHER APFELKUCHEN

FÜR 12 PERSONEN

100 g weiche Butter
100 g Zucker
2 Eier, leicht verquirlt
225 g Mehl
1 EL Backpulver
3 EL trockener Cidre
450 g Äpfel, geschält, Kerngehäuse entfernt und in Stücke zerteilt
50 g Walnüsse, gehackt
50 g Sultaninen oder Rosinen
1 – 2 TL Gewürzmischung, bestehend aus gemahlenem Zimt, Piment und Muskatnuß
2 EL flüssiger Honig, zum Garnieren
Crème fraîche zum Servieren

DEN BACKOFEN AUF 180° C vorheizen. Eine Springform von 23 cm Durchmesser mit Butter ausstreichen und den Boden mit Backpapier belegen. Butter und Zucker zu einer schaumigen hellgelben Masse aufschlagen. Nach und nach die Eier unterrühren. Mehl mit dem Backpulver durchsieben und nach und nach mit dem Cidre in den Teig einarbeiten.

Äpfel, Walnüsse, Sultaninen und Gewürzmischung unter den glatten Teig rühren und das Ganze in die vorbereitete Form gießen. Die Oberfläche glattstreichen, in die Mitte eine kleine Mulde drücken und den Kuchen für 1 bis 1 ¼ Stunden backen. Zur Garprobe mit einem kleinen Metallspieß in die Mitte des Kuchens stechen; bleibt kein Teig daran kleben, ist der Apfelkuchen gar.

Den Apfelkuchen aus dem Ofen nehmen und mit dem flüssigen Honig bestreichen. Etwa 20 Minuten abkühlen lassen, aus der Form nehmen und auf einem Kuchengitter ganz auskühlen lassen. Den Kuchen in Stücke schneiden und servieren, Crème fraîche dazu reichen.

GEGENÜBER: NORMANNISCHER APFELKUCHEN

POIRES FARCIES AUX ÉPICES ⓥ

GEFÜLLTE BIRNEN

FÜR 4 PERSONEN

4 Birnen, Zitronensaft

FÜR DIE FÜLLUNG:

2 EL weiche Butter
50 g getrocknete Aprikosen, feingehackt
50 g geschälte Mandeln, gemahlen
1 EL Zitronensaft, ¼ TL Zimtpulver

FÜR DIE SAUCE:

50 g Zucker
Saft von ½ Zitrone, 1 EL Calvados
6 EL ungesüßter Apfelsaft
50 g Butter, in Würfel geschnitten

DEN BACKOFEN AUF 190° C vorheizen. Die Zutaten für die Füllung in eine Schüssel geben, gut miteinander verrühren und beiseite stellen.

Die Birnen schälen, den Stengel nicht entfernen und die Früchte vom Boden her aushöhlen. Damit die Birnen aufrecht stehen können, ein kleines Stück vom Boden wegschneiden.

Die Füllung in 4 gleiche Teile teilen, die Früchte füllen, die Farce dabei fest hineindrücken. Die gefüllten Birnen aufrecht in eine feuerfeste Form setzen, 4 Eßlöffel kaltes Wasser zugeben und mit Alufolie bedecken. Die Früchte im vorgeheizten Ofen 40 bis 45 Minuten garen; sie sollten weich sein, aber nicht zerfallen.

In der Zwischenzeit die Sauce zubereiten: Zucker und 2 Eßlöffel Wasser in einen kleinen Topf geben und langsam erhitzen. Den Zucker unter Rühren auflösen, danach etwa 5 Minuten lebhaft köcheln lassen, bis der Sirup goldbraun zu werden und zu karamelisieren beginnt. Darauf achten, daß der Sirup nicht zu dunkel wird, weil er sonst leicht bitter schmeckt.

Den Topf vom Herd nehmen und Zitronensaft, Calvados und Apfelsaft unterrühren. Das Ganze wieder auf den Herd stellen und schnell etwas einkochen lassen. Die Hitze reduzieren und nach und nach die Butter unterrühren. Die Sauce sollte glatt und sämig sein.

Die Birnen aus dem Ofen nehmen, in vorgewärmte Schüsselchen setzen, jeweils mit etwas Sauce überziehen und sofort servieren.

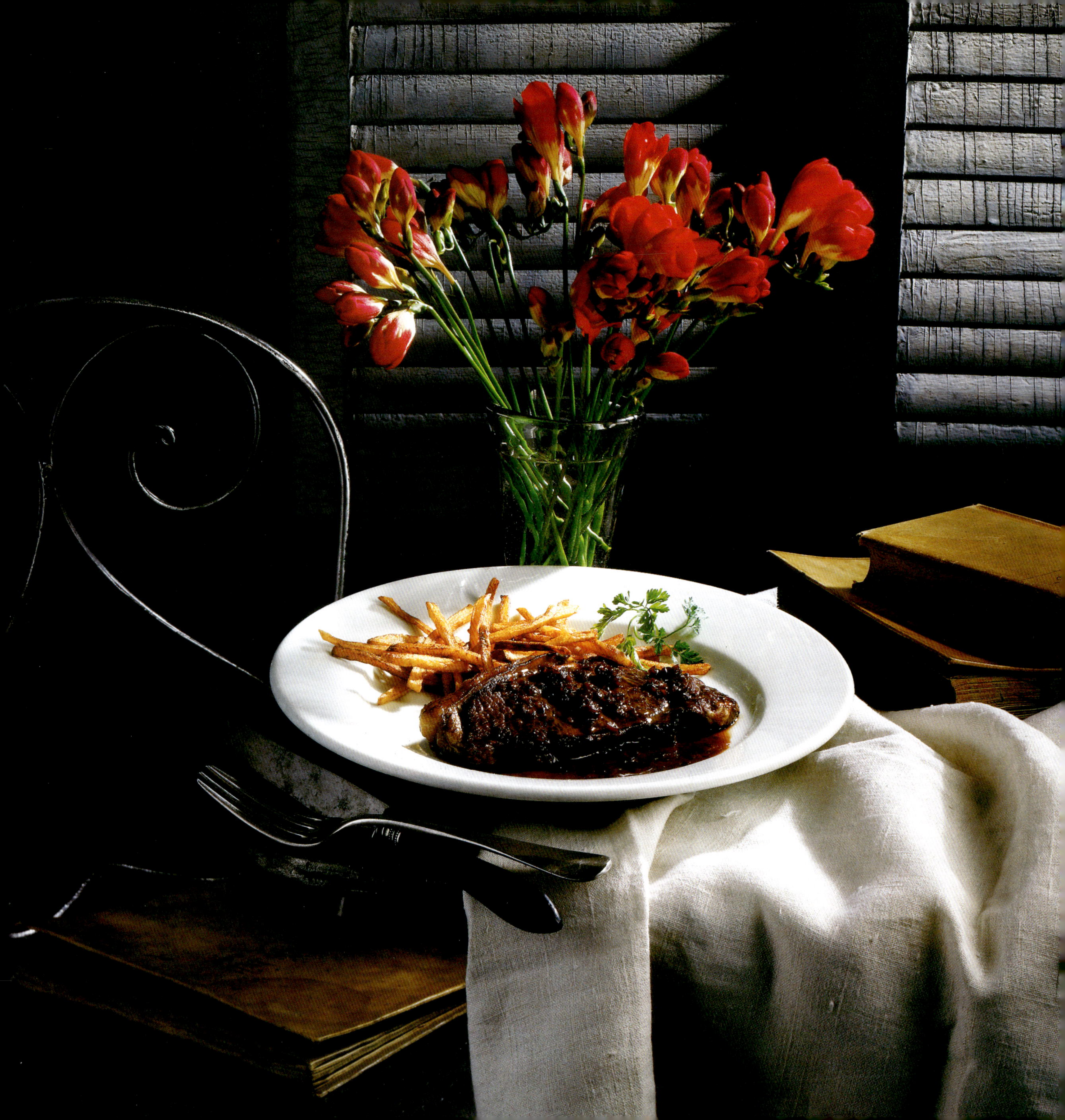

II
PARIS
Gespräche & Raffinement

»Das Leben war leicht geworden und bekam etwas Vergnügliches, zugleich einen bitteren, anrüchigen Geschmack.«

A. Tabarant

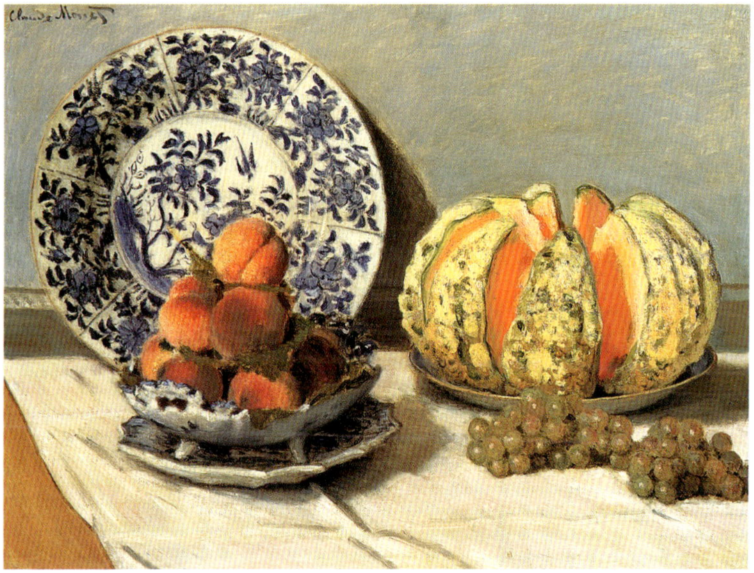

Claude Monet: Stilleben mit Melone

Gegenüber: Zwischenrippenstück mit Bercy-Sauce (siehe Seite 79)

Paris war für Leben und Werk aller Impressionisten von entscheidender Bedeutung. Den wohlhabendsten Mitgliedern der Gruppe – Degas, Manet und Berthe Morisot – war die Hauptstadt Zuhause, obwohl auch die anderen zeitweise dort lebten und sich zu ausgelassenen Zusammenkünften im »Café Guerbois« und später im »Nouvelles-Athènes« trafen. Hier fanden sie moralische Unterstützung und Inspiration und gewannen neues Selbstvertrauen. In den sechziger Jahren des vorigen Jahrhunderts erlebte die Stadt eine Periode wirtschaftlicher Blüte und sozialer Umwälzungen. Auch das Gesicht der Stadt veränderte sich. Enge Straßen, ja stellenweise sogar ganze Viertel mußten weichen, um den weiträumigen Pavillons Baron Haussmanns – den legendären Halles – Platz zu machen, wo Obst, Gemüse, lebende Tiere und Fisch feilgeboten wurden, desgleichen den breiten Boulevards, die nun die Stadt durchzogen. An diesen Boulevards lockten vornehme Restaurants und hübsche Cafés – das »Maison Doré«, die Cafés »Riche«, »du Helder«, »Anglais« und »Américain«, »Tortoni's«, das »Grand

Café« und das »Café du Grand Hôtel« – ein elegantes, kosmopolitisches Publikum an. Die große Internationale Ausstellung 1867 zog Tausende englischer und amerikanischer Besucher in die Stadt. Der Schriftsteller Henry James, der viele Stunden in den Boulevard-Cafés verbrachte, beschrieb diese als »kleine Landzungen aus Stühlen und Tischen, die in das Asphaltmeer hineinragen«.

Abends erwachte die Stadt zum Leben und sprühte vor Vergnügungssucht, Lust am Spektakel und einem neuen Optimismus. Edouard Manet, der einem vornehmen, geradezu dandyhaften Lebensstil frönte, fing dies in seiner Gemäldeserie von Kneipen und Brasserien, Cafés, Cabarets und *café-concerts* (Cafés mit Varieté-Darbietungen) ein. Sein Augenmerk galt dabei den gegensätzlichen Polen des Café-Lebens: der stillen Innenschau einsamer Augenblicke – die Frau, die in *La Prune (Der Pflaumenschnaps)* einsam und gedankenverloren vor einem Glas Pflaumenschnaps sitzt; der Herr mit Zylinder in dem Gemälde *Chez Tortoni (Bei Tortoni's)*, der an einem kleinen Fenstertisch bei »Tortoni's« sitzt und schreibt; die leidende Schönheit vom Lande, die in *Un Bar aux Folies-Bergère (Eine Bar in den Folies-Bergère)* hinter dem Tresen steht – genauso wie dem Trubel und Lärm der vergnügungssüchtigen Menge. So bringt in dem Bild *Au Coin du Café-Concert (Im Café-concert)* eine stämmige, ernst blickende Serviererin in hochgeknöpftem schwarzem Kleid den Gästen Krüge mit eiskaltem bernsteinfarbenem Bier; in starkem Kontrast zu ihr stehen die spärlich bekleideten Tänzerinnen im Hintergrund mit ihren grotesken Verrenkungen, in deren Anblick die entzückten Gäste versunken sind. Als Modell für die zentrale Figur dieses Bildes diente Manet eine Serviererin der »Brasserie de Reichshoffen«. Doch diese empfand große Scheu vor dem eleganten, geistreichen und etwas verrückten Maler und erklärte sich nur bereit, in sein Atelier zu kommen, wenn ihr *protecteur* sie begleiten dürfe. So nahm Monet diesen kurzerhand als pfeiferauchenden Gast in den Vordergrund des Bildes mit auf.

Café-concerts waren eine neue Form des Amüsements, die von dem zeitgenössischen Schriftsteller Louis Schneider in *La Revue illustrée* als Lokale beschrieben wurden, »in die nachlässig gekleidete Leute aus einer Laune heraus gehen; sie rauchen, trinken Bier, reißen Witze; die Darbietung beginnt mit einer Stunde Verspätung und ist schon bald darauf wieder zu Ende, und die Eintrittspreise sind außerordentlich gering«. Die meisten dieser Etablissements lagen am Montmartre, in einem Viertel, das wegen der niedrigen Mieten bei Schriftstellern und Künstlern beliebt war.

Auch Degas war sehr angetan von den Cafés mit ihrem geschäftigen Treiben, den Theatern und anderen Vergnügungsstätten, die ihm zahlreiche Motive boten. Wie Manet lebte auch er das Leben eines wohlhabenden Städters, der seine Freizeit bei den Pferderennen in Longchamp, in der Oper und im Ballett verbrachte. Vormittags kopierte er die großen Meister im Louvre, und gegen Mittag traf er seine Freunde bei »Tortoni's« oder im »Café Riche«, die von erfolgreichen Schriftstellern und Künstlern, aber auch von Aristokraten und Diplomaten sowie gelegentlich von begüterten Touristen frequentiert wurden. »Im Café Riche«, schrieb ein Zeitgenosse, »werden die amüsantesten Romane entworfen und die Intrigen der Boulevards ausgeheckt. Politische Ängste und die Langeweile des Alltags hingegen geraten hier vollkommen in Vergessenheit.«

Paris konnte sich großartiger Restaurants wie »Le Doyen«, »Palais Royal« und »Rocher de Cancale« rühmen, das Brillat-Sava-

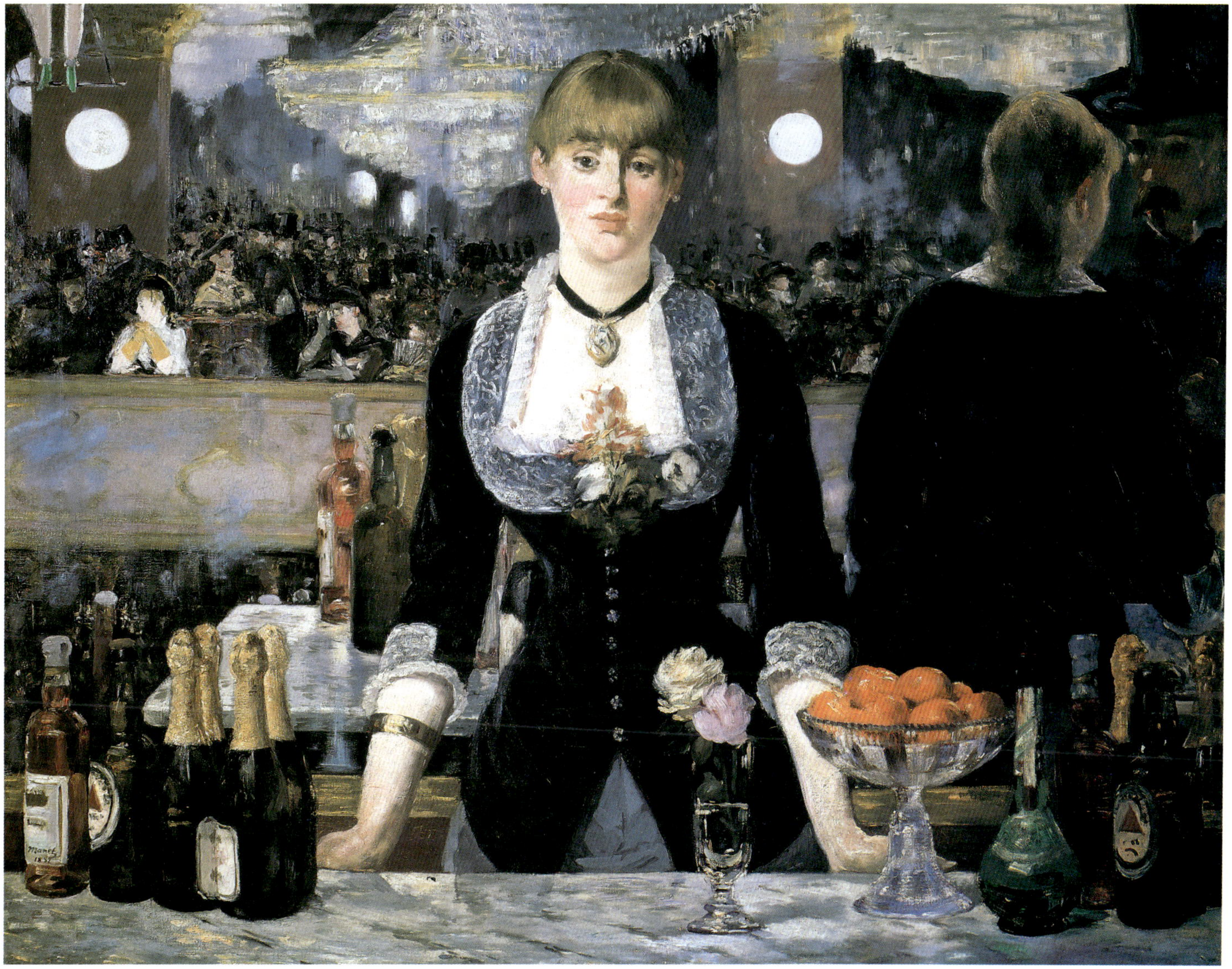

Edouard Manet: Eine Bar in den Folies-Bergère

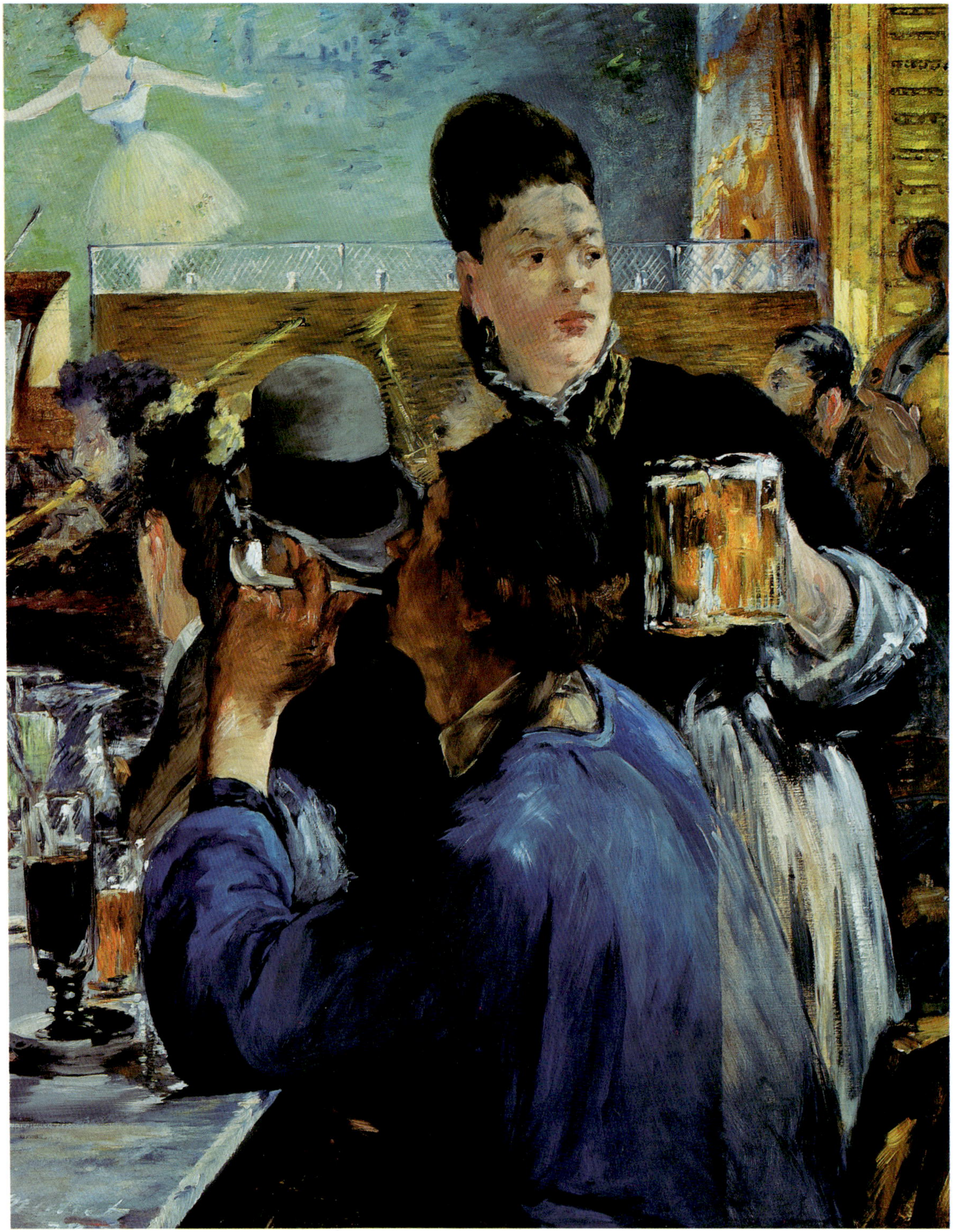

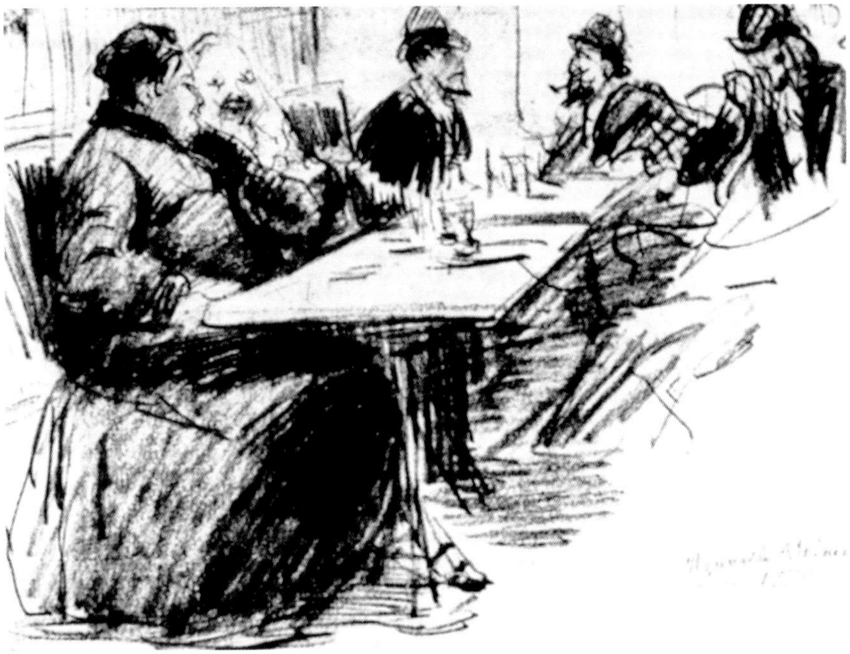

GEGENÜBER: EDOUARD MANET: IM CAFÉ-CONCERT

EDGAR DEGAS FING DAS REGE TREIBEN IM »CAFÉ DE LA NOUVELLE-ATHÈNES« EIN, EINEM BELIEBTEN TREFFPUNKT DER IMPRESSIONISTEN.

rin einmal wöchentlich aufsuchte, um *turbot à la broche* zu speisen, und in dem man immer den besten Fisch und Austern von legendärer Frische bekam. Geradezu zahllos waren aber auch die Brasserien, die gängige Fleisch- und Gemüsegerichte, Salate und Desserts anboten. Hinzu gesellten sich die kleinen, meist von einem Ehepaar geführten *bistrots* mit einer bescheidenen Auswahl an traditioneller Hausmannskost wie *pot-au-feu* oder einem reichhaltigen Eintopf, der den ganzen Tag auf dem Ofen stand, sowie Weinen, die meist offen angeboten wurden, und die ganz einfachen *crémeries* wie die von Madame Camille in der Rue St.-Georges direkt gegenüber dem Haus, in dem sich Renoirs Dachatelier befand. Hier wurden neben Sahne, Milch, Butter und Eiern schlichte Gerichte für ein paar Stammgäste serviert, die den Wein dazu beim Händler nebenan erwerben konnten. Renoir pflegte sich mittags gemeinsam mit den Arbeitern, Anstreichern und jungen Näherinnen des Viertels (zu denen auch die 21 Jahre jüngere Aline Charigot gehörte, die später Madame Renoir werden sollte) in dem engen, von einem kleinen Ofen erwärmten Raum in eine Ecke zu setzen und den *plat du jour* zu essen – einen Teller Suppe, eine Scheibe gekochtes Fleisch mit Bohnen oder Eintopf mit Rind- oder Hammelfleisch sowie als Abschluß ein Stück Käse. Brie, der »König der Käse«, wie er ihn nannte, war seine Lieblingssorte; allerdings meinte er, herausragende Qualität gebe es nur in Paris. »Sobald er die Grenzen der Stadt hinter sich läßt«, schrieb er seinem Sohn Jean, »taugt er nicht mehr viel.«

Zu dieser Zeit wurde Renoir ständig von Geldsorgen geplagt. Einmal kam es sogar soweit, daß er lieber hungerte, als Madame Camilles Gutmütigkeit noch länger zu strapazieren. Denn er wußte, daß sie ihm bereitwillig weiterhin Kredit gewähren würde, hatte sie sich dem jungen Maler mit den »guten Manieren« gegenüber doch immer sehr großzügig gezeigt und stets das beste Stück Brie für ihn beiseite gelegt. Aber Renoir achtete streng darauf, daß er aufgelaufene Schulden auch zurückzahlen konnte. So zog er es vor, zu Hause zu bleiben und Bohnen zu essen, die stundenlang auf demselben Ofen vor sich hin köchelten, der auch sein Atelier heizte, oder sich von Freunden mitverpflegen zu lassen.

Zentrum der Begegnungen im Freundeskreis war das lebhafte Dreieck der von Cafés überbordenden Straßen zwischen Place Clichy, Place Pigalle und Notre Dame de Lorette, wo anfangs die wichtigsten Mitglieder der Gruppe lebten und arbeiteten.

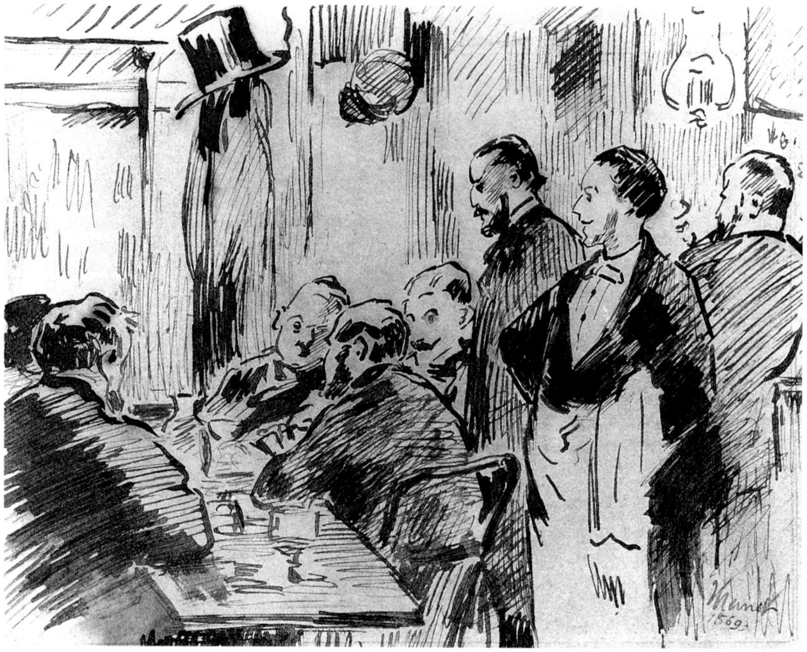

EIN KELLNER BEOBACHTET WOHLWOLLEND DIE IN EINE DISKUSSION VERTIEFTEN GÄSTE DES »CAFÉ GUERBOIS«.

GEGENÜBER: PIERRE-AUGUSTE RENOIR: NACH DEM FRÜHSTÜCK

Das »Café Guerbois«, in dem Manet als Oberhaupt der Gruppe residierte, war an die Stelle der »Brasserie des Martyrs« in der Rue des Martyrs Nr. 9 getreten, die in den fünfziger Jahren des letzten Jahrhunderts bevorzugter Aufenthaltsort der Dichter- und Schriftsteller-Boheme gewesen war und die Monet als junger Schüler des ***atelier libre*** von Thomas Couture gelegentlich aufgesucht hatte, obwohl sie, wie er bekannte, »mich sehr viel Zeit kostete und mir ausgesprochen schlecht bekam . . . «.

Monet, der aus Le Havre hierherzog, war nie ein begeisterter Stadtmensch gewesen und sollte später ausschließlich auf dem Land wohnen. Dennoch stimmte er bereitwillig zu, als »Manet mich bat, ihn zum Café in Batignolles zu begleiten, wo er und seine Freunde sich jeden Abend, wenn sie ihr Atelier verließen, zu Gesprächen trafen. Dort lernte ich Fantin-Latour, Cézanne und Degas kennen, den Kunstkritiker Duranty, Émile Zola, der soeben den ersten literarischen Ruhm erntete, und viele andere. Ich selbst hatte Sisley, Bazille und Renoir mitgebracht. Nichts hätte anregender sein können als diese Debatten, in denen ständig verschiedene Meinungen aufeinanderprallten. Sie schärften unseren Verstand, regten uns zu unbefangenen und ehrlichen Experimenten an und schenkten uns die nötige Begeisterung, um unsere Ideen auch wirklich in die Tat umzusetzen. Jedesmal trennten wir uns mit größerer Entschlossenheit, mit klarer und schärfer umrissenen Gedanken.«

Das »Café Guerbois«, von Manets Wohnung in der Rue St.-Petersbourg direkt um die Ecke gelegen und nur ein paar Schritte von seinem Atelier in der Rue de Douai entfernt, wo auch Pissarro wohnte, ist oft als Geburtsstätte des Impressionismus bezeichnet worden: Zwischen 1869 und 1872 wurde es für die Schriftsteller und Maler im Umkreis von Manet zum wichtigsten Treffpunkt. Wenn sich der Tag dem Ende zuneigte, erloschen in den Atelierfenstern der Künstlerviertel Batignolles und Clichy die Lichter. Die Maler rollten die Ärmel herunter, räumten ihre Pinsel weg und brachen zu dem gemütlich beheizten Café auf. Es war im Empire-Stil eingerichtet und mit bemalten Kacheln und vergoldeten Spiegeln in fein geschnitzten Rahmen ausgestattet, die das helle Licht der neuen, flackernden Gaslampen hundertfach zurückwarfen. Der Wirt Auguste Guerbois war eine alles beherrschende Persönlichkeit. In La Roche-Guyon an den Ufern der Seine aufgewachsen, gab er den jungen Malern häufig Ratschläge, wo am Fluß die besten Stellen zum Malen zu finden waren. Die ersten beiden

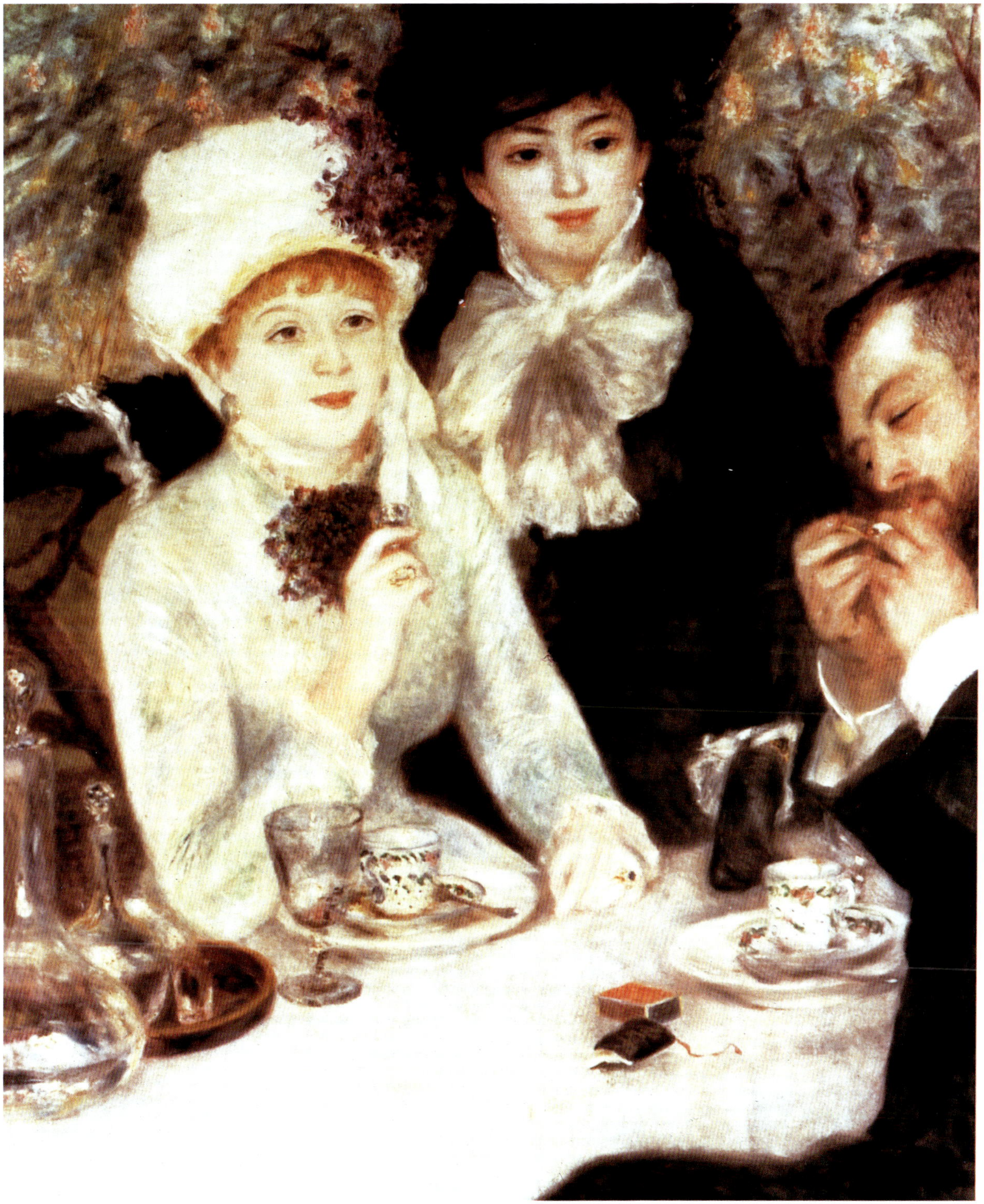

Seit der Sizilianer Francesco Procopio dei Coltelli 1686 das »Le Procope« eröffnete, ist das Café-Leben aus dem Stadtbild von Paris nicht mehr wegzudenken. Ende des achtzehnten Jahrhunderts konnte die Stadt mit 700 Cafés aufwarten – allesamt rein männliche Domänen und Zentren der politischen Diskussion. Ein halbes Jahrhundert später war ihre Zahl bereits auf 3000 angewachsen, wobei inzwischen manchmal auch Nebenräume ausschließlich für Frauen zur Verfügung standen. 1916 erließ die Regierung jedoch ein Gesetz zur Eindämmung der Prostitution, das es verbot, Frauen zu bewirten, die allein auf der Terrasse eines Boulevardcafés saßen.

Tische links vom Eingang blieben stets für die Malergruppe reserviert, obwohl sich die Herren auch oft im ganzen Raum breitmachten und die Kellner mit den langen weißen Schürzen sich einen Weg zwischen den Marmortischen hindurch bahnen mußten, um in der von Zigarrenrauch geschwängerten Luft den lebhaft miteinander diskutierenden Künstlern ihre Getränke zu servieren. Während im Hintergrund die Billardkugeln klickten, wurden revolutionäre Gedanken über die Kunst ausgetauscht. Manet saß stets in der Mitte und führte die Debatte an. Um ihn herum scharten sich der einem Geplänkel nie abgeneigte, scharfzüngige Degas, ein mürrischer Cézanne, den sein Freund Émile Zola mitgeschleppt hatte, der immer zu Scherzen aufgelegte und offenbar sorgenfreie Renoir, der liebenswürdige Sisley, der den ruhenden Pol darstellte, der breitschultrige und gutaussehende Monet und der bescheidene, gesellige Pissarro, der mit dem Zug aus dem kleinbürgerlichen Vorort Louveciennes im Süden von Paris anreiste, wo er sich mit seiner immer größer werdenden Familie niedergelassen hatte.

1872 wechselte die Gruppe ins »Café de la Nouvelle-Athènes« am Place Pigalle. Der irische Schriftsteller George Moore fing die Atmosphäre dieses Lokals in seinen *Confessions of a Young Man (Bekenntnisse eines jungen Mannes)* (1886) ein. Das französische Café war für ihn der Inbegriff des Lebens:

»Ich bin weder in Oxford noch in Cambridge gewesen, aber ich bin ins ›Nouvelle Athènes‹ gegangen. Was ist das ›Nouvelle Athènes‹? Wer irgend etwas von meinem Leben erfahren möchte, muß die Akademie der Schönen Künste kennenlernen. Nicht den offiziellen Unsinn, den man in den Tageszeitungen liest, sondern die wirkliche französische Akademie, das *café*. [...]

Ich kann mich an den Geruch einer jeden Stunde erinnern. Morgens der Geruch von in Butter brutzelnden Eiern, beißenden Zigaretten, Kaffee und schlechtem Cognac; um fünf Uhr der süße Duft des Absinth; bald danach kommt die dampfende Suppe von der Küche herauf, und am späteren Abend die vermischten Gerüche von Zigaretten, Kaffee und leichtem Bier. Eine Querwand, die sich ein paar Fuß über Kopfhöhe erhebt, trennt die Glasfront vom Hauptteil des Cafés. Die üblichen Marmortische sind vorhanden, und an ihnen saßen und ästhetisierten wir bis zwei Uhr morgens.«

Im Lokal selbst traf Moore häufig Vincent van Gogh und seinen Bruder Theo an, immer aber Manet: »In diesem Augenblick knirschte die Glastür des *café* auf dem mit Sand bestreuten Boden, und Manet trat ein. Obwohl er von Geburt und besonders seiner Kunst nach Pariser war, ließ irgend etwas an seiner Erscheinung und seiner Sprechweise oft einen Engländer in ihm vermuten. Vielleicht lag es an seiner Kleidung, an dem vorzüglich geschnittenen Anzug und seiner Gestalt. Diese Gestalt! Die schmale Taille und seine breiten Schultern schwangen, wenn er ein Zimmer durchschritt; sein Gesicht, Bart und Nase, glichen, soll ich sagen, einem Satyr? Nein, denn ich möchte vielmehr die Vorstellung von der Schönheit einer Linie erwecken, die mit der des intellektuellen Ausdrucks vereint ist – freie Worte, offen, leidenschaftlich in seinen Überzeugungen, loyale und schlichte Sätze, klar wie Quellwasser, manchmal ein wenig hart, manchmal, wenn sie verflossen waren, bitter, aber beim Austritt aus ihrer Quelle süß und voller Licht. Er sitzt neben Degas, jenem Mann mit den runden Schultern und einem Anzug in Pfeffer und Salz. Auch er hat nichts ausgesprochen Französisches an sich, ausgenommen die große Krawatte; er hat kleine Augen, und seine Worte sind scharf, ironisch, zynisch. Diese beiden Männer sind die Führer der impressionistischen Schule.«

Émile Zola hatte seinen Jugendfreund Paul Cézanne schon seit Jahren gedrängt, nach Paris zu kommen. In einem frühen Brief vom März 1860 schmiedete er Pläne, deren Höhepunkte Sonntagsausflüge aufs Land darstellten: »Am Sonntag wollen wir nach irgendwelchen Punkten der Umgebung ausfliegen. Die Orte sind entzückend, und wenn Dich Dein Herz drängt, wirst Du dann die Bäume, unter denen wir gefrühstückt haben, auf irgendein Stückchen Leinwand skizzieren.«

Cézanne kam zwar, fand aber nie Gefallen an Paris. Selbst die Freundschaft Zolas konnte ihn nicht für den Lärm, die Kälte und die überall herrschende Unfreundlichkeit entschädigen. Nur selten suchte er das »Nouvelle-Athènes« auf, und wenn doch, so legte er meist ein ungehobeltes Betragen an den Tag, war aufbrausend und schlecht gekleidet. 1878 schrieb Edmond Duranty an Zola: »Vor kurzem tauchte Cézanne in seinem typischen Aufzug in dem kleinen Café am Place Pigalle auf: blaues Hemd; weißes, mit Flecken von Pinseln und anderen Gerätschaften übersätes Leinenjackett; alter, verbeulter Hut. Er hat groß eingeschlagen! Aber solche Selbstdarstellungen sind gefährlich.« Cézanne schien das jedoch nicht zu kümmern, ja er genoß es, den bürgerlichen Geschmack eines Manet oder Degas zu beleidigen, indem er sein grobes Benehmen auf die Spitze trieb. Offenbar wollte er sich, sei es aus Stolz oder aus Trotz, ganz und gar wie ein Bauer aufführen. Monet berichtet, wie Cézanne einmal das Café betrat, sein Jackett aufknöpfte und seine zerlumpte Hose mit einem unanständigen Hüftschwung hochzog. Dann stellte er sich vor Manet, begrüßte den tadellos gekleideten Maler mit einem übertriebenen südlichen Akzent und sagte, er wolle ihm lieber nicht die Hand schütteln, weil er sich seit acht Tagen nicht gewaschen hätte.

Cézanne pendelte zwischen der Hauptstadt und seinem Haus im Süden hin und her, wobei er stets treu Kontakt zu Zola hielt. Er erkannte sich in dem ums Überleben kämpfenden Maler Claude Lantier wieder, der erstmals in Zolas Roman *Le Ventre de Paris (Der Bauch von Paris)* auftauchte. Im September 1878 schrieb er Zola aus L'Estaque, dessen Brief sei eingetroffen, »als ich gerade eine Suppe mit Nudeln und Olivenöl kochte, wie sie Lantier so liebte«. Doch als 1885 Zolas neuer Roman *L'Œuvre (Das Werk)* erschien, kam es zum Bruch. Denn diesmal war die Darstellung des einsamen Lantier, der von seiner Kunst so besessen war, daß seine Familie auf schreckliche, manchmal herzzerreißende Weise darunter zu leiden hatte, zu düster, um dem Künstler Trost zu spenden. Das Buch endet mit dem Selbstmord des Malers vor seinem unvollendeten Meisterwerk. Das war zuviel für Cézanne. Er bestätigte den Erhalt des Romans lediglich mit einem knappen und kühlen Dankschreiben und fühlte sich verraten. Nie wieder wechselte er ein Wort mit Zola und wohnte auch nie mehr den Diners bei, die Zola jeden Donnerstag für seine Impressionistenfreunde gab.

In *L'Œuvre* wird geschildert, wie diese Gastmahle immer opulenter werden, je mehr man die Romane von Sandoz preist, in dem unschwer Zola selbst zu erkennen ist. Das erste Gericht, das serviert wird, ist noch einfacher Rochen, zu dem »man die Essigflasche bringen [ließ], um die braune Butter, die fade zu sein schien, pikanter zu machen«. Gegen Ende des Romans aber ist von unangenehm aufgeblasenen Ereignissen in angespannter Atmosphäre die Rede. Lange, aufwendige Menüs, die protziger Selbstdarstellung dienen – Kaviar und Ochsenschwanzsuppe, gefolgt von

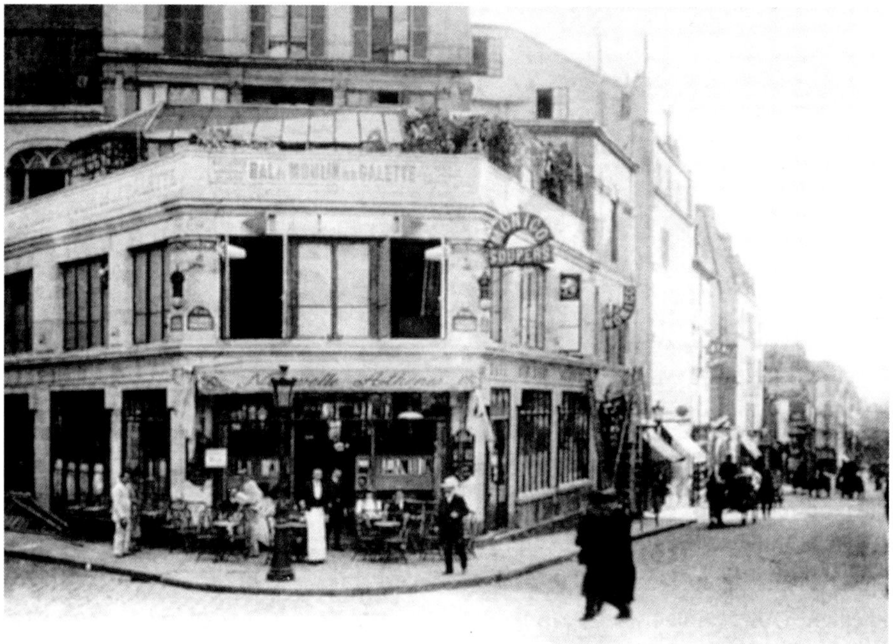

DAS NOUVELLE-ATHÈNES, EINES DER CAFÉS, DAS DEGAS, MANET UND BERTHE MORISOT OFT BESUCHTEN.

gegrillter Seebarbe, Rinderfilet mit Pilzen, *ravioli à l'Italienne*, russische Haselhühner und Trüffelsalat, Eiscreme praliné, ein wenig ungarischer »smaragdgrüner« Käse, Obst und Gebäck –, werden in strahlender Opulenz auf handgemalten Tellern unter riesigen Kronleuchtern serviert. Kein Wunder, daß diese pompöse Zurschaustellung des Erfolgs den versammelten Gästen die Sprache verschlug. Und auch die glitzernden Karaffen mit rotem Bordeaux, Chambertin und perlendem Moselwein, der »als Abwechslung zu dem üblichen Champagner« zum Dessert gereicht wurde, trug kaum dazu bei, die Verkrampftheit zu lösen.

Pissarro, der wegen seines unbeugsamen Geistes, seiner Güte und seiner auch angesichts außergewöhnlicher Not und großer Schwierigkeiten nie nachlassenden Fröhlichkeit bei den anderen Malern immer gern gesehen war und von ihnen bewundert wurde, tat alles, damit sich Cézanne im »Nouvelle-Athènes« wohl fühlte. George Moore erinnerte sich daran, daß niemand »freundlicher als Pissarro« war, der sich stets die Mühe machte, den Schülern etwas zu erklären und den jungen Leuten seine Gedanken und Theorien zu vermitteln. »Er war der geborene Lehrer«, stellte Mary Cassatt später fest, »er hätte sogar Steinen beibringen können, wie man richtig zeichnet.« Seine bescheidene, freundliche und versöhnliche Art trug sehr dazu bei, die Spannungen innerhalb der Gruppe zu mildern, und machte ihn zum bewunderten Vorbild der jüngeren Impressionistengeneration, allen voran Paul Signac und Georges Seurat.

Das »Nouvelles-Athènes« war auch der Ort, wo im Winter 1873/74 der Vorschlag erörtert wurde, die erste unabhängige Impressionisten-Ausstellung zu organisieren. Pissarro, Cézanne, Renoir, Sisley, Guillaumin, Degas und Berthe Morisot waren schon immer dafür gewesen und argumentierten auf seiten Monets, der sich in einer verzweifelten finanziellen Lage befand und daher die treibende Kraft war. Der Fotograf Nadar, der gerade zu einem Urlaub aufbrechen wollte, stellte der Gruppe großzügigerweise kostenlos sein Atelier am Boulevard des Capucines zur Verfügung. Die Ausstellung wurde am 15. April eröffnet und sollte einen Monat lang dauern. Und sie war durchaus eine Sensation, wenn auch nur in dem Sinne, daß sich eine Flut von Spott und Beleidigungen durch Presse und Öffentlichkeit über sie ergoß, die in lautes Gelächter mündete. Leider trug dieser *succès de scandale* nicht dazu bei, die finanzielle Situation der Teilnehmer zu verbessern,

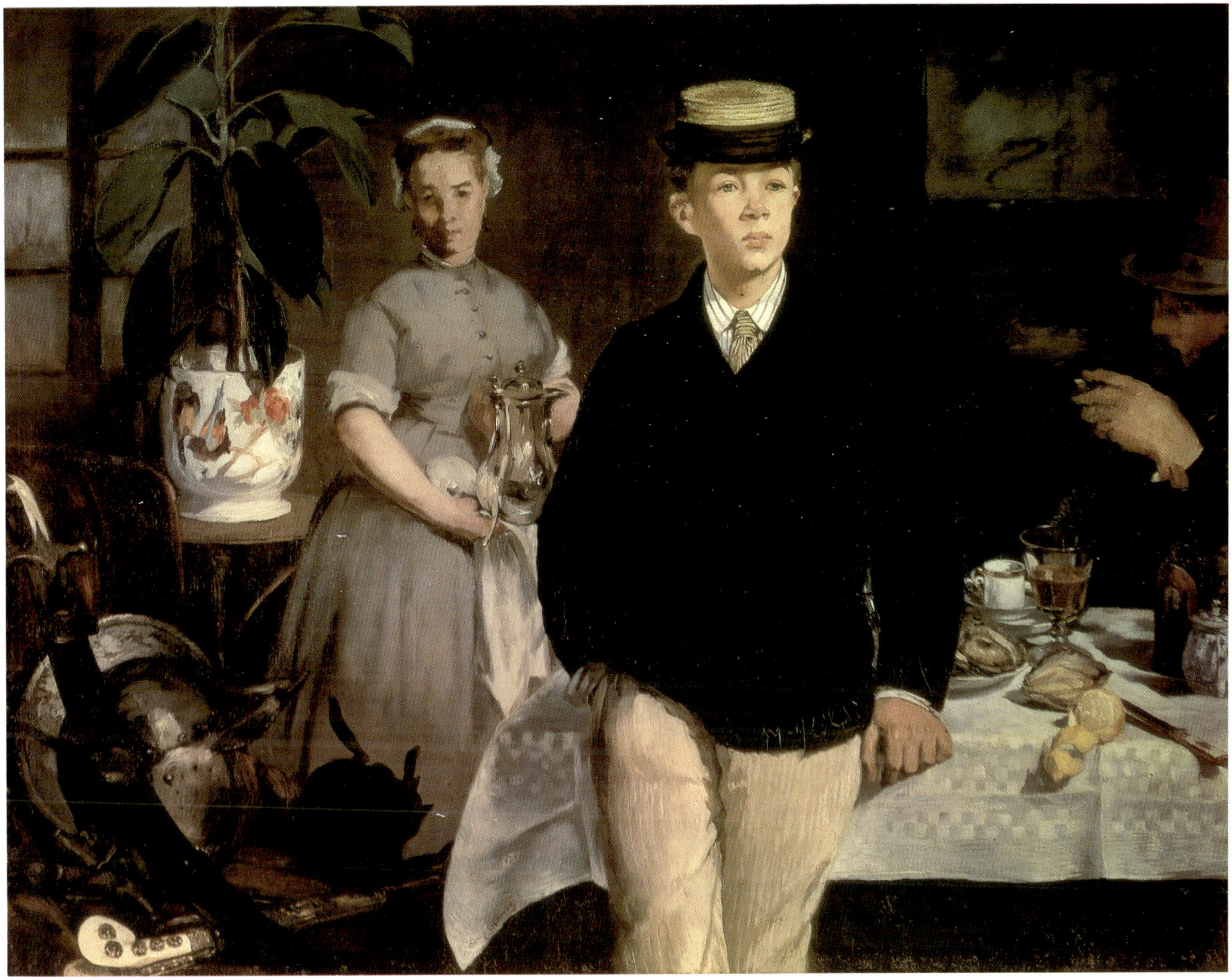

EDOUARD MANET: DAS FRÜHSTÜCK IM ATELIER

verschaffte der Gruppe aber immerhin einen Namen – der Kunstkritiker von *Le Charivari* wollte sich über Monets Gemälde mit dem Titel *Impression: soleil levant (Impression: Sonnenaufgang)* lustig machen und bezeichnete die ausgestellten Werke abfällig als »Impressionismus«. Monet aber störte sich nicht an der Intention, übernahm diesen Namen auf der Stelle und wurde zur zentralen Figur der neuen Kunstrichtung.

Berthe Morisots ehemaliger Lehrer Joseph Guichard fühlte sich verpflichtet, ihrer Mutter sofort nach dem Besuch Bericht zu erstatten: »Ich habe die Ausstellung bei Nadar gesehen, und ich möchte Ihnen offen meinen Eindruck schildern. Als ich eintrat, meine Teuerste, wäre mir fast das Herz stehengeblieben, das Werk Ihrer Tochter in solch verderbter Gesellschaft zu sehen.« Immerhin räumte er ein, daß man »möglicherweise ein paar hervorragende Dinge entdecken kann, aber größtenteils sind die Aussteller nicht ganz bei Trost«.

So von allen Seiten angegriffen und verlacht, rückten die Impressionisten noch enger zusammen. Im Dezember 1874 heiratete Berthe Morisot Manets Bruder Eugène, und künftig gab das Paar regelmäßig Gesellschaften. Nach dem Vorbild von Mutter und Schwiegermutter legte Berthe einen bestimmten Tag – den Donnerstag – fest, an dem sie zu Diners einlud, die wegen ihrer Raffinesse, aber auch wegen der anwesenden Gäste Berühmtheit erlangten. Stéphane Mallarmé, der diesen wöchentlichen Soirées regelmäßig beiwohnte, beschrieb die exquisite Atmosphäre in ihrem Salon als »durch Freundschaft und Schönheit verfeinert«. Hier, in ihrem eigenen Reich, konnte sie nicht nur Schriftsteller, Musiker und Kritiker sowie ihre impressionistischen Malerfreunde bewirten, sondern sich auch in die Debatte über moderne Kunst einschalten, während es ihr als anständiger Frau aus der Mittelschicht verwehrt war, Etablissements wie das »Guerbois« oder das »Nouvelle-Athènes« aufzusuchen. Sowohl die Gespräche als auch das Essen – ein besonders pikantes Menü beinhaltete mexikanischen Reis und Huhn mit Datteln – waren jedesmal sehr anregend.

Berthes Schwester Edma, die das Malen aufgegeben hatte, beneidete sie um die enge Freundschaft mit diesen modernen Meistern und schrieb ihr: »Du führst im Augenblick sicher ein hinreißendes Leben, kannst Du Dich doch mit M. Degas unterhalten, während Du ihm beim Zeichnen zusiehst, mit Manet lachen und mit Puvis [de Chavannes] philosophieren.«

Die Impressionisten trafen sich auch regelmäßig zu einem von Gustave Caillebotte – einem wohlhabenden Neuzugang der Gruppe – organisierten Abendessen im »Café Riche«. Dort speisten sie erlesene Gerichte wie *moules marinière* und Fisch mit Diplomatensoße – die Spezialität des Hauses –, Waldschnepfe *à la Riche* und Lammkoteletts auf einem Spargel- oder Lauchbett. Der Kritiker und Romanautor Gustave Geffroy gesellte sich häufig dazu. In seinem Buch über Claude Monet erinnert er sich, daß die Abende »der Unterhaltung und Konversation gewidmet waren, um die Ereignisse des Tages zu besprechen. Dies geschah mit einer Freiheit des Geistes, wie sie jenen Künstlern eigentümlich war, die nicht mit den offiziellen Institutionen in Berührung kamen. Man muß zugeben, daß die Impressionistenrunde eine sehr lebhafte und lärmende Angelegenheit war und sich diese Männer, wenn sie sich von der Bürde der Arbeit erholten, wie Kinder aufführten, die gerade aus der Schule kommen. Die Gespräche waren manchmal sehr hitzig, insbesondere zwischen Renoir und Caillebotte ... Ich erinnere mich noch gut an ein regelrechtes Rededuell für und wider Victor Hugo,

»Nächsten Mittwoch wird Mallarmé mir die Freude machen, zum Essen nach Montmartre zu kommen. Wenn Dir der Aufstieg am Abend nicht zu beschwerlich ist, würde er Dich sicher liebend gern bei mir treffen. Durand-Ruel kommt ebenfalls. . . Ich hätte eigentlich auch gern Degas eingeladen, muß aber gestehen, daß ich den Mut dazu nicht aufbringe. Meine süße Julie brauche ich nicht eigens zu erwähnen; ihre Anwesenheit dürfte wohl selbstverständlich sein. Ich glaube, Mallarmé wird in Begleitung seiner jüngeren Tochter kommen.«

Brief von RENOIR an BERTHE MORISOT, März 1894

bei dem eine Flut von Leidenschaft, Glut und Klugheit hervorbrach. Danach waren alle wieder versöhnt, setzten sich auf die Café-Terrasse und betrachteten das bei Nacht immer märchenhaft wirkende Paris.«

Die Abende im »Café Riche« waren ein solcher Erfolg, daß Monet und Geffroy zusätzlich ein Essen am Freitag im »Hôtel Drouot« anberaumten. Dort ließen sie sich mit Champignons, die von Drouot sehr speziell zubereitet wurden, Waldschnepfe, Drossel, Steinbutt in Rotwein, Hummer *à l'Américaine* und *potage au vin* verwöhnen und kosteten Escoffiers revolutionären *salade japonaise* aus Ananas, Orangen, Tomaten, Salatherzen und frischer Sahne.

Renoir hatte feste Bindungen immer vermieden und sich jahrelang geweigert, eine Ehe zu schließen oder einen eigenen Hausstand zu gründen. Im Jahre 1884 aber zog Aline Charigot, die ihm »Zeit zum Nachdenken« ließ und »eine geschäftige Atmosphäre um mich verbreitete, die genau meinen Bedürfnissen und Interessen entsprach«, in sein Atelier in der Rue St.-Georges. Auch ihre Mutter kam häufig zu Besuch und zauberte »Soufflés, Kalbsblanquette und Karamelcreme«, obwohl Renoir eigentlich die bäuerliche Kost vorzog. Seinen Wünschen wurde aber dann doch noch Rechnung getragen, als Aline mit ihrem zweiten Kind, Jean, schwanger war und ihre fünfzehnjährige Cousine Gabrielle Renard aus Essoyes nach Paris holte, damit sie ihr im Haushalt zur Hand ging. Inzwischen wohnte die Familie bereits im Château des Brouillards, das in einem damals noch recht ländlichen Teil von Montmartre lag. Gabrielle, die wir von zahlreichen Porträts Renoirs her kennen, war zuvor noch nie aus ihrem Dorf Essoyes herausgekommen. Aber sie war, so die einhellige Meinung, eine ganz außergewöhnliche Person. Schon mit zehn Jahren konnte sie den Jahrgang jedes x-beliebigen Weines nennen und Forellen mit der bloßen Hand fangen – ohne dabei vom Wildhüter ertappt zu werden –, hütete die Kühe, half beim Ausnehmen der Schweine, holte Grünzeug für die Kaninchen und sammelte den Dung der Pferde ein, die vom Feld zurückkehrten. Die beiden Frauen umsorgten Renoir mit großer Hingabe und bereiteten ihm seine Lieblingsspeisen – Taube, gefüllte Zucchini oder Hering, den sie bei der Fischhändlerin des Viertels, Joséphine, kauften. Joséphine stand jeden Morgen vor Sonnenaufgang auf, um in den Halles zwei große Körbe Fische zu holen, von denen Aline dann ein paar über einem Kohlenfeuer garte und mit einer köstlichen Senfsoße auftischte.

In seinem bezaubernden Buch *Renoir, Mon Père* erinnert sich Renoirs Sohn Jean, daß die Familie häufig mit dem Zug zu seiner Großmutter nach Louveciennes fuhr und jedesmal »einen Käse von Granger dabeihatte, eine *pâté* von Bourbonneux oder etwas geräucherten Aal von Chatriot«. Und wenn sie dann am Abend den steilen Hang von Montmartre hinaufstapften, waren sie beladen mit Obst und Gemüse aus dem Vorstadtgarten, woraus die sparsame Aline später köstliche, verführerische Gerichte zubereitete.

Renoir und Aline bewirteten häufig Gäste bei sich zu Hause. So kamen regelmäßig Berthe Morisot und ihre Tochter Julie zu ihnen, ebenso Ambroise Vollard, einer der großen Kunsthändler jener Zeit und wichtigster Förderer vieler Künstler der Impressionistengeneration. Einmal fragte Aline Vollard, der französisch-kreolischer Abstammung war, wie man denn am besten Reis koche, ohne daß dabei eine klebrige Masse entstehe. »In Réunion«, so gab er ihr zur Antwort, »haben die Einheimischen keine Uhren.

»Eine Längsseite des rechteckigen Raums, die vollständig aus Glas bestand, war nach Westen ausgerichtet. Trotz der Vorhänge aus dickem Stoff, die das Licht dämpfen sollten, erfüllte die Sonne im Sommer den Raum mit gleißender Helligkeit. An den hellgrau tapezierten Wänden hingen ein paar ungerahmte Bilder. Zudem waren stapelweise bemalte und weiße Leinwände dagegengelehnt, von denen der Besucher jedoch nur die Rückseite sah. Außer zwei Staffeleien, ein paar Rohrstühlen gewöhnlichster Art, zwei zusammengebrochenen alten Lehnsesseln, deren geblümter Stoffbezug schon ganz fadenscheinig war, einem abgenutzten, mit Stoff von undefinierbarer Farbe bezogenen Diwan und einem weißen Holztisch voller Farbtuben, Pinsel, Öl- oder Terpentinflaschen und vollgekleckstsen Stoffetzen gab es weiter keine Möbel.«

Michael Drucker über Renoirs Atelier in der Rue St.-Georges 35

Sie schütten einfach Reis und Wasser in eine Kalebasse, erhitzen beides auf einem Feuer aus Zuckerrohrabfällen, legen sich schlafen, und wenn sie aufwachen, ist der Reis fertig und hat die optimale Konsistenz!« Die einfühlsame Aline brachte auch *pot-au-feu* auf den Tisch, den Renoir so liebte, weil er ihn an seine Kindheit erinnerte. Seine Mutter hatte jeden Samstagabend einen riesigen Topf davon gekocht, um auch unvorhergesehene Gäste ausreichend verköstigen zu können. Man mußte sich nie bei ihr anmelden, und wenn sich einmal niemand blicken ließ, aß die Familie eben die ganze Woche das kalte gekochte Rindfleisch mit dem eingelegten Gemüse, an dessen Zubereitung sich Renoir beteiligt hatte. Renoirs Liebe zum Essen und seine Geselligkeit hatten hier ihren Ursprung – in diesem bescheidenen und doch gastfreundlichen Heim, dieser Pariser Wohnung seiner Kindheit, die »schmal wie ein Handtuch« war und wo sich alles in einem Raum abspielte: Der Vater, ein Schneider, saß in der traditionellen Stellung, die Beine über Kreuz, und arbeitete, während der Sohn in einer Ecke der Mutter half, die grünen Erbsen zu enthülsen oder Zwiebeln für die Marinade zu schälen.

Renoir, der stets lebhaft und von ansteckender Fröhlichkeit war, liebte Montmartre wegen seines unverbildeten Charmes und des pulsierenden Nachtlebens. Hier befanden sich viele der beliebten Varietés, und doch hatte das Viertel mit den Alleen, den Gärten, die schwindelerregend steil nach Norden abfielen und der Stadt den Rücken kehrten, und den kleinen Nutzgärtchen seinen dörflichen Charakter bewahrt. Die schöne weiße Kuppel von Sacré-Cœur wurde allmählich immer höher, und auch der Eiffelturm, jenes andere Wahrzeichen der Stadt, war im Entstehen begriffen. Obst- und Gemüseläden, die von nahegelegenen Bauernhöfen beliefert wurden, säumten die abschüssigen Gehsteige mit farbenfrohen Auslagen appetitlicher, frischer Ware. Die Mieten waren niedrig, vor allem dann, wenn man weit oben wohnte. Ein Atelier im Dachgeschoß kostete bisweilen nicht mehr als 500 Franc pro Jahr. Allerdings mußte man das Wasser von der Eisenpumpe im Hof holen und selbst die vielen Treppen hinauftragen; und wegen der riesengroßen, nach Norden ausgerichteten Fenster waren die Ateliers im Winter oft bitter kalt, im Sommer dagegen war es stickig heiß.

Montmartre quoll schier über von belebten *bistrots* und Restaurants wie dem »Père Lathuille«, ursprünglich ein Bauernhof mit sechzig Kühen, der die Pariser mit frischer Milch belieferte und einfache Gerichte für Durchreisende anbot. 1879 aber, als das Lokal Manet als Vorlage für sein Bild *Chez le Père Lathuille (Im Gastgarten des ›Père Lathuille‹)* diente, war es bereits ein gut eingeführtes Restaurant und beliebt für Hochzeitsfrühstücke und Empfänge. Die Spezialität des Hauses, die auf dem Restaurantschild angepriesen wurde, war *poulet sauté*, vom Wirt Prosper Montagné persönlich mit Artischockenherzen zubereitet und mit Petersilie sowie ein wenig Knoblauch und Zwiebelringen garniert.

Auf den ersten Blick könnte man meinen, Manets Bild zeige ein junges Liebespaar, das beschaulich ein gemeinsames Mittagsmahl genießt, doch bei näherem Hinsehen wird deutlich, daß sich hier wohl etwas anderes abspielt. Die junge Frau hat nämlich verspätet – alle anderen Tische sind leer – und allein ein Mittagessen zu sich genommen, während der junge Mann, der seinen Arm so besitzergreifend auf ihre Stuhllehne gelegt hat, nicht am Tisch sitzt, sondern daneben kniet und der Dame offensichtlich Avancen macht.

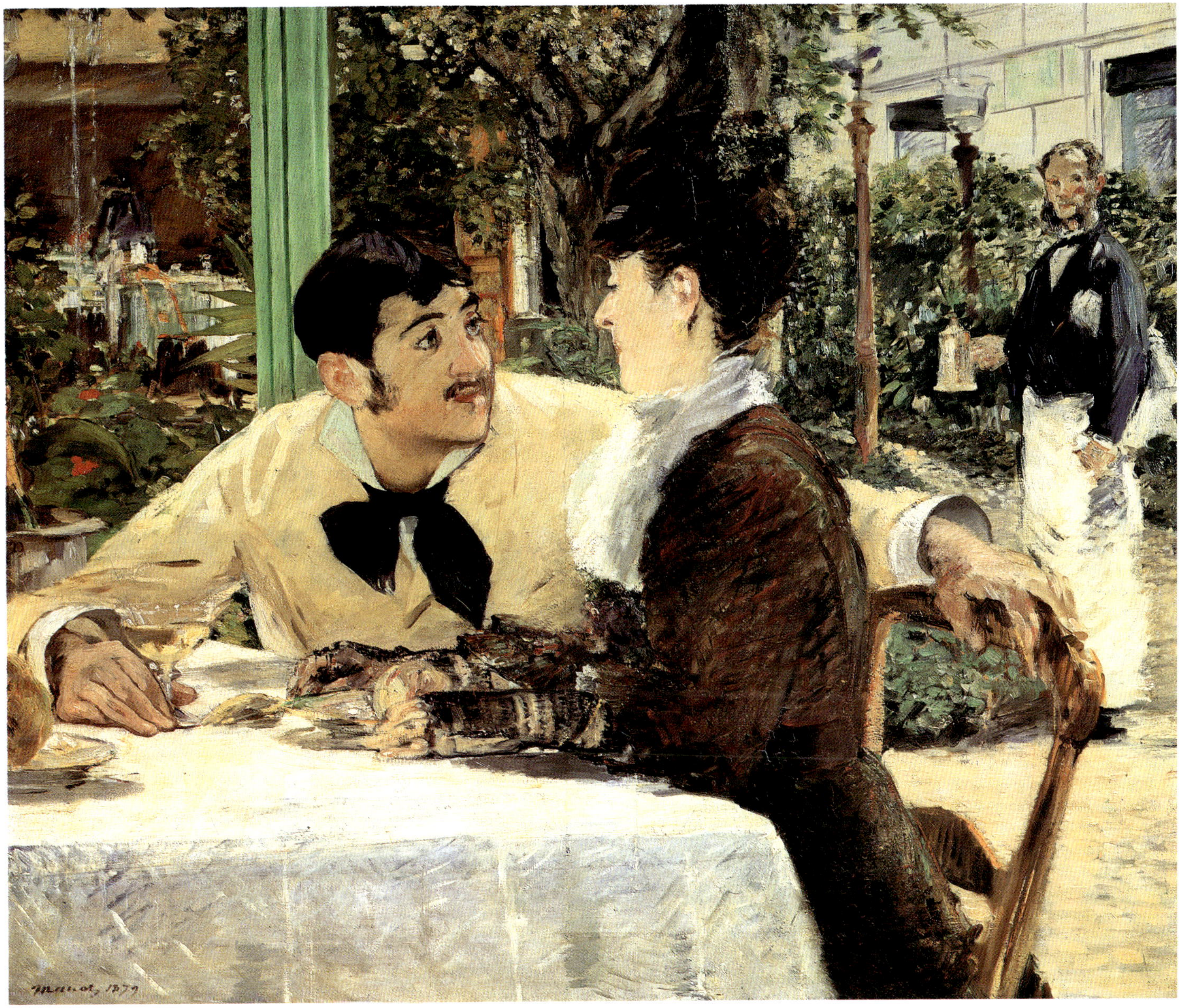

Edouard Manet: Im Gastgarten des »Père Lathuille«

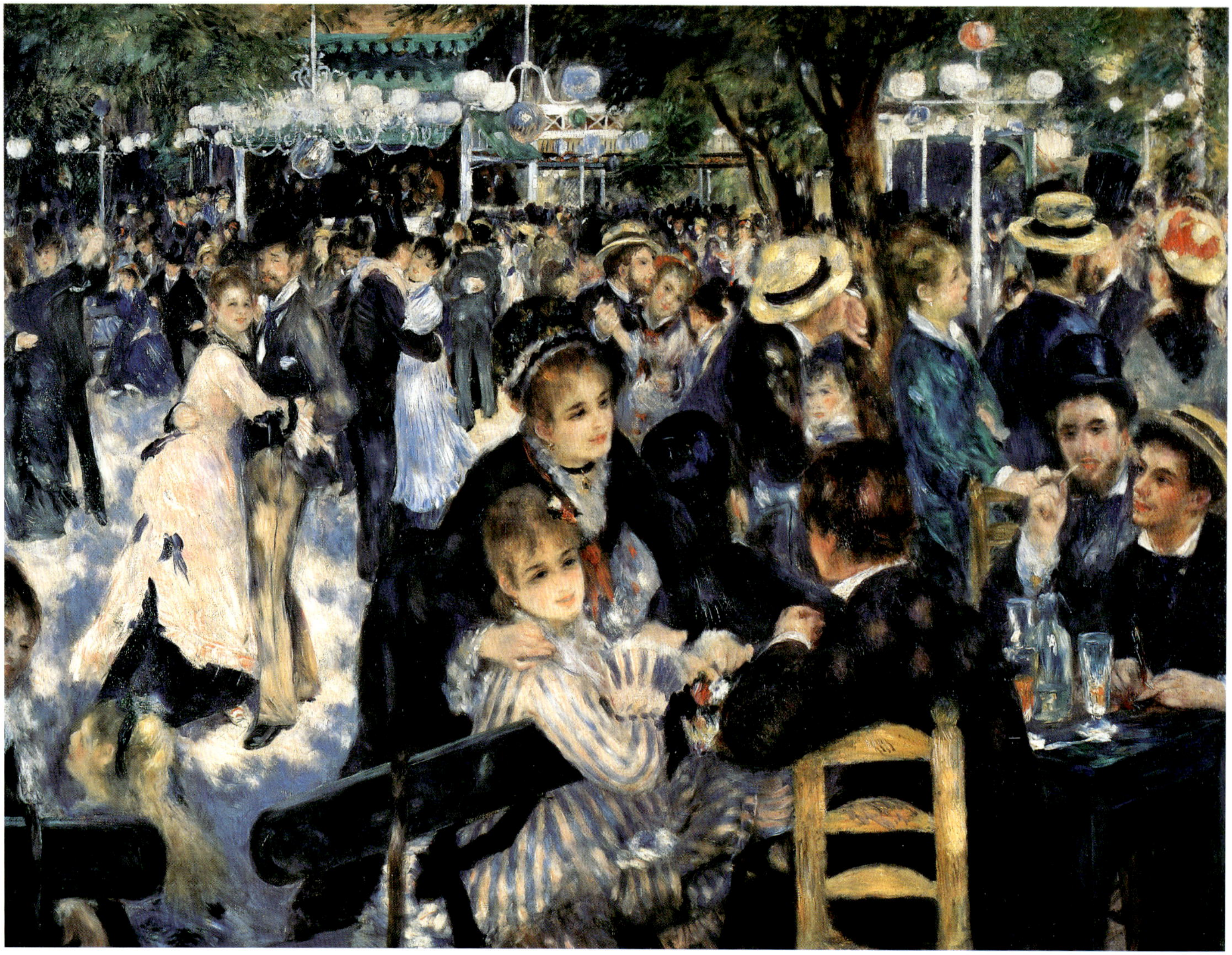

PIERRE-AUGUSTE RENOIR: TANZ IM MOULIN DE LA GALETTE

»Der Blick über Paris (vom »Moulin de la Galette« aus) war einfach großartig; im Westen sah man die Berge Saint-Cloud und Mont Valérien, auf dem wie ein Zuckerstückchen die Festung thronte. Doch Lautrec zeigte an dem Panorama kaum Interesse, da er die Dinge lieber aus der Nähe betrachtete; daher zogen ihn die Trinker viel mehr in ihren Bann . . . Wir trafen dort zufällig ein paar Freunde von Cormon und setzten uns mit ihnen vor eine Salatschüssel mit sehr süßem Glühwein, der mit Zimtpulver und Nelken gewürzt war. Lautrec verkündete: ›Das einzige, was man hier trinken kann, ist Glühwein; es ist eine geheiligte Tradition.‹ Und ich glaube, es ist auch der einzige Ort, an dem er jemals einen trank.«

LAUTRECS Freund und Studienkollege FRANÇOIS GAUZI über seinen ersten Besuch im »Moulin de la Galette« 1888

Ein harmloser, fröhlicher Flirt hingegen ist Thema des Gemäldes *Le Bal au Moulin de la Galette (Tanz im Moulin de la Galette)* von Renoir. Die von der Sonne beschienenen, in rosafarbenes, blaues und goldenes Licht getauchten Tanzpaare erinnern nur entfernt an jene dekadent wirkenden Zuschauer, die Toulouse-Lautrec dreizehn Jahre später in seinen kraftvollen und eindringlichen, wenn auch nur selten wohlwollenden Gemälden vom selben Tanzpalast darstellen sollte.

Renoir liebte das »Moulin de la Galette« – der Name bezieht sich auf die dünnen, flachen Kuchen *(galettes)*, die traditionell zu den Getränken serviert wurden – mit seinen laut knarzenden, altersschwachen Windmühlen, in denen einst das Korn aus dem fruchtbaren, am Fuße des Montmartre gelegenen Tals gemahlen wurde. Inzwischen aber war die Mühle zu einem Tanzpalast umgebaut worden, der am Samstagabend und Sonntag von den Verkäuferinnen, Wäscherinnen, Näherinnen, den Lehrmädchen der Putzmacherinnen, den Angestellten und Büroboten aus dem Pariser Norden besucht wurde. Ein Walzer auf dem Tanzboden kostete zwei Sous, und niemand machte sich extra fein dafür. Renoir sah in solchen bescheidenen Vergnügungen ein typisches Merkmal »der gutmütigen, einfachen Leute aus Paris« und wollte ihre vergnügte Sorglosigkeit auf der Leinwand festhalten.

Das Gemälde war so groß, daß Renoir eigens eine Wohnung in der Rue Cortot gegenüber dem Tanzpalast mietete. Seine Mahlzeiten nahm er in dem nahegelegenen kleinen Bauernwirtshaus »Chez Olivier« ein, wo man bei schönem Wetter in einer der von wildem Wein umrankten Lauben draußen essen konnte. Der Schriftsteller Georges Rivière, der bei diesem Bild Modell stand, erinnerte sich, daß »Renoir jeden Nachmittag an seiner großen Leinwand arbeitete. Wir trugen sie immer zu zweit von seiner Wohnung zum Moulin, denn der eigentliche Malprozeß fand vor Ort statt. Manchmal gab es besorgniserregende Augenblicke, wenn ein starker Wind aufkam und man den Eindruck hatte, als würde sich die Leinwand mitsamt dem Rahmen aus unseren Händen lösen und wie ein Drachen in den Himmel über Montmartre schießen.«

Die Tanzpaläste, Zirkusse und *café-concerts*, die in den neuen breiten Straßen der Hauptstadt florierten, faszinierten nicht nur Renoir, sondern regten auch Seurat zu vielen seiner späten Bilder an. Ja, Seurat war regelrecht vernarrt in die Motive, die sich ihm hier boten, und besuchte auch häufig die Jahrmärkte in Neuilly und Saint-Cloud oder einen der drei Hallenzirkusse, die das ganze Jahr über Vorstellungen gaben: den Cirque d'Hiver, den Cirque Fernando (später Cirque Médrano) oder den Nouveau Cirque. In diesen kleinen Zirkussen mit nur einer Arena herrschte eine wohltuend intime Atmosphäre; und in jedem von ihnen gab es auch ein Café, wo man Getränke und kleine Gerichte bekam und sich die Besucher in den Pausen aufhalten und ein wenig plaudern konnten.

Seurat, ein Freund von Pissarro und Signac, war ein schüchterner Mann, friedfertig, verschwiegen, aber auch eigensinnig. Stets trat er, tadellos in Dunkelblau und Schwarz gekleidet, korrekt und ordentlich auf, so daß ihn Degas spöttisch »der Notar« nannte. Er widmete sich voll und ganz seiner Arbeit und teilte sich den Tag meist so ein, daß es zu einem schnellen Imbiß in einem Restaurant um die Ecke und zuweilen einem Abendessen mit seiner Mutter reichte. Als sich Signac einmal zu den beiden gesellte, lernte er überraschend Seurats Vater kennen, einen unscheinbaren Mann, der, so schrieb er dem Kritiker Félix Fénéon, eine Armprothese trug. »Bei Tisch schraubte er sich Messer und Gabel ans Ende seiner Prothese und zerteilte Lamm, Filet, Wild und Geflügel nicht nur behende, sondern auch gekonnt. Er jonglierte richtiggehend mit diesen spitzen und scharfen Geräten, so daß ich um meine Augen bangte, denn ich saß neben ihm. Georges hingegen schenkte den akrobatischen Glanzleistungen seines Vaters keinerlei Beachtung.«

1889 öffnete das »Moulin Rouge« seine Pforten, das für alle Zeiten mit dem Namen Toulouse-Lautrec verbunden sein wird. Dieses Nachtlokal bot eine Vielfalt unterschiedlicher Unterhaltungsprogramme, vom Vortrag amüsanter und sentimentaler Lieder bis hin zur Darbietung eines gewagten neuen Tanzes – des Cancan –, aufgeführt von einer festangestellten Tanztruppe, die wegen ihrer ungezügelten Derbheit anrüchige Berühmtheit erlangte. Nicht lange, und das »Moulin Rouge« avancierte in Paris zum größten Umschlagplatz der käuflichen Liebe; dem Etablissement eilte der Ruf aufdringlicher Dekadenz und skandalöser Ereignisse voraus. Hier war Lautrec in seinem Element, und er skizzierte mit scharfem, unbarmherzigem Blick das obszöne Treiben eines schamlosen, ruchlosen Publikums in der betäubenden Atmosphäre von Lüsternheit, angereichert mit einem Hauch lesbischer Liebe.

Henri de Toulouse-Lautrec war sowohl als Künstler wie auch als Mensch eine einzigartige Persönlichkeit. Der Sproß einer der angesehensten Familien Frankreichs war nicht nur wohlhabend, sondern auch begabt, aber eine Knochenkrankheit führte zu einer Verkrüppelung, die ihm das Leben vergällte. Er schloß enge, dauerhafte Freundschaften, zog aber ebenso Schmarotzer an, war exzentrisch und besaß einen auffälligen Geschmack. Auch liebte er es, Gäste zu bewirten, und einmal erschütterte er Léontine, seine treue Köchin, bis ins Mark, denn als sie den ersten Gang eines Abendessens auftrug, sah sie sich am Tisch plötzlich einer splitternackten jungen Frau gegenüber. So etwas war selbst am Montmartre einfach unerhört!

Lautrec kam im alten »Hôtel du Bosc« im südfranzösischen Albi zur Welt, verbrachte jedoch den größten Teil seines kurzen Erwachsenendaseins in Paris. Zunächst wohnte er bei Dr. Henri Bourges, einem Freund der Familie, lebte dann eine Zeitlang mit seiner Mutter, der Gräfin Adèle de Toulouse-Lautrec-Monfa, zusammen, bis er schließlich eine eigene Wohnung in der Rue Caulaincourt bezog. Den mittlerweile Siebenundzwanzigjährigen begeisterte die Aussicht, erstmals alleine zu leben. »Es wird mir unsägliches Vergnügen bereiten«, schrieb er seiner Großmutter, »über die Haushaltsausgaben Buch zu führen und den genauen Butterpreis zu kennen. Der Gedanke bezaubert mich!«

Mit dem Eifer eines Kindes, das sich sein erstes Baumhaus einrichtet, bat er seine Mutter: »Du würdest mir eine große Freude bereiten, wenn du mir sechs Platzdeckchen und Servietten schicken könntest, weil ich mich einrichten möchte ... Außerdem könnte ich gut ein paar einfache Tischmesser gebrauchen ... «

»Ich werde mir Töpfe, Pfannen und anderes mehr anschaffen«, fuhr er fort und betrachtete seine Aktivitäten als »Gründung eines Hausstands ohne Ehefrau«.

Toulouse-Lautrec hat in der Tat nie geheiratet und starb bereits 1901 im Alter von nur 36 Jahren an Alkoholismus und Syphilis. Als ausgesprochen geselliger Mensch war er ein großzügiger, zuweilen sogar despotischer Gastgeber. Die zahlreichen Besucher seines – wegen seiner Unordnung berühmten – Ateliers im vierten Stock des Hauses an der Ecke Rue Tourlaque und Rue Caulaincourt wurden

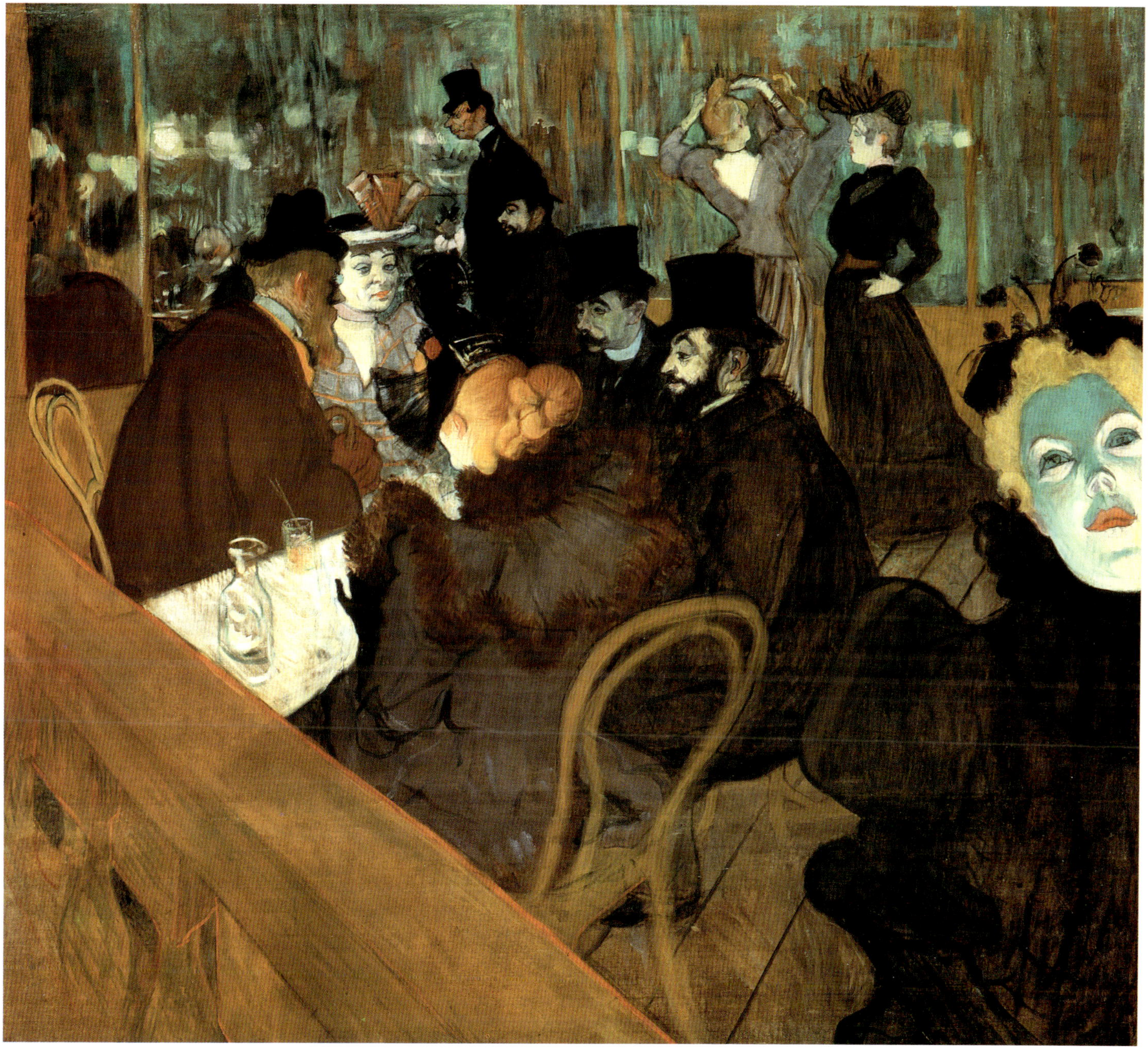

Henri de Toulouse-Lautrec: Im »Moulin Rouge«

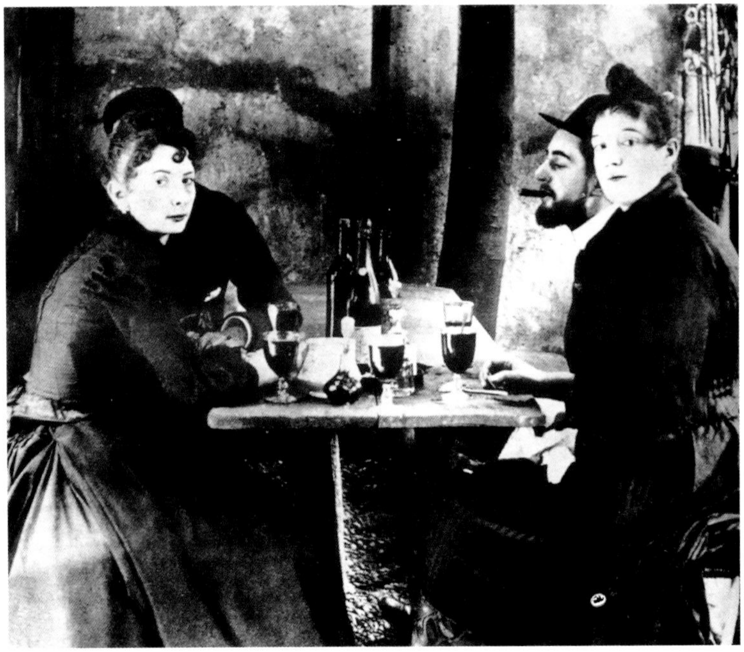

HENRI DE TOULOUSE-LAUTREC IN SEINEM ELEMENT IM »MOULIN DE LA GALETTE«

genötigt, Cocktails zu trinken, die er ihnen aus zahlreichen, auf einem langen unaufgeräumten Tisch neben dem Eingang stehenden Flaschen mit verschiedenen Alkoholika wahllos zusammenmixte. Als sich die Grenze zwischen Arbeit und amüsantem Spiel zunehmend verwischte, wurde sein Atelier immer mehr zum Mittelpunkt seines gesellschaftlichen Lebens, während er seine Arbeit an den kleinen Tischen der zahlreichen überfüllten Lokale und Cafés ausführte, in denen er verkehrte. Freitagabend stand sein Atelier jedermann offen, und dann drängten sich dort – so der Maler François Gauzi – Menschen, die nicht unbedingt zu Lautrecs Freundeskreis zählten, sich das Schauspiel jedoch nicht entgehen lassen wollten, die manchmal auch herumschnüffelten und sich ausnahmslos an seinen beispiellosen »amerikanischen« Cocktails gütlich taten. Nichts von alledem erregte Lautrecs Mißfallen, und so blieben diese Abende über Jahre hinweg eine feste Einrichtung.

Wegen seines ausgeprägten Talents als Gastgeber und seines Sinns für Schabernack bat Alexandre Natanson (der wohlhabende Mitbegründer der Zeitschrift *La Revue Blanche*) Lautrec, einen Empfang vorzubereiten, den er anläßlich der Fertigstellung einer Reihe von Wandgemälden Edouard Vuillards in seinem Salon geben wollte. Begeistert erklärte sich Lautrec dazu bereit. Als Datum wurde der 18. Februar 1895 festgesetzt, und Lautrec entwarf die Einladungen für dreihundert Gäste, die um zwanzig Uhr dreißig in Natansons elegantes Haus in der Avenue du Bois Boulogne Nr.60 zu »amerikanischen und anderen Drinks« gebeten wurden. Signiert war die Einladung mit einer Maus auf Hinterpfoten und Lautrecs neuem Monogramm, einem Elefanten. Der Maler kleidete sich zu diesem Anlaß in Weiß, rasierte sich den Schädel kahl und trug eine Weste, die aus einer amerikanischen Flagge geschneidert war. Er behauptete, mehr als zweitausend Cocktails gemixt und zusammen mit pikant gewürzten Häppchen serviert zu haben. Und während die elegante Gesellschaft aus Schriftstellern, Verlegern und Schauspielern sich kaum mehr auf den Beinen halten konnte, blieb er geradezu unanständig nüchtern.

Dabei war Nüchternheit nicht gerade sein Normalzustand. Toulouse-Lautrec führte ein Doppelleben. Zum einen nahm er häufig in der eleganten Wohnung seiner Mutter in der Rue de Douai Nr. 9 im sauberen, weißen Hemd mit steifem Kragen den Platz des Familienoberhaupts gegenüber der Gräfin ein und kümmerte sich mit dem tadellosen Gebaren des geborenen Aristokraten um das Wohl ihrer Gäste; zum anderen verkehrte er in der oberflächlichen Glitzerwelt der Cabarets, der *café-concerts*, der Zirkusse und Tanzlokale, die im Paris des *fin de siècle* wie Pilze aus dem Boden schossen. Vorzugsweise hielt er sich an Orten auf, wo er – wie am Montmartre – wohlbekannt war. Dort zählte er nicht nur bei der Eröffnung des »Moulin Rouge« zu den geladenen Gästen – schon bald war hier stets ein Tisch für ihn reserviert. Durch seine Plakate erlangten die Cabarets »Le Divan Japonais« und »Les Ambassadeurs« Berühmtheit. Und wenn der Künstler das »Chat Noir« betrat, rief der charismatische Sänger Aristide Bruant, den Lautrec in seinem Gemälde mit breitkrempigem Hut, Samtumhang und blutrotem Schal verewigte: »Bitte Ruhe, meine Herren, hier kommt der große Maler Toulouse-Lautrec in Begleitung eines Freundes und eines kleinen Ganoven, den ich nicht kenne.« Dann kämpfte sich der Maler durch das Publikum zu seinem Tisch, nahm huldvoll das Bier entgegen, das ihm spendiert wurde, zog sein Skizzenbuch hervor und fing in dem überfüllten, rauchgeschwängerten Saal zu zeichnen an. Zwar konnte man in dem Cabaret auch kleine Gerichte zu sich nehmen – wie Austern, Zwiebelsuppe, Omeletts, kalten Braten und belegte Brote –, aber den Gästen war wohl in erster Linie am Trinken gelegen. Im Café »Weber« in der Rue Royale trank Lautrec am liebsten Portwein, in den er eine Prise Muskat mischte – vorsorglich trug er immer eine Muskatnuß nebst Reibe bei sich. Als er in späteren Jahren vom Alkoholismus gezeichnet war und seine Mutter ihn ständig beobachten ließ, soll er sich einen hohlen Spazierstock gekauft haben, in dem er den Brandy, Portwein oder Rum in einem eigens dafür gefertigten Glasbehälter versteckte. Auf seinen kurzen Spaziergängen durch das Viertel, die er zunehmend unsicheren Schrittes unternahm, schraubte er dann den Silberknauf ab und gönnte sich den einen oder anderen Schluck.

Lautrec begeisterte sich fürs Essen und war immer auf der Suche nach neuen Rezepten. Er liebte es, Gäste zu bewirten – sofern er entsprechendes Lob einheimste –, und da er wohlhabend genug war, um die feinsten Restaurants von Paris aufzusuchen, speiste er regelmäßig bei »Lucas«, einer der ersten Adressen, und war ebenso im »Weber«, im »Royale«, in Claudons »Café Américain« und in zahlreichen Bars anzutreffen. Er selbst war ein meisterhafter und dabei anspruchsvoller Koch, der große Mühen bei der Vorbereitung und beim Servieren der Gerichte auf sich nahm; für seine privaten Einladungen wie für die offiziellen Bankette anläßlich der jährlichen Eröffnung des »Salon des Indépendants« stellte er eigene Menüs zusammen. Der Speisekarte mit einer Lithographie des Künstlers ist die Menüfolge für das Diner im Jahr 1893 zu entnehmen: zwei Suppen; *hors d'œuvres* mit Radieschen, Wurst, Garnelen und Oliven; ein Fischgericht; zweierlei Gemüse; gebratener Truthahn mit Kresse; Salate; Eiscreme und verschiedene andere Desserts. Dazu ein roter Madeira, Champagner, Kaffee und Cognac.

Da Toulouse-Lautrec auch das Kochen als Kunst betrachtete, erfand er Rezepte von ebensolcher Virtuosität, wie sie seine Zeichnungen zeigen. An Weinen kamen nur die jeweils besten Jahrgänge auf den Tisch; es wurde immer Butter serviert; Gemüse mußte, wenn möglich, frisch geerntet sein; und nur ein Südfranzose durfte sich an die Zubereitung einer *bouillabaisse* wagen. Seine Mutter, die wieder nach Südfrankreich zurückgekehrt war, versorgte ihn mit dem größten Teil der erforderlichen Zutaten und kam seinen Wünschen nach Spezialitäten aus seiner Heimat bereitwillig nach. Sie schickte ihm *pâté de foie gras*, Trüffeln,

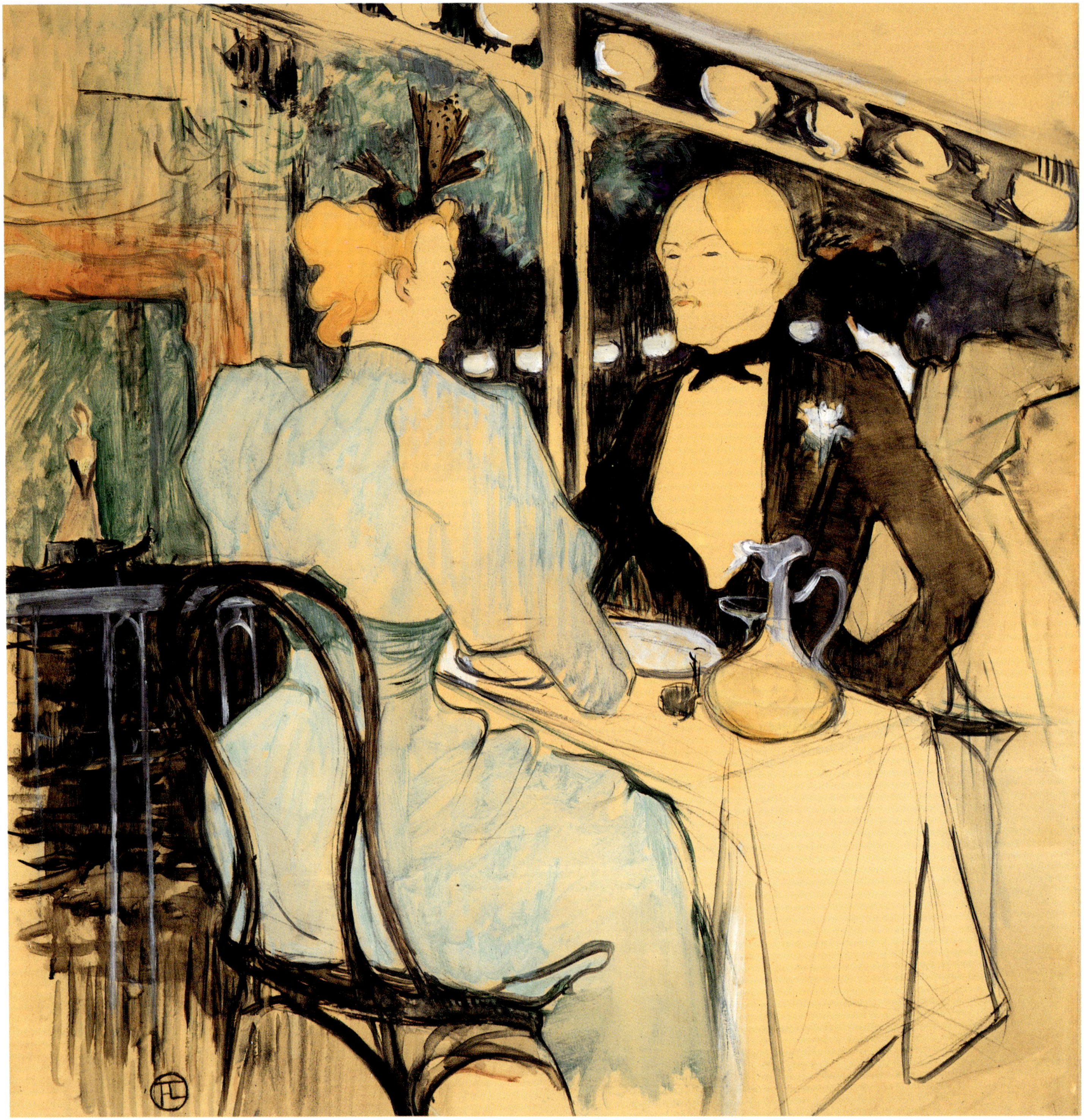

Henri de Toulouse-Lautrec: Im »Ambassadeurs« (Elegante Leute)

Kapaun und natürlich Wein aus Malromé, wo sich ihr Schloß befand. Lautrec ließ sich die Weine im Faß liefern und füllte sie eigenhändig in Paris ab, wobei er fand, daß diese Arbeit zwar »interessant, aber nichts im Vergleich zum Trinkgenuß« war. »Meinen Rechnungen zufolge«, schrieb er Ende 1895 seiner Mutter, »verkonsumiere ich jährlich anderthalb Fässer.« Mit welcher Besessenheit er es darauf anlegte, seine Liebe zum Wein auch anderen aufzuzwingen, zeigte sich, als er bei einem rauschenden Fest seines Freundes, des Fotografen Paul Sescau, das Tafelwasser ungenießbar machte, indem er Goldfische in die Karaffen steckte.

Gaumenfreuden beherrschen selbst Lautrecs Korrespondenz, die uns ebensoviel Aufschluß über seinen Appetit wie über seinen Lebensstil gibt. In einem Brief vom Oktober 1891 dankt er seiner Mutter für die »in Aussicht gestellten Trüffeln« und bittet sie, ihm ein mit dieser Delikatesse gefülltes Huhn zukommen zu lassen. Dann erkundigt er sich: »Hat die Gänselebersaison schon begonnen? Wenn ja, denken Sie daran, mir zwölf Büchsen zu schicken.«

Doch im Oktober 1894 verwandelt sich der vergnügliche Plauderton in frostige Förmlichkeit. »Seien Sie so gut und schicken Sie mir einen Korb mit Gutedel und Malaga«, lautet ein gebieterisches Postskriptum, ein Beleg für die abgekühlte Beziehung zu Madame la Comtesse de Toulouse Lautrec-Monfa, die über den Umgang ihres Sohnes beunruhigt war und sich vergeblich bemühte, seiner Genußsucht Einhalt zu gebieten.

Die maßlose Passion Lautrecs belegen unzählige Beispiele. So ließ er sich auf einer Schiffahrt entlang der nordfranzösischen Küste in Le Havre frische Kräuter, Gewürze, Olivenöl, Knoblauch, Gemüse, Wein und Portwein an Bord bringen und verbrachte die meiste Zeit in der Kombüse. Nur als das Schiff die Bretagne streifte, tauchte er kurz auf, um frischen Hummer und andere unentbehrliche Meeresfrüchte zu erwerben. Auch die Memoiren der polnischen Pianistin Misia Godebeski geben Einblick in Lautrecs exzentrische Eßgewohnheiten. Die rothaarige, unersättliche, willensstarke Frau hatte Thadée Natanson geheiratet, den Bruder von Alexandre, und wurde zum bewunderten Mittelpunkt im Kreis der Künstler, Dichter und Intellektuellen, die für *La Revue Blanche* tätig waren. Lautrec, mit dem sie eine herzliche Freundschaft verband, verbrachte lange und ausgesprochen glückliche Sommerwochenenden im Landhaus der Natansons, zeichnete, trank, war überaus vergnügt, unternahm Bootsfahrten und badete im Fluß. Kurz, er fühlte sich wohl, war entspannt und ausgelassen. Für Misias zwanglose Abendgesellschaften zeichnete er witzige Speisekarten, die sie jedoch leider tags darauf gedankenlos wegwarf. Das Ehepaar zeigte sich Lautrec gegenüber so ausnehmend gastfreundlich, daß er sich in Paris – laut Misia Godebeski – mit einer besonderen Art von Mittagessen bedankte: Jeder Gang wurde in einem anderen Restaurant eingenommen; die dazu servierten Weine hatte Lautrec aus dem familieneigenen Keller anliefern lassen. Anschließend führte er das Paar zur Wohnung seines Freundes, des Fagottisten Désiré Dihau, klopfte an die Tür und fragte, ob sie eintreten dürften. Im Zimmer deutete Lautrec auf ein Porträt, das von Degas stammte und Dihau mit den anderen Orchestermusikern der Oper zeigte. Als großer Verehrer von Degas breitete er einladend die Arme aus und sagte: »Darf ich bitten – Ihr Nachtisch.«

Lautrecs Lebensweise zeitigte schließlich Wirkung auf seine Gesundheit. Er verfiel zusehends, geistig wie körperlich, und wurde Opfer seiner extremen Stimmungsschwankungen. Berthe Sarrazin, die seine Mutter als Haushälterin für ihn eingestellt hatte,

Mittwoch [1877]

Mein lieber Pissarro,
Werden Sie am nächsten Montag zu mir zum Abendessen kommen? Ich bin dann von London zurück und würde gern einige Fragen, eine mögliche Ausstellung betreffend, mit Ihnen erörtern. Degas, Monet, Renoir, Sisley und Manet werden ebenfalls dasein. Ich rechne fest mit Ihnen. Montag, sieben Uhr.
Mit den besten Grüßen, G. Caillebotte.

Gustave Caillebotte in einem Brief von 1877 an Camille Pissarro

schrieb am 6. Januar 1899 an Adèle: »Heute abend haben wir Gäste zum Essen, sechs Gedecke. Es wird aber wohl nicht so sein wie gestern abend. Ich mache einen Fisch, ein Kaninchen, kalten Truthahn und Ananaseis. Monsieur wollte Hummer ***à l'Américaine***, ***bouillabaisse*** und Gänseleberpastete mit Sauce, doch ich habe ihm erklärt, das sei zu kompliziert, schließlich bin ich allein.« Ein Ladeninhaber erzählte, Lautrec ermuntere jedermann, Einkäufe auf seinen Namen anschreiben zu lassen, obwohl er seine Rechnungen schon seit zwei Jahren nicht mehr bezahlt hatte. Auch entwickelte Lautrec paranoide Wahnvorstellungen, litt an Halluzinationen und legte ein zunehmend exzessives und gewalttätiges Verhalten an den Tag. Entgegen dem Rat der Familie ließ Adèle ihn schließlich in ein privates Sanatorium in Neuilly einweisen.

Doch selbst im Zustand des Wahnsinns äußerte Lautrec detaillierte Wünsche, was Essen und Trinken betraf. In einem Brief vom April 1899 fleht er Berthe Sarrazin an, ihm »ein Pfund guten, gemahlenen Kaffees« zu bringen, ebenso – in einer verschlossenen Reisetasche – eine Flasche Rum. Noch im selben Monat bat er um »Lavendelwasser, Schokolade, Kaffee, Kekse, Zimt, Limonensaft, sechs Taschentücher und vier Paar Socken«. Nach einem längeren Aufenthalt wurde er aus der Anstalt entlassen, seine Lebensfreude war jedoch erloschen. Ein Schlaganfall im Frühjahr und ein weiterer im Spätsommer 1901 entkräfteten ihn so sehr, daß er am 9. September in Malromé im Haus seiner Mutter starb.

Degas pflegte in ausgesprochen vornehmen Kreisen zu verkehren. Daniel Halévy, ein bekanntes Mitglied der Akademie, war mit Degas von Kindheit an befreundet und erinnert sich in seinem Buch *Mon ami Degas*: »Degas und meine Eltern lebten in Paris am Montmartre, einem von Schriftstellern und Künstlern bevorzugten Wohnviertel. Zwei-, dreimal die Woche verließ Degas sein Atelier, klingelte bei uns und setzte sich mit uns an die Tafel.«

Ihre anregenden Tischgespräche drehten sich um vielerlei Themen, angefangen von Ingres bis hin zur Fotografie. Leider schwand Degas' Fröhlichkeit in späteren Jahren, da ihm seine Sehschwäche schwer zusetzte.

Der Künstler war bekannt für seine Barschheit, seine Intoleranz gegenüber langweiligen Menschen und sein exzentrisches Wesen. Jeder wußte, was für ein schwieriger Gast er war. So erinnert sich Ambroise Vollard, wie Degas auf eine Einladung reagierte: »Gerne, Vollard. Aber hören Sie: für mich ein besonderes Gericht ohne Butter. Keine Blumen auf dem Tisch, und das Essen muß Punkt halb acht fertig sein. Sicher achten Sie sowieso darauf, daß Ihre Katze nicht in der Nähe ist, aber sorgen Sie auch dafür, daß niemand seinen Hund mitbringt. Falls Frauen anwesend sein sollten, so riechen sie hoffentlich nicht penetrant nach Parfüm. Wie schrecklich sind doch derartige Gerüche im Gegensatz zu den vielen wirklich gut duftenden Dingen, wie zum Beispiel geröstetes Brot – oder sogar Dung! Ah ... und noch etwas: gedämpftes Licht. Meine Augen, meine armen Augen.«

Degas war eng mit der begabten amerikanischen Künstlerin Mary Cassatt befreundet. Die lebhafte Tochter aus einer wohlhabenden Familie in Philadelphia hatte sich in Frankreich niedergelassen und erstmals 1875 im Fenster der Galerie Durand-Ruel ein Werk von Degas gesehen. Jahre später schrieb sie ihrer amerikanischen Freundin und Sammlerin Louise Havemeyer: »Ich erinnere mich noch gut, wie ich vor fast vierzig Jahren Degas' Pastelle im

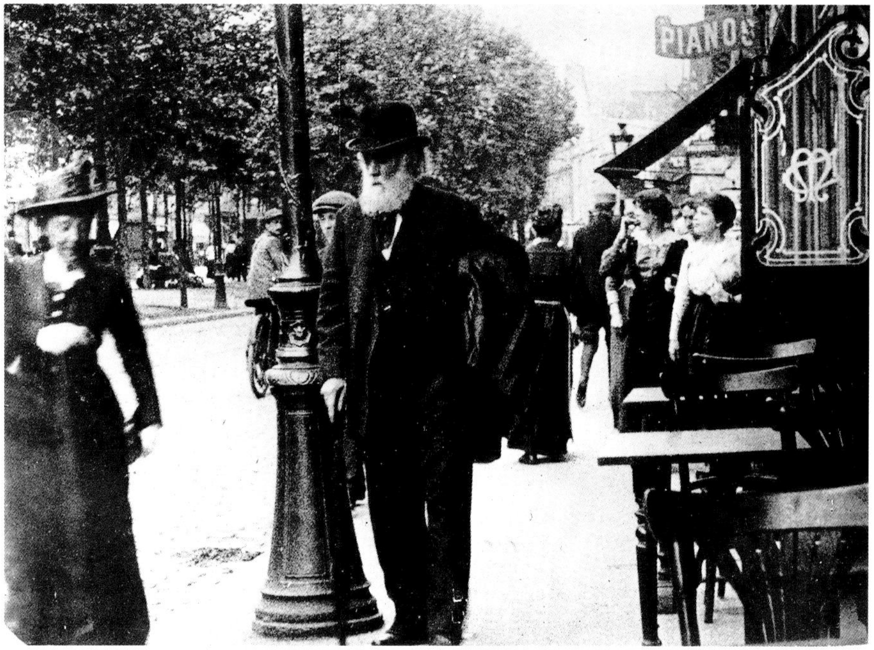

TROTZ SEINER NACHLASSENDEN SEHFÄHIGKEIT SAH MAN EDGAR DEGAS HÄUFIG AUF DEN BOULEVARDS VON PARIS. DIESE FOTOGRAFIE, DIE UM 1910 ENTSTAND, ZEIGT IHN BEI EINEM BUMMEL AUF DEM BOULEVARD DE CLICHY.

Fenster eines Kunsthändlers am Boulevard Haussmann entdeckte. Immer wieder bin ich dorthin gegangen und habe mir an der Scheibe die Nase plattgedrückt, um soviel ich nur konnte von seinen Fertigkeiten in mich aufzunehmen. Diese Bilder veränderten mein Leben. Damals sah ich eine Kunst, wie ich sie sehen wollte.«

Degas wiederum war von ihren Arbeiten gleichermaßen beeindruckt und ermutigte und unterstützte sie vorbehaltlos.

Ein anderer junger Freund, der Dichter Paul Valéry, berichtete, daß Degas »sowohl charmant als auch schrecklich« sein konnte und er Degas' Atelier in der Rue Victor-Massé daher immer mit einem Gefühl der Beklommenheit betrat:

»Wenn ich klingelte, rätselte ich meist, wie ich wohl empfangen werden würde. Er öffnete mißtrauisch, dann erkannte er mich. Heute hatte er also einen seiner guten Tage. Er führte mich in ein langgestrecktes Mansardenzimmer mit einem hohen Erkerfenster, das nicht allzu sauber war und auf dessen Scheiben Licht und Staub tanzten. Im Raum herrschte ein ziemliches Durcheinander: Es gab ein Waschbecken, eine stumpfe Zinkwanne, schmierige Morgenröcke, eine Tänzerin aus Wachs mit einem echten Gazeröckchen unter Glas, Staffeleien, übersät mit Kohleskizzen von plattnasigen, verrenkten Modellen, die in der einen Hand einen Kamm hielten und mit der anderen eine dicke Haarsträhne umfaßten. Unter dem Fenster stand ein schmales Regal, auf dem man ein paar Sonnenstrahlen ahnte und das mit einem Sammelsurium aus Flaschen, Flakons, Stiften, Resten von Pastellkreiden, Radiernadeln und allerlei Krimskrams vollgestellt war, der sich möglicherweise eines Tages als nützlich erweisen konnte ...«

In seinen letzten Lebensjahren entwickelte sich Degas zu einem leidenschaftlichen Sammler: »Ich werde noch im Armenhaus sterben, meine Porträts von Ingres aber meinem Heimatland vermachen«, pflegte er zu scherzen. Und so nahm er an Auktionen teil und bot bei Gemälden mit, obwohl er sie nicht einmal mehr sehen konnte; er erkundigte sich dann bei seinem Sitznachbarn: »Ist es denn schön?« Beim Abendessen unterhielt er seine Gäste mit Anekdoten über die Schwierigkeiten, die Zoé ihm nun machte: Sie verlangte blaue Schürzen, wie die Bediensteten auf den Gemälden von Ingres sie trugen. Daniel Halévy erinnerte sich, wie »er unter Salven von Gelächter von diesen Zankereien erzählte, sich auf seinem Stuhl zurücklehnte und unvermittelt sagte: ›Keine Kleider und statt dessen grandiose Kunstwerke zu besitzen – das finde ich chic!‹ «

HORS D'ŒUVRES
VORSPEISEN

Etablissements wie das *Moulin Rouge* oder die *Folies-Bergère* erfreuten sich der Gunst vieler Impressionisten – darunter Manet, Degas, Renoir und Toulouse-Lautrec – und dienten ihnen häufig als Motiv für ihre Gemälde und Zeichnungen. Es gab dort genug zu trinken und zu essen, und man begann den Abend häufig mit einer gemischten Vorspeisenplatte.

SAUMON FUMÉ EN CROÛTES AU BEURRE D'ANCHOIS
GERÄUCHERTER LACHS AUF GERÖSTETEM BROT MIT SARDELLENBUTTER

Die Anregung zu diesem Rezept stammt aus dem Buch *Le Livre de Cuisine*, das der französische Küchenchef Jules Gouffé im 19. Jahrhundert verfaßte.

FÜR 4 PERSONEN

16 dünne Scheiben Baguette
100 g geräucherter Lachs, in der Größe der Baguette-Scheiben geschnitten
Zitronenspalten, schwarzer Pfeffer

FÜR DIE SARDELLENBUTTER:
4 in Öl eingelegte Sardellenfilets, abgetropft
Milch, 4 EL weiche Butter

DIE SARDELLENFILETS ETWA 20 Minuten in der Milch ziehen lassen. Herausnehmen, abtropfen lassen, abspülen und mit Küchenpapier trockentupfen. Die Sardellenfilets feinhacken und mit der weichen Butter verrühren. (Die Sardellenbutter läßt sich einen Tag im voraus zubereiten und zugedeckt im Kühlschrank aufbewahren.)

Das Weißbrot von beiden Seiten rösten, jeweils mit etwas Sardellenbutter bestreichen und mit geräuchertem Lachs belegen. Mit Zitronenspalten garnieren, großzügig mit schwarzem Pfeffer aus der Mühle würzen und sofort servieren.

CAVIAR EN CROÛTES
KAVIAR AUF GERÖSTETEM BROT

Wer möchte, kann das Brot auch toasten.

FÜR 4 PERSONEN

2 EL Butter
12 dünne Scheiben Baguette
25 g Sevruga-Kaviar, Zitronenspalten zum Garnieren

DIE BUTTER in der Pfanne erhitzen, die Weißbrotscheiben hineingeben und auf beiden Seiten knusprig und goldbraun braten. Herausnehmen, auf Küchenpapier abtropfen lassen und auf jede Brotscheibe etwas Kaviar geben. Auf einer Platte anrichten und mit den Zitronenspalten garnieren.

HUÎTRES À LA COQUILLE
AUSTERN IN DER SCHALE

FÜR 4 PERSONEN

24 frische Austern
zerstoßenes Eis oder Meersalz zum Servieren
Zitronenspalten

FÜR DIE SCHALOTTEN-VINAIGRETTE:
3 EL Rotweinessig
2 Schalotten, feingehackt
Salz und Pfeffer
1 Bund frischer Schnittlauch, in Röllchen geschnitten, zum Garnieren

DIE AUSTERN VORSICHTIG mit einem Austernmesser öffnen. Dabei darauf achten, daß keine Flüssigkeit verlorengeht, und die Austern in der verbleibenden Halbschale auf einem Bett von zerstoßenem Eis oder Meersalz anrichten. Mit Zitronenspalten garnieren.

Die Zutaten für die Schalotten-Vinaigrette miteinander verrühren, in eine kleine Schüssel geben, mit den Schnittlauchröllchen bestreuen und zu den Austern servieren.

GEGENÜBER: VERSCHIEDENE VORSPEISEN (SIEHE OBEN)

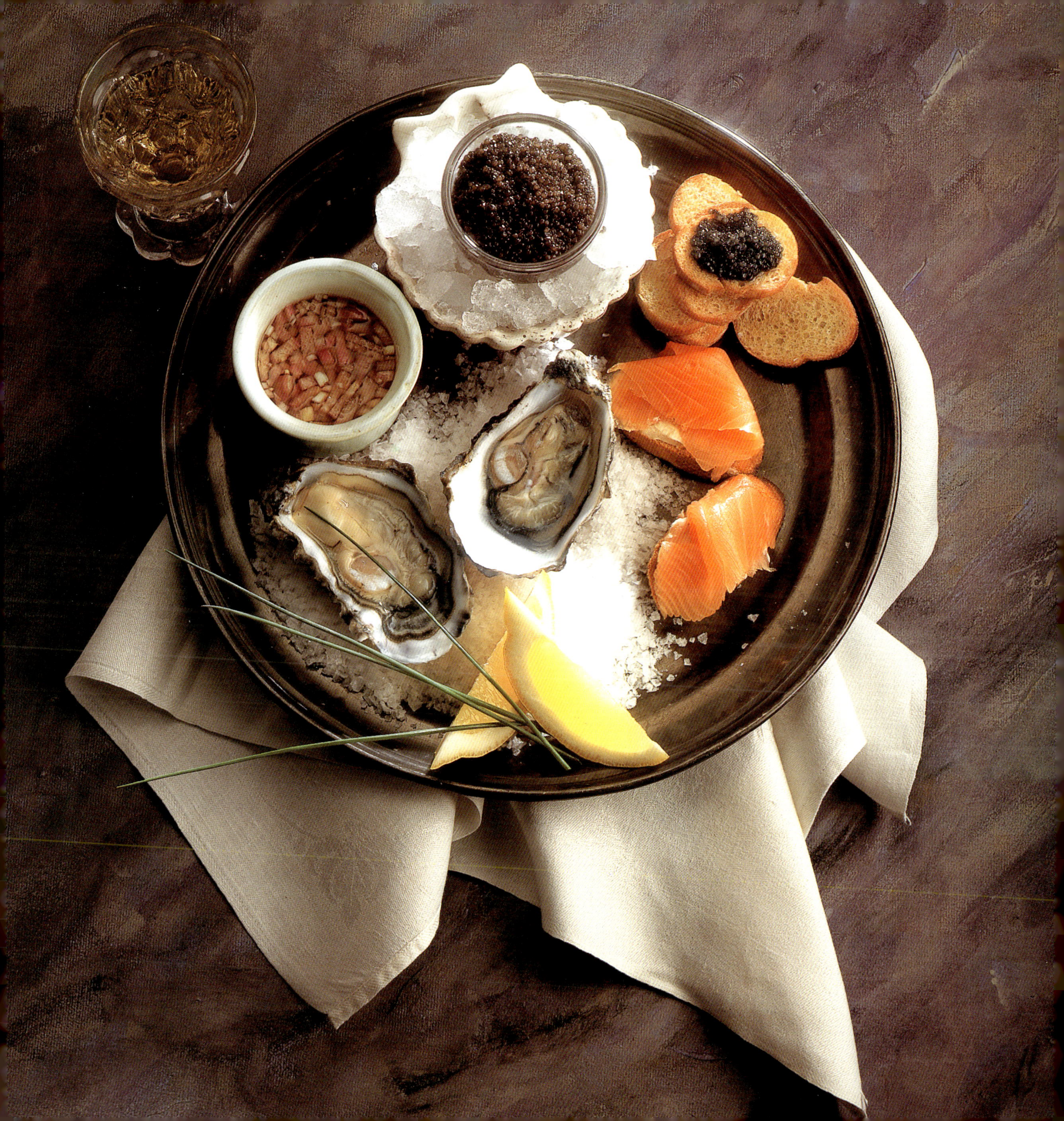

POTAGE SAINT-GERMAIN

ERBSENSUPPE

Für diese klassische Erbsensuppe stand der Ort Saint-Germain-en-Laye, westlich von Paris gelegen, Pate, der ebenso wie Clamart, ein anderer Pariser Vorort, für seine Erbsen berühmt ist. Dieser Suppe verleihen die getrockneten Erbsen, die in der kalten Jahreszeit Verwendung finden, eine besonders herzhafte Note.

FÜR 4 PERSONEN

225 g getrocknete, geschälte grüne Erbsen, gründlich abgespült
2 EL Butter
100 g geräucherter Speck, in Würfel geschnitten
1 Zwiebel, feingehackt
1 l Gemüsebrühe
¼ l Milch
2 EL frische Minze, gehackt
Salz und Pfeffer
geröstete Weißbrotwürfel (siehe Seite 28), zum Garnieren

DIE ERBSEN in einen Topf geben, mit reichlich kaltem Wasser bedecken, einmal aufkochen lassen und sofort abgießen.

Die Butter in einem Topf erhitzen, den Speck hineingeben und bei starker Hitze in etwa 5 Minuten goldbraun braten. Die Zwiebel zugeben, die Hitze reduzieren und weitere 5 Minuten braten. Erbsen, Brühe und Milch zugeben und zum Kochen bringen. Die Hitze reduzieren und die Suppe 40 bis 50 Minuten köcheln lassen, bis die Erbsen weich sind.

Die Suppe im Mixer oder in der Küchenmaschine pürieren, wieder in den Topf gießen, die Minze unterrühren und mit Salz und Pfeffer abschmecken. Die Erbsensuppe mit den Brotwürfeln garnieren und servieren.

POTAGE BONNE FEMME Ⓥ

GEMÜSESUPPE NACH HAUSFRAUENART

Diese traditionelle Suppe, ein beliebtes Gericht der französischen Hausfrauen, wurde aus heimischen Gemüsen zubereitet. Durch die Verwendung von Knoblauch und Kräutern erhält die Suppe noch mehr Aroma.

FÜR 6 BIS 8 PERSONEN

3 EL Olivenöl
1 Knoblauchzehe, gehackt
450 g Kartoffeln, geschält und in Würfel geschnitten
3 Stangen Lauch, geputzt,
in dünne Scheiben geschnitten und gründlich abgespült
3 Mohrrüben, geschält und in Scheiben geschnitten
1½ l Gemüsebrühe
2 EL frische Petersilie, gehackt
1 EL frischer Kerbel, gehackt
Salz und Pfeffer

ZUM SERVIEREN:
6 – 8 Scheiben kräftiges Landbrot
Butter (nach Belieben)

DAS ÖL in einem großen Topf erhitzen. Knoblauch, Kartoffeln, Lauch und Mohrrüben hineingeben und 10 Minuten schmoren lassen, bis die Gemüse gerade goldgelb sind. Die Brühe zugießen, zum Kochen bringen, die Hitze reduzieren und zugedeckt 30 Minuten köcheln lassen.

Die Suppe im Mixer oder in der Küchenmaschine pürieren, wieder in den Topf gießen und mit Salz und Pfeffer abschmecken. Die Kräuter unterrühren und langsam erhitzen.

Jeweils eine Brotscheibe in die vorgewärmten Suppenschälchen oder -teller geben und die Suppe darübergießen. Nach Belieben ein kleines Stück Butter zugeben und die Suppe sofort servieren.

Potage Germiny ⓥ

Sauerampfer-Suppe

Die mit Eigelb und Sahne legierte Suppe wurde vor allem in den vornehmeren Restaurants serviert. Die Anregung zu diesem Rezept, das für vier kleinere Portionen reicht, stammt aus *Le Livre de Cuisine* von Jules Gouffle, einem französischen Küchenmeister des 19. Jahrhunderts.

Für 4 Personen

2 EL Butter
225 g Sauerampfer, geputzt, abgespült, abgetropft und in feine Streifen geschnitten
½ l Hühner- oder Gemüsebrühe
2 Eigelbe, 3 EL Sahne, Salz und Pfeffer
1 Portion geröstete Weißbrotwürfel (siehe Seite 28), zum Garnieren

Die Butter in einem Topf zerlassen, Sauerampfer zugeben und bei schwacher Hitze 5 Minuten sanft schmoren. Die Brühe unterrühren, zum Kochen bringen, die Hitze reduzieren und 15 Minuten köcheln lassen.

Eigelbe und Sahne verklöppeln und mit etwas Brühe verrühren. Den Topf vom Herd nehmen und die Suppe mit der Eigelb-Sahne-Mischung legieren. Die Suppe wieder auf den Herd stellen und bei schwacher Hitze unter ständigem Rühren sämig werden lassen. Dabei darf die Suppe keinesfalls stark kochen, weil das Eigelb sonst gerinnt. Die Sauerampfer-Suppe nochmals mit Salz und Pfeffer abschmecken, mit den gerösteten Brotwürfeln garnieren und sofort servieren.

Omelette aux Fines Herbes ⓥ

Omelett mit frischen Kräutern

Dieses klassische Omelett wurde als leichtes Mittagessen oder abendlicher Imbiß in vielen Cafés und Bistros angeboten. Da Omeletts möglichst sofort nach der Zubereitung gegessen werden sollten, ist das folgende Rezept nur für eine Person konzipiert. Je nach Zahl der Gäste müssen Sie die Menge der Zutaten multiplizieren.

Für 1 Person

3 Eier
1 EL frische Kräuter wie Petersilie, Kerbel, Schnittlauch und Estragon, gehackt
1 Prise Salz, 1 EL Butter
nach Belieben Butter zum Servieren

Die Eier in einer Schüssel aufschlagen, Salz und die Hälfte der Kräuter unterrühren. Die Butter in einer Omelett- oder kleinen Bratpfanne erhitzen. Wenn sie goldbraun zu werden beginnt, die Eimasse hineingießen. Die Pfanne rütteln, bis der Boden gleichmäßig von der Eimasse überzogen ist, und die restlichen Kräuter darüber verteilen. Die Masse mit einer Gabel vorsichtig rühren, damit sie gleichmäßig gart.

Wenn das Omelett gestockt, in der Mitte aber noch etwas flüssig ist, vorsichtig aus der Pfanne auf einen vorgewärmten Teller gleiten lassen und in der Mitte übereinanderschlagen. Nach Belieben noch etwas Butter daraufsetzen und sofort servieren.

»Auf dem Abladeplatz dehnten sich jetzt die aufgeschichteten Haufen bis zum Fahrweg aus. Zwischen je zwei Haufen ließen die Krautgärtner einen schmalen Weg, damit man verkehren könne. Der Fußweg war in seiner ganzen Länge mit den dunklen Gemüsehügeln bedeckt. In dem grellen und schwankenden Lichte der Laternen sah man noch nichts als die fleischige Fülle eines Haufens Artischocken, das zarte Grün der Salate, die Korallenfarbe der roten Rüben, die Elfenbeinfarbe der weißen Rüben, und diese Blitze voll satter Farben glitten mit dem Lichte der Laternen die Haufen entlang.«

Émile Zola, *Le Ventre de Paris (Der Bauch von Paris)*

TARTELETTES AU POIREAU ⓥ

LAUCHTÖRTCHEN

FÜR DEN MÜRBETEIG:

175 g Mehl, ½ TL Salz

6 EL Butter, in kleine Würfel geschnitten

25 g Walnüsse, gemahlen

1 Eigelb

FÜR DIE FÜLLUNG:

2 EL Butter

1 kg Lauch, geputzt, in dünne Scheiben geschnitten und gründlich gewaschen

3 Eigelbe

0,3 l Crème fraîche oder Crème double

1 ½ EL frischer Estragon, gehackt

1 Prise geriebene Muskatnuß

Salz und Pfeffer

FÜR DEN TEIG Mehl und Salz in eine Schüssel sieben, die Butter zugeben und die Zutaten mit den Händen verkneten, bis feine Klumpen entstehen. Nach und nach Walnüsse und Eigelb sowie 1 bis 2 Eßlöffel kaltes Wasser zufügen und das Ganze zu einem glatten, elastischen Teig verkneten. Den Teig zu einer Kugel formen, in Klarsichtfolie wickeln und 30 Minuten im Kühlschrank ruhen lassen. Den Teig herausnehmen, in 6 gleich große Stücke aufteilen und diese jeweils auf einer leicht bemehlten Arbeitsfläche so ausrollen, daß man Tortenförmchen von 10 cm Durchmesser damit belegen kann. Die Teigböden einige Male mit einer Gabel einstechen und die Förmchen 20 Minuten in den Kühlschrank stellen.

In der Zwischenzeit ein Backblech in die mittlere Schiene des Backofens setzen und den Ofen auf 200° C vorheizen.

Die Förmchen aus dem Kühlschrank nehmen, den Teig mit Backpapier belegen und mit Hülsenfrüchten beschweren. Auf das heiße Backblech setzen und 10 bis 12 Minuten blindbacken. Herausnehmen, Backpapier und Hülsenfrüchte entfernen und den Teig in weiteren 10 bis 12 Minuten goldgelb und knusprig backen. Den Teig auf einem Kuchengitter etwas abkühlen lassen. Die Backofentemperatur auf 190° C herunterschalten.

Für die Füllung die Butter in einem Topf erhitzen, den Lauch hineingeben und 15 Minuten schmoren lassen. Er sollte weich sein, aber nicht braun werden. Das Gemüse vom Herd nehmen und etwas abkühlen lassen.

Eigelbe, Crème fraîche, Estragon, Muskatnuß sowie Salz und Pfeffer in einer Schüssel miteinander vermengen und die Mischung unter den Lauch rühren. Den Lauch gleichmäßig auf die 6 Förmchen verteilen. Die Förmchen wieder in den Backofen stellen, die Lauchtörtchen 20 Minuten backen. Wenn sie schön aufgegangen, fest und goldgelb sind, aus dem Ofen nehmen. Auf einem Kuchengitter abkühlen lassen und lauwarm servieren.

PÂTÉ DE PORC ET DE FOIE

SCHWEINEFLEISCH-PASTETE

Die Anregung für dieses Rezept stammt aus dem Buch ***French Provincial Cooking*** von Elizabeth David. In den Restaurants findet man die Pastete häufig als ***pâté de maison*** auf der Speisekarte.

FÜR 12 PERSONEN

350 g geräucherter durchwachsener Speck, ohne Schwarte und in Scheiben geschnitten
450 g Schweinebauch, in Würfel geschnitten
450 g mageres Schweinefleisch, z. B. Halsgrat, in Würfel geschnitten
225 g Schweineleber, in Würfel geschnitten
1 kleine Zwiebel, sehr fein gehackt
2 Knoblauchzehen, zerdrückt, 6 EL trockener Weißwein
2 EL Weinbrand, 1 EL frischer Thymian, gehackt
2 EL frische Petersilie, gehackt
½ TL gemahlene Muskatnuß, 6 Wacholderbeeren, zerdrückt
Salz und Pfeffer

ZUM SERVIEREN:
knuspriges Baguette
Salatblätter

MIT DEM MESSERRÜCKEN 250 Gramm der Speckscheiben zu doppelter Länge auseinanderdrücken. Boden und Wände einer Pastetenform von etwa 12 ½ x 23 x 6 cm Größe damit auskleiden, wobei die Speckscheiben den Rand der Form etwas überlappen sollten. Zugedeckt beiseite stellen.

Den restlichen Speck hacken und zusammen mit dem Schweinebauch, dem mageren Schweinefleisch und der Leber im Mixer zu einer nicht zu glatten Masse pürieren. Den Fleischteig zusammen mit den restlichen Zutaten in eine große Schüssel geben und alles gut miteinander vermengen. Den Fleischteig zugedeckt mindestens 1 Stunde ruhen lassen, damit sich die Aromen voll entfalten können.

Den Backofen auf 150° C vorheizen. Den Fleischteig in die vorbereitete Form füllen, fest hinunterdrücken und die Oberfläche glattstreichen. Die überlappenden Speckscheiben darüberschlagen und mit Alufolie bedecken. Die Form in eine Bratenpfanne setzen und so viel kochendes Wasser zugießen, daß die Form zur Hälfte im Wasserbad steht. Die Pastete etwa 1 Stunde im Ofen garen, die Alufolie entfernen und das Ganze weitere 30 bis 45 Minuten im Ofen lassen. Zur Garprobe mit einem kleinen Metallspieß in die Mitte der Pastete stechen; wenn kein Teig daran kleben bleibt und der Spieß heiß ist, kann man sie aus dem Ofen nehmen.

Die Form vorsichtig aus dem Wasserbad nehmen, ohne Fleischsaft zu verschütten, und abkühlen lassen. Die Pastete mit Wachs- oder Backpapier bedecken und mit einem Gewicht beschweren. Über Nacht in den Kühlschrank stellen.

Die Pastete aus der Form stürzen, in dünne Scheiben schneiden und mit Baguette und Salatblättern anrichten.

TURBOT AUX ÉPINARDS ET SAUCE BÉARNAISE

STEINBUTT MIT SPINAT UND EINER SAUCE BÉARNAISE

Zur Zeit der Impressionisten erfreute sich Steinbutt in den exklusiven Restaurants wie dem »Palais Royal« oder dem »Doyen« außerordentlicher Beliebtheit, wo er ohne viel Beiwerk zubereitet und mit einer Sauce Béarnaise serviert wurde.

FÜR 4 PERSONEN

3 EL Butter
4 Steinbuttfilets von je etwa 225 g, abgespült und trockengetupft
Salz und Pfeffer
225 g Spinatblätter, gründlich abgespült und abgetropft
1 Prise gemahlene Muskatnuß

FÜR DIE SAUCE BÉARNAISE:
2 EL Estragonessig
1 Schalotte, feingehackt, 2 Eigelbe
150 g Butter, zerlassen
1 EL frischer Estragon, gehackt
Salz und Pfeffer
frische Estragonzweige zum Garnieren

EINE BRATENPFANNE MIT Alufolie belegen und in die mittlere Schiene des Backofens setzen. Den Ofen auf 230° C vorheizen.

Die Butter in einer großen beschichteten Pfanne erhitzen. Die Steinbuttfilets hineingeben und rasch auf jeder Seite anbraten. Herausnehmen und in die vorbereitete Bratenpfanne geben. Leicht mit Salz und Pfeffer würzen. Die Fischfilets in den vorgeheizten Ofen schieben und in 10 Minuten gar werden lassen. Aus dem Ofen nehmen, locker mit Alufolie bedecken und 5 Minuten ruhen lassen.

In der Zwischenzeit die Sauce zubereiten: Essig und Schalotten in einen kleinen Topf geben und einkochen lassen, bis die Flüssigkeit fast vollständig verdampft ist. Die Reduktion in eine kleine Schüssel gießen. Die Eigelbe zugeben und zu einer sämigen hellgelben Masse verrühren. Mit einem Schneebesen nach und nach die flüssige Butter unterrühren und die Sauce so lange aufschlagen, bis sie dick und glänzend ist. Durch ein Sieb passieren, abschmecken und den Estragon unterrühren.

Den Spinat in einen Topf geben und ohne Wasserzugabe 2 bis 3 Minuten dünsten. Wenn die Blätter zusammengefallen sind, mit geriebener Muskatnuß, Salz und Pfeffer abschmecken. Den Spinat auf 4 vorgewärmte Teller verteilen, die Steinbuttfilets darauf anrichten, mit der Sauce übergießen und mit einem Estragonzweig garniert heiß servieren.

GEGENÜBER: STEINBUTT MIT SPINAT UND EINER SAUCE BÉARNAISE

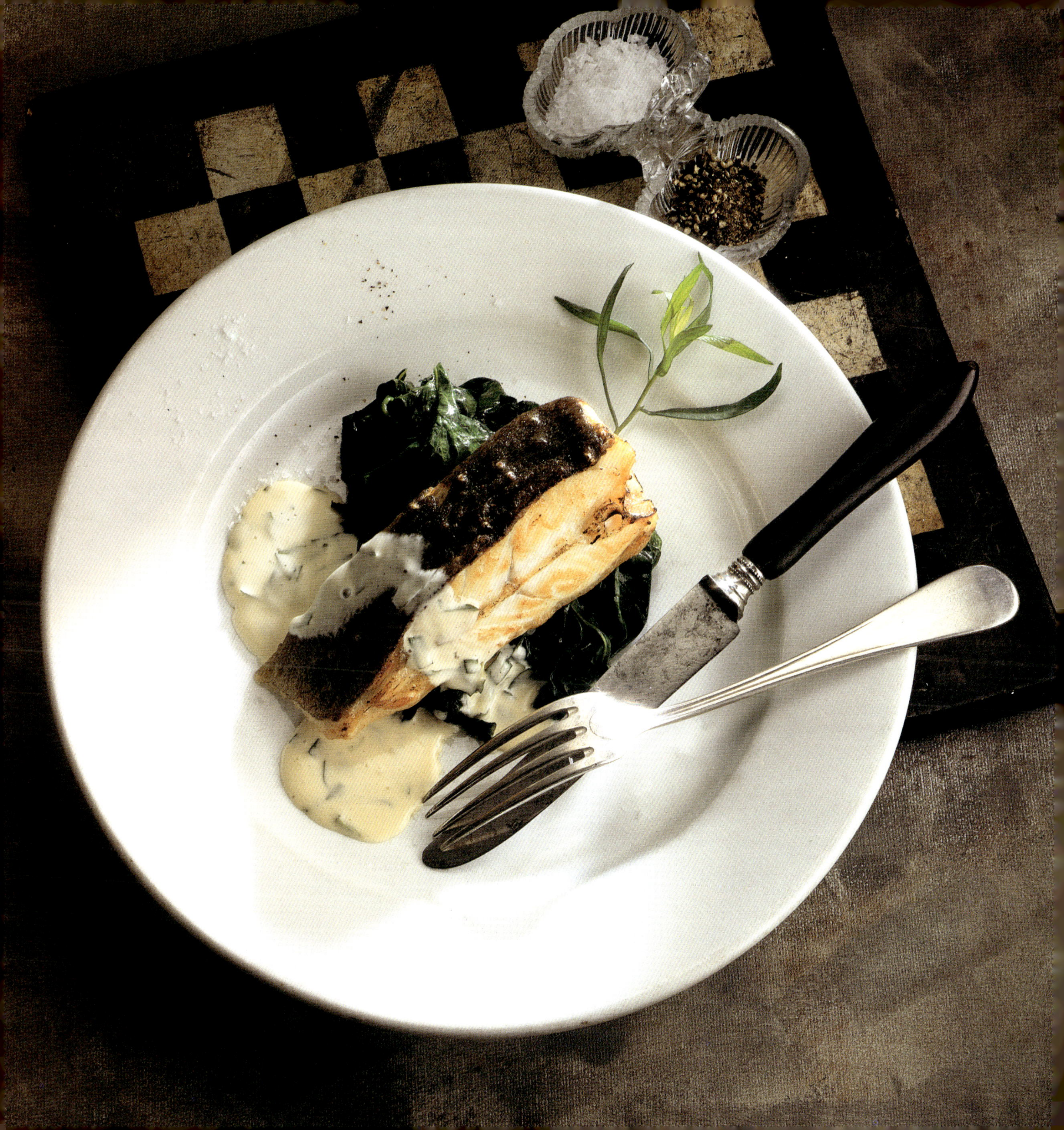

Poulet à la Bière

Huhn in Biersauce

Dieses Gericht ähnelt dem *coq au vin*, doch anstelle von Wein wird hier Bier und ein wenig Gin verwendet. Die Tatsache, daß Mitte des 19. Jahrhunderts englisches Bier bei den Franzosen – vor allem aber bei den Parisern – großen Zuspruch fand, war vielleicht der Grund dafür, daß gerade diese Art der Zubereitung so beliebt war.

Für 4 Personen

2 EL Butter
2 EL Pflanzenöl
1 großes Huhn, in 8 Stücke zerteilt
4 EL Gin
2 ganze Knoblauchzehen, geschält
4 frische Thymianzweige
2 Lorbeerblätter
0,3 l helles Bier
225 g kleine, junge Zwiebeln, geschält
2 TL brauner Zucker
1 EL Rotweinessig
Salz und Pfeffer
frischer Estragon, gehackt, zum Garnieren

Die Hälfte der Butter und die Hälfte des Öls in einer feuerfesten Kasserolle erhitzen. Wenn die Butter zu schäumen beginnt, die Hühnerstücke hineingeben und bei starker Hitze auf allen Seiten in 6 bis 8 Minuten braun anbraten. Den Gin in einem kleinen Topf erhitzen, anzünden und das Huhn damit flambieren. Wenn die Flammen erloschen sind, Knoblauch, Thymian, Lorbeerblätter und Bier zugeben, aufkochen lassen, die Hitze reduzieren und das Huhn zugedeckt 25 Minuten schmoren.

In der Zwischenzeit die restliche Butter und das restliche Öl in einer Pfanne erhitzen. Die Zwiebeln hineingeben und bei starker Hitze 5 Minuten braten. Zucker und Essig unterrühren und die Zwiebeln zugedeckt 15 Minuten schmoren. Falls erforderlich, 2 Eßlöffel Wasser zugießen, damit die Zwiebeln nicht anbrennen. Die Zwiebeln zum Huhn geben und das Gericht weitere 15 bis 20 Minuten schmoren. Wenn das Huhn gar ist, mit Salz und Pfeffer abschmecken, mit gehacktem Estragon bestreuen und servieren.

Gibelotte de Lapin

Kaninchenragout

Die Anregung zu diesem typischen Kaninchenragout stammt aus einem wunderbaren Buch von Robert Fresson über die Provinzen Frankreichs. Man kann das Kaninchen auch durch Huhn ersetzen.

Für 4 Personen

100 g geräucherter Speck, in Würfel geschnitten
225 g kleine Schalotten (große Schalotten halbieren)
2 Knoblauchzehen, zerdrückt
1 EL frischer Thymian, gehackt
2 EL Mehl, mit Salz und Pfeffer gewürzt
2 TL Senfpulver
1 Kaninchen von etwa 1 kg, in 8 Stücke zerteilt
2 EL Butter, 0,15 l trockener Weißwein
0,3 l Hühnerbrühe, 2 Lorbeerblätter
225 g Champignons, geputzt und gesäubert
Salz und Pfeffer
8 Scheiben geröstetes Brot, in Dreiecke geschnitten, zum Garnieren

Eine feuerfeste Kasserolle erhitzen, den Speck hineingeben und bei starker Hitze in 5 bis 8 Minuten goldbraun braten. Schalotten, Knoblauch und Thymian zugeben und 5 Minuten braten lassen. Wenn Schalotten und Knoblauch goldgelb sind, die Zutaten mit einem Schaumlöffel aus der Kasserolle nehmen und beiseite stellen.

Mehl und Senfpulver in einer Schüssel vermischen. Die Kaninchenstücke darin wenden und alles überschüssige Mehl abschütteln. Die Butter in der Kasserolle erhitzen und nach und nach die Kaninchenstücke bei starker Hitze darin auf allen Seiten goldbraun anbraten. Das Kaninchen mit einem Schaumlöffel aus der Kasserolle nehmen, den Bratensatz mit etwas Weißwein löschen und mit einem Holzlöffel vom Boden kratzen. Kaninchen, Speck und Schalotten wieder in die Kasserolle geben, mit Weißwein und Brühe aufgießen und die Lorbeerblätter zufügen. Zum Kochen bringen, die Hitze reduzieren und zugedeckt bei schwacher Hitze etwa 30 Minuten schmoren lassen.

Die Champignons unterrühren und das Ragout weitere 15 Minuten schmoren, bis das Kaninchen gar ist. Mit Salz und Pfeffer abschmecken, das Kaninchenragout mit den gerösteten Brotdreiecken garnieren und heiß servieren.

Entrecôte Bercy

Zwischenrippenstück mit Bercy-Sauce

Am Quai de Bercy fand einst über viele Jahre hinweg der berühmte Weinmarkt von Paris statt. Noch heute streiten sich die Küchenchefs darüber, ob man die Bercy-Sauce mit Rot- oder Weißwein zubereiten soll. Zum Zwischenrippenstück passen klassischerweise Pommes frites (siehe rechts).

Für 4 Personen

4 Scheiben Zwischenrippenstück, von je etwa 225 g
2 EL Pflanzenöl

Für die Bercy-Sauce:
4 Schalotten, feingehackt
1/8 l leichter Rotwein
1/2 l kräftige Rinderbrühe
4 EL Butter, in Würfel geschnitten
Salz und Pfeffer
frischer Kerbel, gehackt, zum Garnieren

Für die Bercy-Sauce Schalotten und Wein in einen Topf geben und bei starker Hitze auf 2 Eßlöffel Flüssigkeit einkochen lassen. 0,3 Liter Rinderbrühe zugießen, wieder zum Kochen bringen, die Hitze reduzieren und das Ganze um die Hälfte einkochen lassen. Die Reduktion warm stellen.

Das Öl in einer schweren, beschichteten Pfanne rauchend heiß werden lassen. Die Steaks hineingeben und auf jeder Seite 3 bis 4 Minuten braten, wenn man sie blutig bis rosa gebraten bevorzugt, oder länger, wenn man sie etwas mehr durchgebraten mag. Aus der Pfanne nehmen und warm stellen.

Den Bratensatz mit der restlichen Brühe löschen und rasch fast vollständig einkochen lassen. Den Bratensaft in die Sauce gießen, leise köcheln lassen und mit einem Schneebesen nach und nach die Butter unterrühren. Wenn die Sauce schön sämig ist, mit Salz und Pfeffer abschmecken. Die Steaks auf vorgewärmten Tellern anrichten, mit der Bercy-Sauce überziehen und dem Kerbel bestreuen. Heiß mit Pommes frites servieren.

Pommes Frites Ⓥ

Bereits im vergangenen Jahrhundert erfreuten sich Pommes frites großer Beliebtheit. Sie wurden schon damals gern als Beilage zu Steaks, gegrilltem Fleisch oder Fisch gereicht.

Für 4 Personen

4 Kartoffeln von je etwa 225 g, geschält und in dünne Scheiben geschnitten
Pflanzenöl zum Fritieren
Salz

Die Kartoffelscheiben in dünne Stifte von etwa 3 mm Stärke schneiden. Gut abspülen und sorgfältig mit Küchenpapier trockentupfen.

Einen tiefen Topf 10 cm hoch mit Pflanzenöl füllen. Das Öl auf 150° C erhitzen. Die Temperatur läßt sich am besten mit einem Zuckerthermometer feststellen.

Die Kartoffeln portionsweise mit einem Schaumlöffel ins heiße Öl geben und etwa 3 Minuten fritieren. Sie sollten weich, aber nicht braun werden. Die Kartoffeln aus dem Topf nehmen und auf Küchenpapier abtropfen lassen.

Das Öl anschließend auf 180° C erhitzen, die Kartoffeln wieder portionsweise hineingeben und in etwa 1 Minute knusprig und goldbraun fritieren. Herausnehmen, auf Küchenpapier abtropfen lassen und mit den restlichen Kartoffeln ebenso verfahren.

Die Pommes frites großzügig mit Salz bestreuen und sehr heiß servieren.

Manet malte häufig kleine Stilleben, die er seinen Freunden zum Geschenk machte. So entstanden ein Veilchenstrauß für Berthe Morisot, drei Äpfel für Méry Laurent oder mit Wasserfarben kolorierte Briefe: Dinge, mit denen er seine Liebe und Zuneigung auf sehr charmante Weise zum Ausdruck brachte.

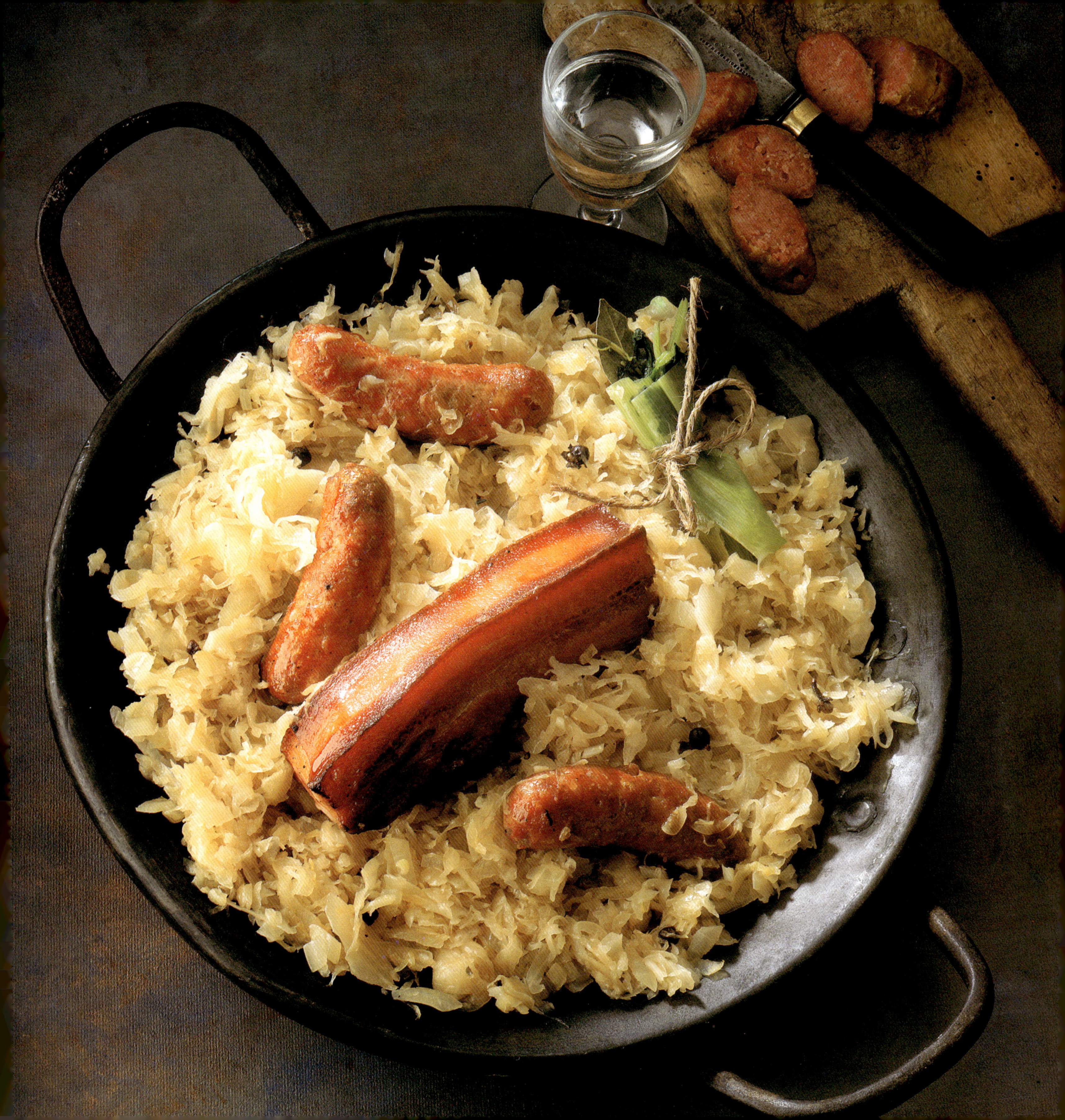

CHOUCROUTE AUX SAUCISSES ET AU PETIT SALÉ

SAUERKRAUT MIT WÜRSTEN UND GEPÖKELTEM BAUCHSPECK

Wegen des reichhaltigen Angebots in den berühmten »Les Halles« war Paris einer der wenigen Orte, wo man auch Gerichte aus anderen Regionen wie dieses Sauerkraut aus dem Elsaß serviert bekam. Die Anregung zu diesem Rezept stammt aus dem Kochbuch-Klassiker *French Provincial Cooking* von Elizabeth David.

FÜR 4 PERSONEN

4 EL Schmalz oder Butter, 1 Zwiebel, feingehackt
2 große Knoblauchzehen, feingehackt
1 kg Sauerkraut, abgetropft
10 Wacholderbeeren, leicht zerstoßen
6 Gewürznelken
⅛ l trockener Elsässer Weißwein, 0,3 l Hühnerbrühe
1 Bouquet garni (siehe Seite 38)
225 g gepökelter Bauchspeck
4 kleine Kochwürste, 4 EL Kirschwasser
Salz und Pfeffer
Salzkartoffeln zum Servieren

DIE HÄLFTE DES Fetts in einer feuerfesten Kasserolle erhitzen. Zwiebel und Knoblauch hineingeben und in 5 Minuten goldgelb braten. Sauerkraut, Wacholderbeeren und Gewürznelken zugeben, umrühren und 10 Minuten schmoren lassen. Wein und Brühe zugießen, das Bouquet garni zugeben und aufkochen lassen. Die Hitze reduzieren und das Sauerkraut zugedeckt 30 Minuten köcheln lassen.

Das restliche Fett in einer Pfanne erhitzen. Bauchspeck und Würste hineingeben und auf allen Seiten Farbe annehmen lassen. Beides in die Kasserolle geben, mit Sauerkraut bedecken und bei milder Hitze etwa 1 Stunde garen. Wenn das Sauerkraut weich und Fleisch und Würste gar sind, das Kirschwasser unterrühren und mit Salz und Pfeffer abschmecken.

Bauchspeck und Würste aus dem Topf nehmen und in dicke Scheiben schneiden. Das Sauerkraut auf eine große, vorgewärmte Platte geben und Würste und Bauchspeck darauf anrichten. Das Fleisch mit Kochflüssigkeit übergießen und die Sauerkrautplatte heiß mit Salzkartoffeln servieren.

POMMES DE TERRE À LA PARISIENNE ⓥ

KARTOFFELN NACH PARISER ART

Auch dieses einfache Kartoffelgericht gehörte zu den Pariser Spezialitäten. Traditionsgemäß kochte man die Kartoffeln in Hühnerbrühe, bis sie glänzten und weich waren. (Vegetarier können auch Gemüsebrühe verwenden.) Anstelle von Petersilie können Sie die Kartoffeln – die gut zu Steaks oder Schweinekoteletts passen – auch mit Schnittlauch oder Kerbel bestreuen.

FÜR 4 PERSONEN

2 EL Butter
1 Zwiebel, feingehackt
1 Knoblauchzehe, zerdrückt
675 g kleine neue Kartoffeln, unter fließend kaltem Wasser abgebürstet
¼ l Gemüse- oder Hühnerbrühe
1 Lorbeerblatt
Salz und Pfeffer
2 EL frische Petersilie, gehackt

DIE BUTTER IN einer Pfanne erhitzen, Zwiebel und Knoblauch hineingeben und bei mittlerer Hitze in 5 Minuten goldgelb braten. Die Kartoffeln zugeben und weitere 3 bis 4 Minuten braten lassen, bis sie gerade zu bräunen beginnen. Brühe und Lorbeerblatt unterrühren, zum Kochen bringen, die Hitze reduzieren und zugedeckt 15 Minuten köcheln lassen.

Wenn die Kartoffeln gerade gar sind, den Deckel abnehmen und die Flüssigkeit sirupartig einkochen lassen. Die Kartoffeln mit Salz und Pfeffer würzen, mit Petersilie bestreuen und heiß servieren.

GEGENÜBER: SAUERKRAUT MIT WÜRSTEN UND GEPÖKELTEM BAUCHSPECK

CHAMPIGNONS DE PARIS Ⓥ

CHAMPIGNONS

In Frankreich werden alle eßbaren Pilze ***champignons*** genannt; das, was man bei uns als Champignons kennt, läuft dort unter dem Namen ***champignons de Paris***. Sie verdanken ihren Namen den Pariser Großmarkthallen, wo sie regelmäßig angeboten wurden. Champignons passen gut zu einem einfachen Steak oder einem gegrillten oder im Ofen gegarten Fisch.

FÜR 4 PERSONEN

4 EL Butter
1 kg Champignons, geputzt und gesäubert
2 Knoblauchzehen, zerdrückt
2 TL frischer Thymian, gehackt
4 EL frische Kräuter wie Schnittlauch, Kerbel, Petersilie und Estragon, gehackt
Zitronensaft
Salz und Pfeffer

DIE BUTTER IN einer großen Pfanne erhitzen, die Pilze hineingeben und bei starker Hitze 3 Minuten braten.

Wenn sie zu bräunen beginnen, die Hitze reduzieren und Knoblauch und Thymian unterrühren. Zugedeckt 5 Minuten schmoren lassen, den Deckel entfernen und die Champignons mit den restlichen Kräutern bestreuen. Mit Zitronensaft beträufeln, kräftig mit Salz und Pfeffer abschmecken und servieren.

ENDIVES BRAISÉES Ⓥ

GESCHMORTER CHICORÉE

FÜR 4 PERSONEN

4 EL Butter
8 kleine Köpfe Chicorée, geputzt und längs halbiert
Salz und Pfeffer
2 EL Zitronensaft
12 Salbeiblätter
50 g Gruyère, gerieben

DEN BACKOFEN AUF 170° C vorheizen. Die Butter in einer flachen, feuerfesten Form zerlassen. Den Chicorée hineingeben, kräftig würzen und bei mittlerer Hitze 10 Minuten unter häufigem Wenden goldgelb braten.

Zitronensaft und Salbei zugeben und die Form zugedeckt in den Ofen schieben. Den Chicorée 1 bis 1½ Stunden garen, den Deckel entfernen und das Gemüse mit dem geriebenen Gruyère bestreuen. Die Form für weitere 10 Minuten in den Ofen geben, bis der Käse geschmolzen und der Chicorée weich ist. Sofort servieren.

BRIE DE MEAUX

BRIE AUS MEAUX

Französischer Brie kommt aus einer Gegend östlich von Paris. Die drei bekanntesten Sorten sind nach den nahegelegenen Marktstädten Meaux, Melun und Coulommiers benannt. ***Brie de Meaux*** gilt unter Kennern als der edelste aller Weichkäse, ein Urteil, das sicherlich auch Renoir teilte, soll er doch zu seinem Sohn Jean gesagt haben: »Sobald er die Grenzen der Stadt hinter sich läßt, taugt er nicht mehr viel.«

Der Brie schmeckt am besten, wenn er ausgereift, weich und glänzend ist und eine butterähnliche Farbe aufweist. Servieren Sie ihn ganz einfach mit frischem Baguette.

GALETTES AUX PÊCHES ⓥ

PFIRSICHKUCHEN

»Le Moulin de la Galette«, zur Zeit der Impressionisten ein bekanntes Pariser Vergnügungslokal, verdankt seinen Namen den ***galettes***, die man dort zu Bier, Wein oder Schnaps servierte. Renoir war von dem Lokal so begeistert, daß er sein berühmtes Bild ***Le Bal au Moulin de la Galette (Tanz im Moulin de la Galette)*** hier malte. Galettes wurden entweder wie hier aus Hefeteig oder mit einem Blätterteigboden gebacken.

FÜR 8 PERSONEN

225 g kräftiges Weizenmehl
½ TL Salz
1 TL Trockenhefe
3 EL feiner Zucker
2 Eier
2 EL Milch
4 EL weiche Butter

FÜR DEN BELAG:
4 feste reife Pfirsiche, halbiert, entsteint und in dünne Scheiben geschnitten
1 EL feiner Zucker
1 EL Butter, in Würfel geschnitten

ZUM SERVIEREN:
¼ l Sahne, 2 TL Puderzucker
1 TL Zimtpulver

MEHL UND SALZ in eine Schüssel sieben, Trockenhefe und Zucker unterrühren und in die Mitte eine Mulde drücken. Nach und nach Eier und Milch hineingeben und unterrühren. Anschließend die weiche Butter einarbeiten und die Zutaten auf einer leicht bemehlten Arbeitsfläche in 5 Minuten zu einem glatten, elastischen Teig verkneten. Den Teig zugedeckt in der Schüssel an einem warmen Ort 2 bis 3 Stunden gehen lassen, bis er das doppelte Volumen erreicht. Die Ruhezeit ist abhängig von der Raumtemperatur.

Den Teig aus der Schüssel nehmen und nochmals etwas durchkneten. In Klarsichtfolie wickeln und 30 Minuten im Kühlschrank ruhen lassen. Den Teig anschließend zu einem Kreis von 25 bis 30 cm Durchmesser ausrollen und eine Backform damit belegen. Den Teig einige Male mit einer Gabel einstechen. Die Pfirsiche in konzentrischen Kreisen auf dem Teig auslegen, mit einem Tuch bedecken und an einem warmen Ort 20 Minuten gehen lassen.

Ein Backblech in die mittlere Schiene des Backofens setzen und den Ofen auf 200° C vorheizen.

Die Pfirsiche mit dem Zucker bestreuen und die Butterflöckchen darüber verteilen. Die Form auf das heiße Backblech stellen und den Kuchen 25 bis 30 Minuten backen. Wenn er schön aufgegangen, an den Kanten goldbraun und gar ist, aus dem Ofen nehmen und auf einem Kuchengitter oder Rost etwas abkühlen lassen.

Sahne mit Zucker und Zimt steif aufschlagen und zum warmen Pfirsichkuchen reichen.

TARTE AUX POIRES ET AUX AMANDES Ⓥ

BIRNENKUCHEN MIT MANDELCREME

FÜR 6 PERSONEN

1 Portion pâté sucrée (*Mürbeteig; siehe Seite 119*)
3 große, reife Birnen, 225 g frische Himbeeren
2 EL Puderzucker
3 EL Aprikosengelee, 1 TL Zitronensaft, 1 EL Wasser

FÜR DIE MANDELCREME:
100 g weiche Butter, 100 g Zucker
100 g abgezogene Mandeln, gemahlen
2 Eier, verquirlt, 1 EL Kirschwasser

DEN MÜRBETEIG AUSROLLEN und eine Kuchen- oder Tortenform von 23 cm Durchmesser damit belegen. Den Teigboden einige Male mit einer Gabel einstechen und 20 Minuten im Kühlschrank ruhen lassen. Den Backofen auf 200° C vorheizen.

Den Teigboden mit Backpapier belegen und mit Hülsenfrüchten beschweren. In den Ofen schieben und 10 bis 12 Minuten blindbacken. Herausnehmen, Backpapier und Hülsenfrüchte entfernen und den Kuchenboden in weiteren 10 bis 12 Minuten knusprig und goldgelb backen. Aus dem Ofen nehmen und auf einem Kuchengitter abkühlen lassen. Die Backofentemperatur auf 180° C reduzieren.

Für die Mandelcreme Butter, Zucker und Mandeln in einer Schüssel zu einer hellen, schaumigen Masse aufschlagen. Eier und Kirschwasser unterrühren, die Creme gleichmäßig auf dem Tortenboden verteilen und beiseite stellen.

Die Birnen schälen, halbieren und das Kerngehäuse entfernen. Die Birnen fächerförmig aufschneiden, ohne sie am Stengelende durchzuschneiden. Die Birnenhälften auf der Mandelcreme verteilen, dabei wie einen Fächer etwas auseinanderziehen. Einige Himbeeren zwischen den Birnen verteilen und den Kuchen 40 bis 45 Minuten backen, bis er schön aufgegangen und fest ist.

In der Zwischenzeit die restlichen Himbeeren im Mixer oder in der Küchenmaschine pürieren, durch ein feinmaschiges Sieb passieren, mit dem Puderzucker vermischen und beiseite stellen. Kurz bevor der Kuchen aus dem Ofen genommen wird, Aprikosengelee, Zitronensaft und das Wasser erhitzen und eine Minute kochen, dann durch ein Sieb geben. Die Oberfläche des Kuchens sofort damit bestreichen und auf einem Kuchengitter auf Zimmertemperatur abkühlen lassen. Den Birnenkuchen mit der Himbeersauce servieren.

GRANITÉ AU CHAMPAGNE ET AUX FRAISES

CHAMPAGNER-GRANITÉ MIT ERDBEEREN

FÜR 12 PERSONEN

225 g Zucker, Saft von 1 Zitrone, 0,6 l Wasser
1 Flasche Champagner (75 cl)
450 g Erdbeeren, Stielansatz entfernt, püriert

ZUCKER UND ZITRONENSAFT zusammen mit 0,6 Liter Wasser in einen Topf geben. Langsam erhitzen und den Zucker ohne umzurühren auflösen. Die Temperatur erhöhen und den Zuckersirup, wiederum ohne Rühren, 3 Minuten sprudelnd kochen lassen. Den Zuckersirup vom Herd nehmen und ganz auskühlen lassen. Champagner und Erdbeerpüree unter den kalten Sirup rühren, in einen Plastikbehälter gießen und ins Gefrierfach geben. Die Mischung nach etwa 2 Stunden kräftig aufschlagen und dabei die Eiskristalle, die sich am Rand des Behälters gebildet haben, lösen. Wieder ins Gefrierfach stellen und den Vorgang in stündlichem Rhythmus einige Male wiederholen, bis das Granité eine sorbetähnliche Konsistenz hat. Im Gefrierfach aufbewahren. Zum Servieren in gekühlte Gläser füllen und sofort auftragen.

GEGENÜBER: CHAMPAGNER-GRANITÉ MIT ERDBEEREN

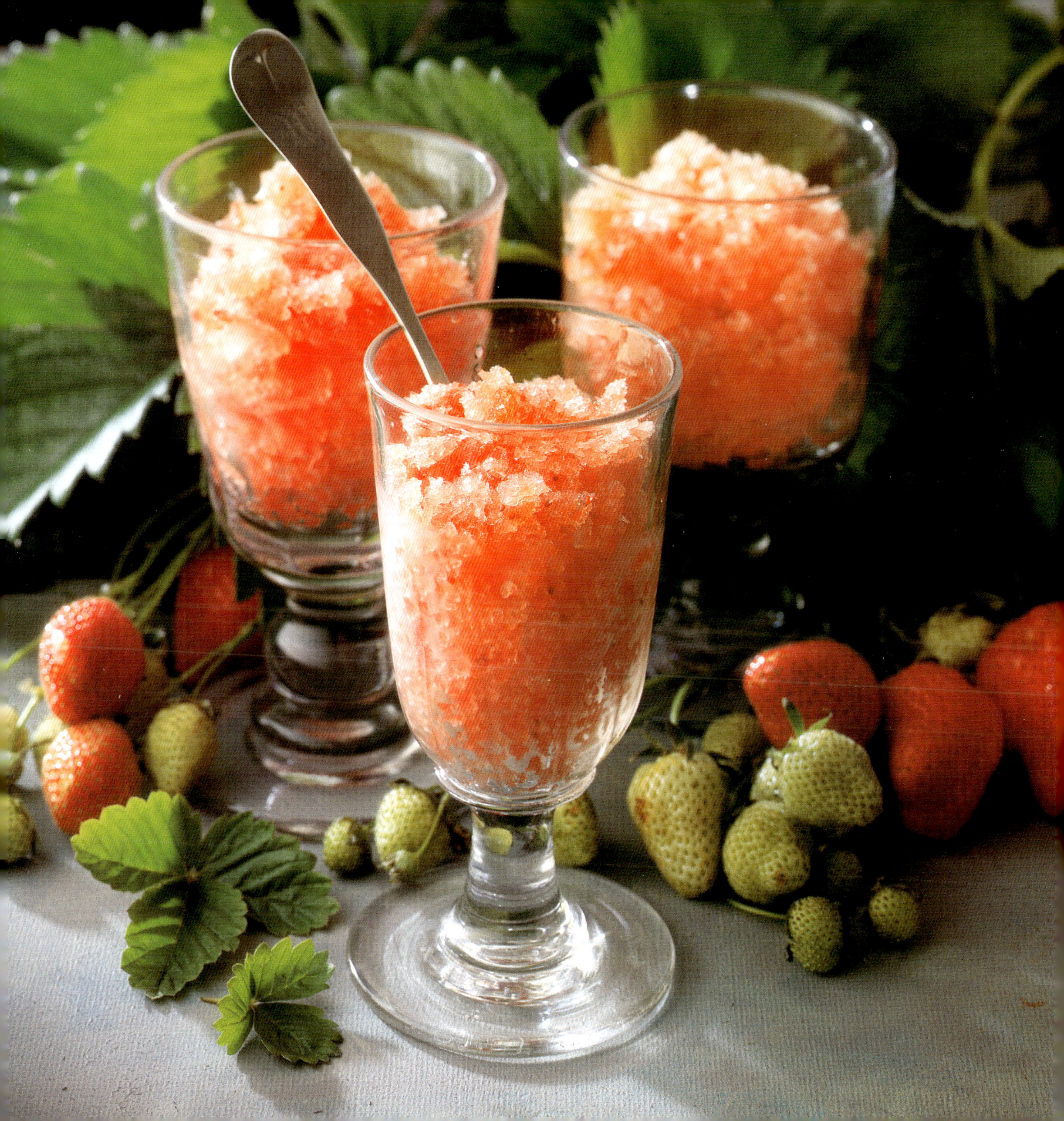

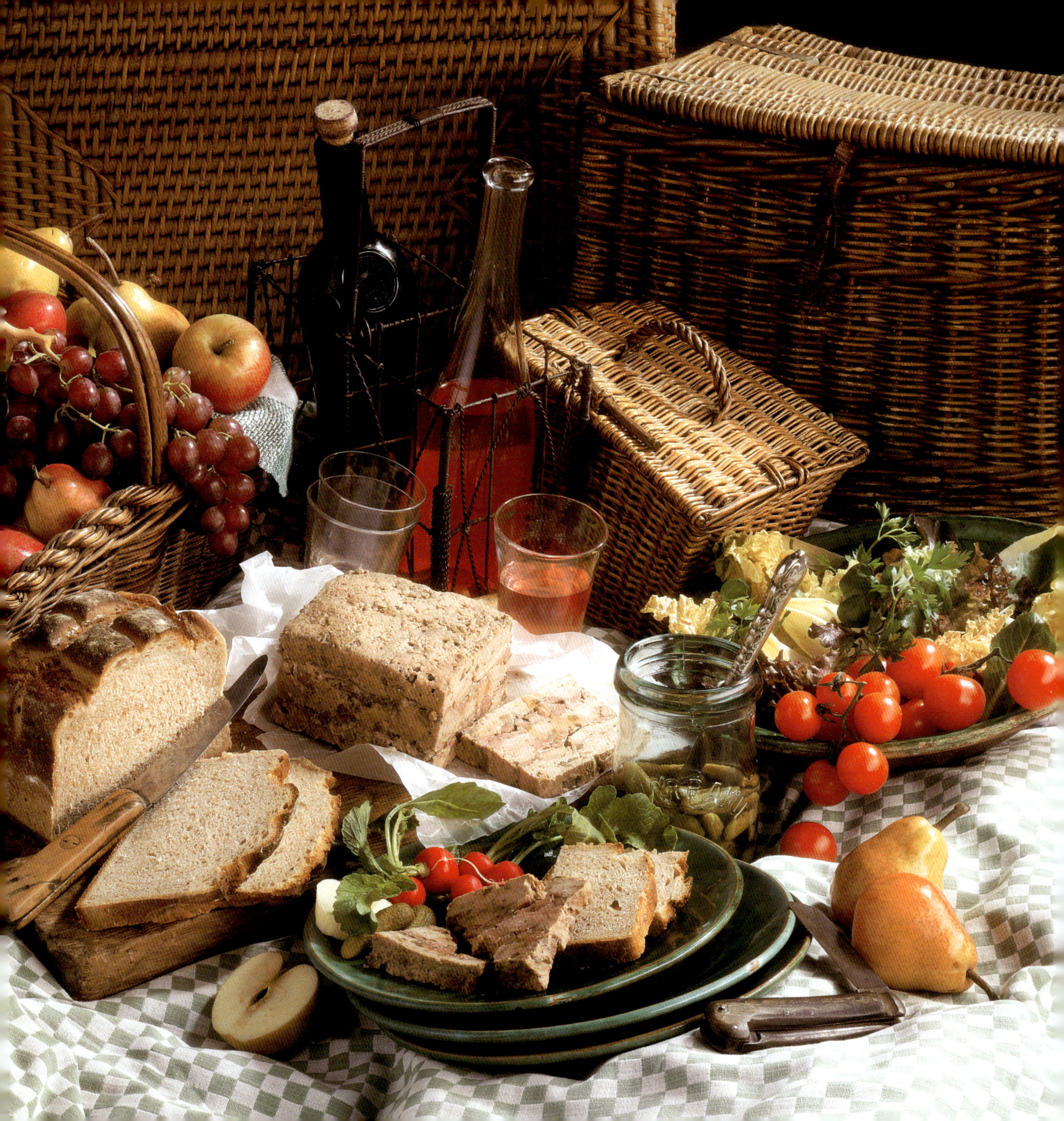

III
FONTAINEBLEAU & DIE SEINE
Essen & Freundschaft

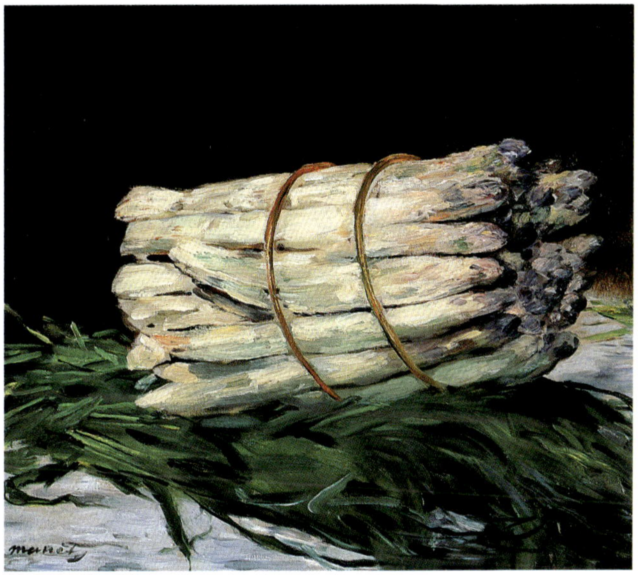

Edouard Manet: Spargelbund
Gegenüber: Wildterrine (siehe Seite 110)

Auf der Suche nach Motiven unter freiem Himmel ließen sich die jungen Maler – wie zwanzig Jahre zuvor bereits Courbet, Corot, Millet und Rousseau – zunächst von der überwältigenden Schönheit des Forêt de Fontainebleau inspirieren. Die turmhohen Bäume, wilden Schluchten und riesigen Felsen mit ihren phantastischen Formen beflügelten sie, und so verbrachten sie viele Tage damit, gemeinsam im Wald zu malen. Dieser Umstand führte dazu, daß kleine Gasthäuser eröffneten, in denen die Künstler essen konnten, wie die »Auberge Ganne« in Chailly-en-Bière. Der Besitzer, François Ganne, hatte ganz bescheiden mit einem Lebensmittelladen begonnen, doch nach und nach kamen ein paar Gästezimmer hinzu, und schließlich konnte er seine Frau überreden, für die Gäste zu kochen. Die mütterliche Madame Ganne stand im Morgengrauen auf, um für die Maler Proviantkörbe mit Brot, Hähnchenschlegeln, hartgekochten Eiern, Brie, Äpfeln und Wein zurechtzumachen, die diese dann mit in den Wald nahmen. Und am Abend empfing Madame sie mit Schüsseln voll dampfend heißer Suppe, während schon eine Gans über dem Feuer briet. Über die Jahre hinweg revanchierten sich die Künstler für ihre Freundlichkeit, indem sie die Wände, Vitrinen und Paravents in der Gaststube mit Naturmotiven bemalten – gelegentlich beglichen sie auch ihre Rechnungen auf diese Weise.

Gemälde bedeckten auch jedes freie Fleckchen an den Wänden in Père Paillards »Cheval Blanc« in Chailly, wo Monet und seine Freunde im April 1863 für 3 Franc 75 die Nacht unterkamen. Bazille bezeichnete die Unterbringung als »hervorragend« und schilderte unmittelbar nach seiner Ankunft in einem Brief an seine Familie begeistert die »wirklich großartige« Waldlandschaft, die sich von seiner Heimat Südfrankreich so sehr unterscheide. »Solche Eichen können wir uns in Montpellier nicht einmal vorstellen«, schwärmte er.

Ein anderer beliebter Treffpunkt – vor allem für Renoir und Sisley, die zu dieser Zeit eng miteinander befreundet waren – war das Gasthaus von Mère Anthony im nahen Dorf Marlotte. Dort malte Renoir im Jahr 1866 sein erstes großes Werk. *Le Cabaret de la mère Anthony (Im Gasthaus von Mère Anthony)* zeigt den stets elegant gekleideten Sisley mit einem feschen Strohhut. In der engen Gaststube ihm gegenüber sitzt der Maler Jules Le Cœur. Hinter ihm steht Monet, während Nana, die Wirtstochter (deren wunderschöne Augen Sisley bereits in den Bann gezogen hatten) den Tisch abräumt. Die Freunde sind vollkommen in ihr Gespräch vertieft; lediglich Toto, der Hund, sieht in Richtung des Malers.

Es war für alle eine herrlich unbeschwerte Zeit, doch vor allem für Sisley, dem es – da ihn »weder Geldsorgen noch die Melancholie plagten« – als einzigem möglich war, zum bloßen Vergnügen zu malen. Später, als die Geschäfte seines Vaters nicht mehr so gut gingen, war er dann ebenfalls gezwungen, sich und seiner Familie mit der Malerei ein bescheidenes Auskommen zu sichern.

Renoir fühlte sich im »Mère Anthony« stets wohl. Seiner Ansicht nach war es »ein echtes Dorfgasthaus«, und wegen seiner Gabe, das Leben zu genießen, avancierte er rasch zum Liebling der *patronne* und ihrer Tochter Nana, »diesem prächtigen Mädchen«, das seine liebenswürdige, höfliche Art schätzte. Damals bestand das Dorf aus einem Dutzend Häusern an der Kreuzung, wo sich die Straßen von Fontainebleau und Montigny nach Bourron gabelten. Im Norden fing der Wald gleich hinter den Häusern an, während man von den südlich gelegenen Gebäuden ins Tal des Loing schaute, wo hohe, elegante Bäume das schattige Flußufer säumten. Die Betten und das Essen bei »Mère Anthony« waren ausgezeichnet, und schon bald gesellten sich Pissarro und der wortkarge Cézanne zu Sisley und Renoir.

Im Laufe der Jahre wurden diese Besuche dann zur Gewohnheit – jedes Frühjahr kehrten die jungen Maler wieder. Sie fuhren mit dem Zug bis Avon oder Melun und gingen zu Fuß nach Chailly oder Marlotte, wobei sie um das überteuerte und überfüllte Barbizon stets einen großen Bogen machten. 1865 verletzte sich Monet am rechten Fuß, als er für sein großes Gemälde *Le Déjeuner sur l'Herbe (Das Frühstück im Freien)* nach der passenden Lichtung suchte. Bazille, der sein Medizinstudium glücklicherweise noch nicht zugunsten der Malerei aufgegeben hatte, verarztete ihn in seinem Hotelzimmer und stand dann, gutmütig wie er war, für verschiedene männliche Figuren des ehrgeizigen Gemäldes Modell, das Monet den ganzen Sommer 1865 über voll in Anspruch nahm. Zu diesem Sujet war der Zweiundzwanzigjährige durch Manets umstrittenes Gemälde *Le Déjeuner sur l'Herbe (Das Frühstück im Freien)* angeregt worden, das er 1863 im »Salon des Refusés« gesehen hatte. Monet wollte ein ähnliches Thema ins Bild setzen, allerdings nicht – wie Manet – anhand von Skizzen im Atelier, sondern im Freien auf einer Waldlichtung. Sein Hauptanliegen war es nämlich zu zeigen, wie das Licht – durch das Blattwerk der Bäume gefiltert – seine Freunde aus

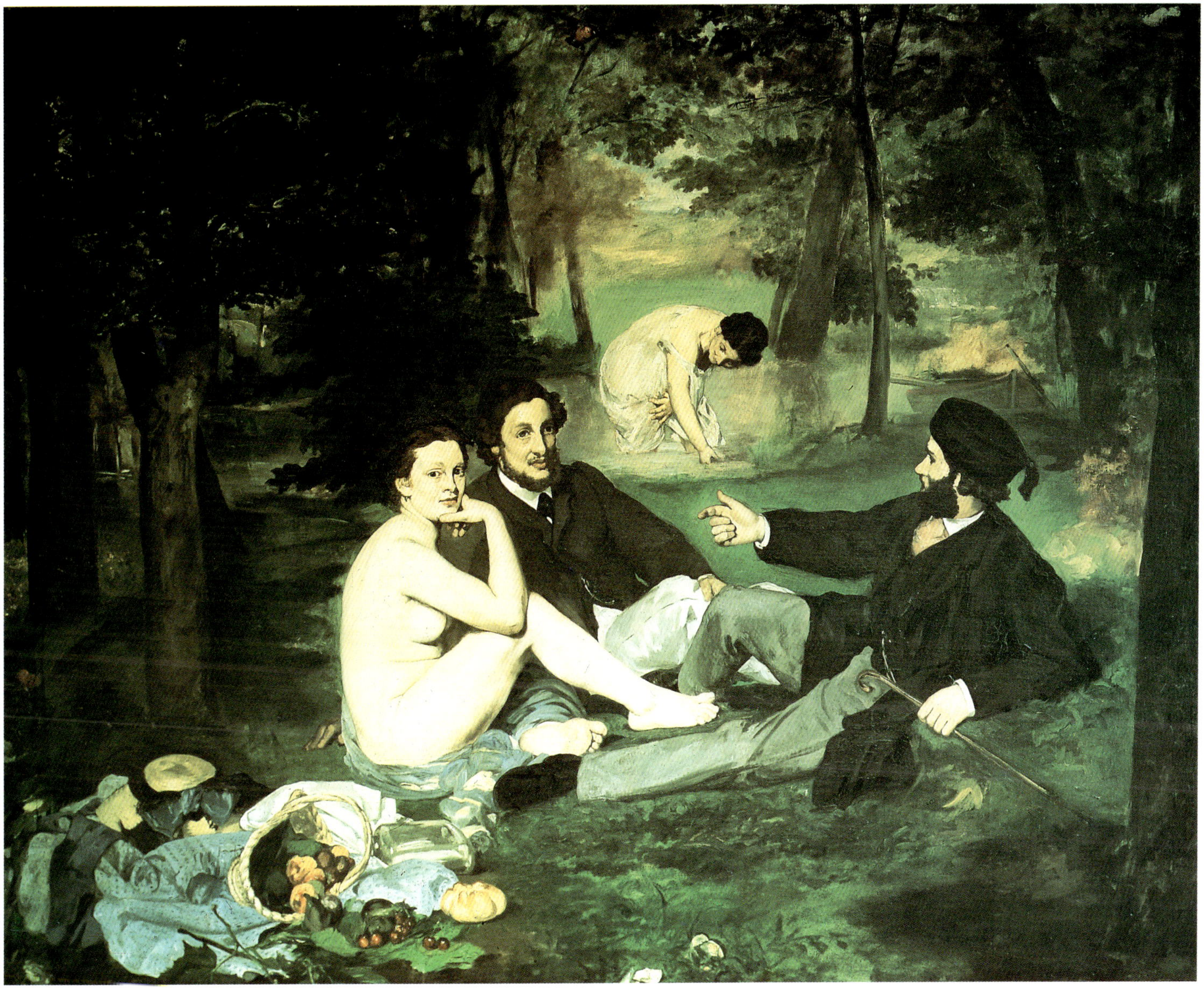

EDOUARD MANET: DAS FRÜHSTÜCK IM FREIEN

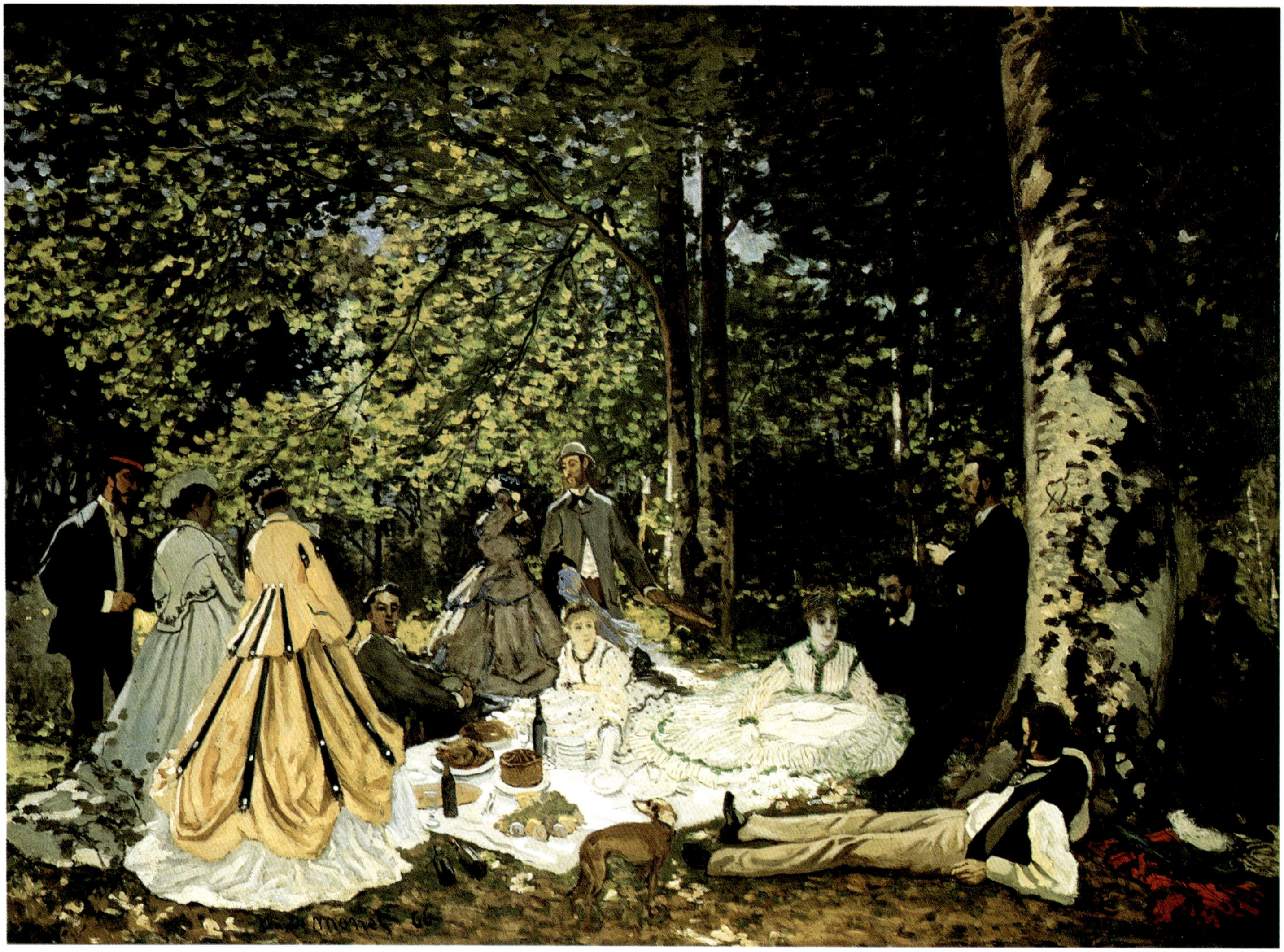

Claude Monet: Das Frühstück im Freien

»Als ich jung war, pflegte ich meinen Malkasten und ein Hemd einzupacken, und dann brachen Sisley und ich von Fontainebleau aus auf und wanderten, bis wir ein Dorf erreichten. Manchmal kehrten wir erst eine Woche später zurück, wenn uns das Geld ausgegangen war.«

RENOIR in einem Brief an ADOLPHE TAVERNIER, 19. Januar 1892

der Stadt umschmeichelte, die, an Bäume gelehnt oder in entspannter Haltung auf einer leichten Decke lagerten, worauf ein wahres Festmahl aufgebaut war: Hefekuchen, ein fleischiges Brathähnchen, mehrere Flaschen Wein und verschiedene Früchte.

Das Gemälde verheißt Frieden und Überfluß und verrät mit keinem Pinselstrich etwas von den Geldproblemen, mit denen Monet zu jener Zeit zu kämpfen hatte. Als er nach Paris zurückfuhr, mußte er das Ölgemälde sogar als Bezahlung für die Hotelrechnung zurücklassen. Die Leinwand, die aufgerollt in einem Winkel des Hauses vergessen worden war, wurde im Winter 1865/66 von der dort herrschenden Feuchtigkeit stark in Mitleidenschaft gezogen, und als Monet kam, um das Gemälde auszulösen, mußte er feststellen, daß ein breiter Streifen am Rand von Schimmel befallen war. Monet entfernte die betroffene Stelle und konnte auf diese Weise den Mittelteil mit den Personen retten; allerdings mußte er sein Vorhaben, das Werk im Salon auszustellen, aufgeben.

Der Wald von Fontainebleau war für die jungen Freunde aus der Stadt aber nicht der einzige Zufluchtsort. Mit dem Ausbau des Schienennetzes war die ländliche Umgebung in greifbare Nähe gerückt, und so begannen sie, die bezaubernden, beschaulichen Dörfer am Seine-Ufer zu erkunden. Alte Gast- und Wirtshäuser wandelten sich, je mehr Pariser aus der Stadt strömten, um einen Sonntag auf dem Lande zu genießen. Und mehr Muße ließ auch Zeit für neue Betätigungen. Bootfahren zum Beispiel war ein damals sehr populärer Sport, dem Monet, Sisley und Renoir begeistert nachgingen. Am 3. Juli 1865 schickte Renoir Bazille die verlockende Einladung, sich ihm und Sisley »zu einer ausgedehnten Bootstour« auf der Seine bis nach Le Havre anzuschließen, wo sie sich mit Monet treffen wollten. Renoir schreibt:

»Wir planen, zehn Tage zu bleiben, die Ausgaben werden sich auf circa fünfzig Franc belaufen. Es würde mich sehr freuen, wenn Du Dich entscheiden könntest, mitzukommen. Ich nehme meinen Malkasten mit, weil ich von allen Plätzen, die mir gefallen, Skizzen machen möchte. Es wird bezaubernd werden. Nichts hindert einen daran, einen Ort, an dem es einem nicht gefällt, wieder zu verlassen; ebensogut kann man an schönen Plätzen länger verweilen. Die Mahlzeiten werden eher schlicht ausfallen. Ein Schlepper wird uns bis nach Rouen ziehen, und von da ab machen wir, wozu wir Lust haben.«

Eine Lieblingseinkehr von Renoir war das Restaurant »Fournaise« auf Chatou, einer der zahlreichen kleinen Inseln in der Seine. Dort hatte Alphonse Fournaise, ein geschäftstüchtiger Hotelier aus Bougival, am Flußufer ein zweistöckiges Hotel mit Restaurant errichtet, das es heute noch gibt – ein Kuriosum in unmittelbarer Nähe der Hochhäuser einer rasch ausufernden modernen Großstadt.

Fournaise, den Guy de Maupassant als »stämmigen, rotbärtigen Kerl« beschrieb, »von dessen Körperkräften man sich Wunderdinge erzählt«, sorgte dafür, daß sein Restaurant zu einem beliebten Treffpunkt für diese ausgelassene, gesellige und – was besonders wichtig war – stets hungrige neue Klientel wurde, indem er anbaute und das Anwesen um einen Landungssteg und einen florierenden Bootsverleih erweiterte.

Majestätisch hohe Pappeln säumten den graugrün schimmernden Fluß und spendeten Schatten, ebenso wie die buntgestreifte Markise über der ausladenden Terrasse des Restaurants. Hier konnten fröhliche Gesellschaften – wie jene, die Renoir in seinem lebensfrohen Gemälde *Le Déjeuner des Canotiers (Das Frühstück der Ruderer)* festhielt – lange bei einem köstlichen Essen verweilen. Eine solche Mahlzeit bestand zum Beispiel aus kleinen fritierten Fischen, frisch gefangenen Langusten und *matelote* – einem Eintopf aus fangfrischen Flußfischen, etwa Hecht, Flußbarsch, Karpfen und Aal. Dazu gab es einen *salade mimosa* und zum Dessert eine Spezialität der Gegend, einen köstlichen

> »*Un déjeuner à Bougival* ist eine bezaubernde Arbeit, voller Heiterkeit und Esprit, die unbezähmbare Jugend auf frischer Tat ertappt; strahlend und lebendig tollt sie in der Mittagssonne herum; über alles lachend, zählt für sie nur das Heute und sieht sie nicht das Morgen. Für sie liegt Ewigkeit im Wein, in ihrem Boot und in ihren Liedern. Das Ganze ist frisch und frei, dabei aber nicht unflätig.«
>
> PAUL DE CHARRY in einer Besprechung der siebten Impressionisten-Ausstellung, *Le Pays*, 10. März 1882

Mirabellenkuchen. Die Gerichte wurden von Madame Fournaise zubereitet und von ihrer Tochter, »der liebreizenden Alphonsine«, serviert, die Renoir dreimal und Degas zweimal porträtierte. Die Terrasse war der ideale Ort, um gemütlich bei einem Glas Cognac oder einem Mokka zusammenzusitzen, während vom Fluß eine sanfte Brise herüberwehte. Anschließend konnten die Gäste zu einem kleinen Spaziergang in die umliegenden Felder und Wiesen mit hohem, saftigem Gras und blühenden Blumen aufbrechen. Über all dem lag eine schwüle Stille, die zu einem Nickerchen einlud. Und den Energiegeladeneren standen Alphonses Boote zur Verfügung.

Für die Einheimischen war das bunte Völkchen eine Attraktion, und so fanden sie sich an der Brücke ein und sahen zu, wie Alphonse die schwankenden Ruderboote im Gleichgewicht hielt, während er den Damen helfend die Hand reichte, wenn sie lachend hineinkletterten. Die Bänder an ihren Strohhüten flatterten fröhlich im Wind, während sie sich gemächlich flußabwärts rudern ließen – zum weniger renommierten »La Grenouillère« in Croissy. Beide Ausflugslokale waren eine beliebte Anlegestelle für die farbenprächtige Flotte aus Kanus und Ruderbooten, die muskulöse Männer mit gesundem Appetit hergerudert hatten. In ihrer Begleitung befanden sich junge Frauen im Sonntagsstaat, deren »rote, grüne, blaue oder gelbe seidene Sonnenschirme sich am Heck wie seltsame schwimmende Blumen entfalteten«. Maupassant beschrieb das berühmte schwimmende Café in seiner Kurzgeschichte *La Femme de Paul (Pauls Frau)* als »ein großes, mit einem von Holzpfeilern getragenen Teerpappendach überdecktes Floß«, das »mit der reizenden Insel gegenüber Croissy durch zwei Stege verbunden« war. Es herrschte eine ausgelassene und bisweilen erotisierende Ferienstimmung, wenn die fröhliche Menge – Athleten, Schwimmer und Ruderer in Begleitung ihrer »grenouilles« (Fröschlein), d. h. der jungen Damen – auf den harten Bänken an den blankgescheuerten Tischen Platz nahm und jene anfeuerte die von der Plattform in den Fluß hechteten oder ausgelassen im kalten, fischreichen Wasser herumtobten. Diese lärmende, muntere Runde blieb bis zum Abend, wenn die Sonne als leuchtender Ball unterging und der Duft des Grases sich mit der vom Fluß aufsteigenden Feuchtigkeit vermischte. Die Luft war von einer samtweichen, einschläfernden Schwüle, und über all dem lag jenes Licht, das die Impressionisten so wunderschön auf die Leinwand zu bannen verstanden.

Renoir und Monet verbrachten den Sommer 1869 in »La Grenouillère«, um dort gemeinsam zu malen. Sie machten viele Skizzen von den Müßiggängern und fingen das bunte Treiben dieser unbeschwerten, fröhlichen Menge und das Spiel des Lichts auf dem Wasser ein. »Wir haben zwar nicht jeden Tag zu essen«, schrieb Renoir an Bazille, »aber ich bin zufrieden, weil es sich in Monets Gesellschaft hervorragend malen läßt.« (Damals ahnte Renoir noch nicht, daß sich dreißig Jahre später sein Gemälde von »La Grenouillère« für die Rekordsumme von 20.000 Franc verkaufen würde, was ihn zum ersten finanziell erfolgreichen Maler der Impressionisten machte.)

Im Oktober trennten sich ihre Wege wieder. Monet fuhr an die Küste, nach Etretat, wo er sich mit Courbet traf. Kurz darauf ließ er sich mit seiner Geliebten Camille Doncieux und ihrem gemeinsamen kleinen Sohn Jean in Saint-Michel an der Seine, unweit von Bougival, nieder. Auch Sisley war inzwischen Familienvater. Seine Geliebte, die hübsche Blumenhändlerin Eugénie Lescouezec, hatte 1867 ihr erstes Kind, Pierre, zur Welt gebracht; 1869 wurde dann ihre Tochter Jeanne geboren. Monet besuchte die Familie regelmäßig und malte mindestens zwei Interieurs in Sisleys Haus: Sie zeigen die Familie um den Eßtisch versammelt, wo sie im Schein einer Deckenlampe ihre Suppe löffelt.

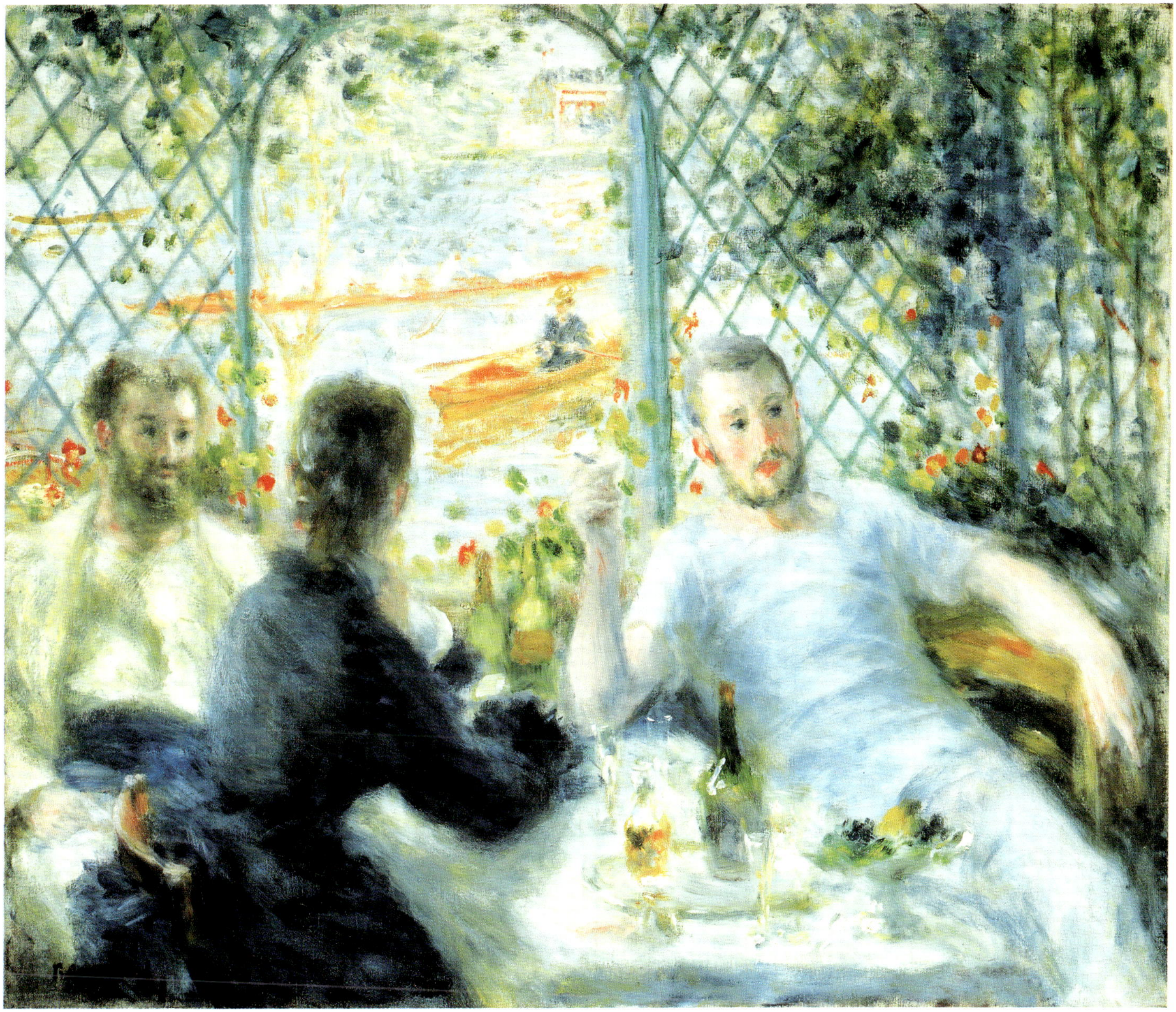

Pierre-Auguste Renoir: Die Mahlzeit auf dem Bootsausflug

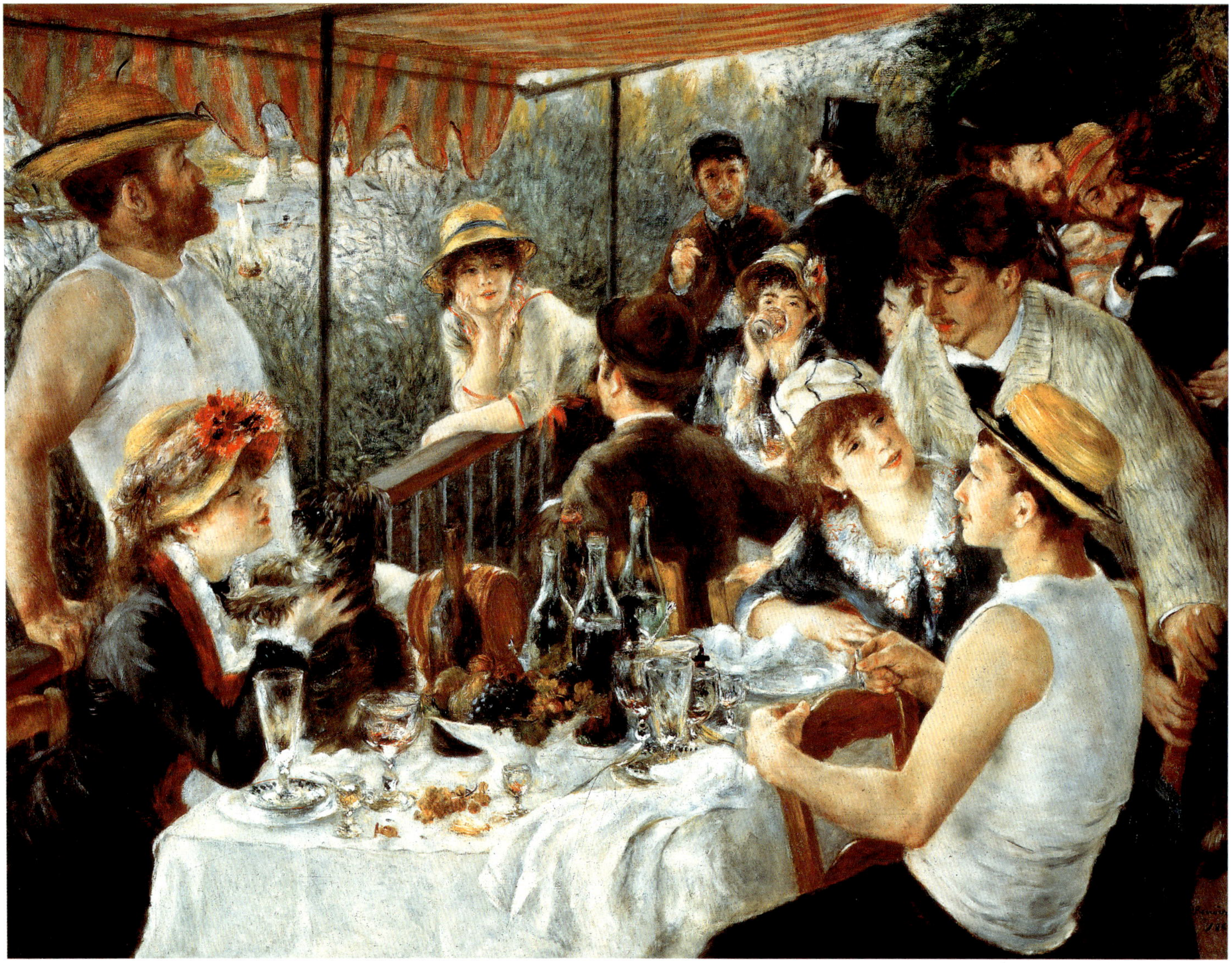

Pierre-Auguste Renoir: Das Frühstück der Ruderer

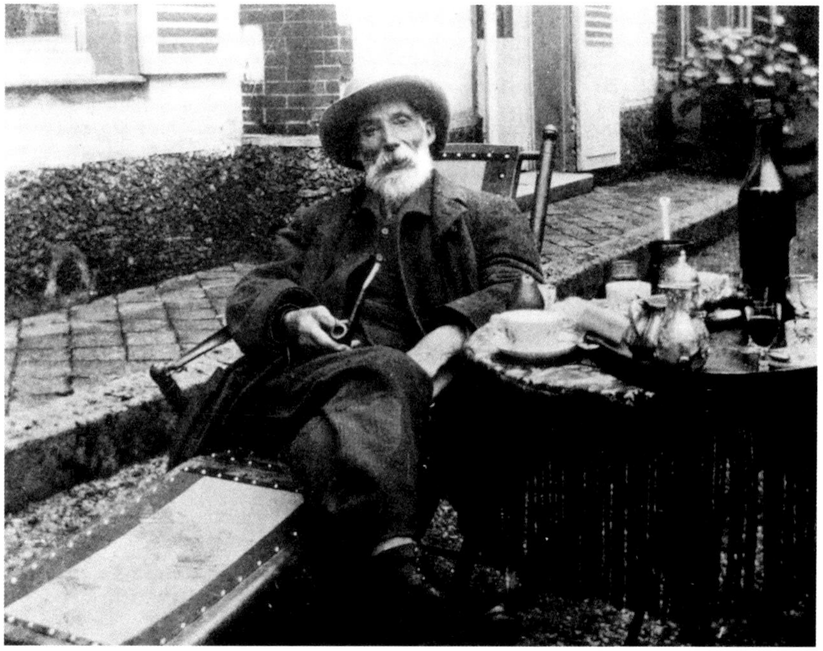

PIERRE-AUGUSTE RENOIR BEI CAFÉ UND COGNAC DRAUSSEN VOR DEM »PAVILLON DE BELLUNE« IN FONTAINEBLEAU IM JAHR 1901

Renoir zog es immer wieder nach Ville-d'Avray, denn dort verbrachte sein Vater, ein ehemaliger Schneider aus Limoges, seinen Lebensabend. Ebenso regelmäßig war er weiterhin Gast im Restaurant »Fournaise«. Und so nahm nach und nach der Gedanke Gestalt an, ein großes Gemälde zu schaffen, das seine Freunde nach einem Bootsausflug bei einem gemeinsamen Essen zeigen sollte. Zunächst fertigte er einige Skizzen an, und als er sich 1880 schließlich für dieses Projekt genügend vorbereitet fühlte, reservierte sein Freund Baron Raoul Barbier die Terrasse des Restaurants »Fournaise« und trommelte all die Freunde zusammen, die Modell stehen sollten: die schöne Geneviève Halévy, Bizets junge Witwe; Aline, die Renoir 1890 heiraten sollte; die Schauspielerinnen Jeanne Samary und Ellen Andrée, die nicht nur Renoir, sondern auch Degas und Manet häufig Modell standen; die Kunstsammler Charles Ephrussi und Gustave Caillebotte. Letztgenannter, ein guter Freund Renoirs, ist heute ebenfalls als ausgezeichneter Maler anerkannt und gilt als eine der herausragenden Persönlichkeiten der impressionistischen Bewegung. Doch damals sah er sich eher als Dilettant, der hoffte, daß seine Gemälde eines Tages »für gut genug« erachtet würden, »um einen Platz in den Vorzimmern der Wohnzimmer zu finden, in denen die Renoirs und Cézannes hängen«.

Das fertige Gemälde ist ein heiteres Zeugnis von Renoirs positiver und ausgeglichener Lebenseinstellung und läßt nichts von der Armut und dem Elend ahnen, mit dem er täglich aufs neue zu kämpfen hatte. Vielmehr strahlt das Bild eine tiefempfundene Freude aus, ebenso wie Vertrautheit und Wohlbehagen – das zufriedene Gefühl, das dem Zusammensein mit guten Freunden und dem gemeinsamen Genuß eines köstlichen Essens und wohlschmeckenden Weins entspringt. Das Verhalten der Gäste untereinander, ihre entspannte Körperhaltung und die redselige, gelöste Stimmung, all das trägt zur warmen und lebendigen Ausstrahlung dieses Gemäldes bei und zieht den Betrachter in Bann. Ein wohltuendes Maß an Überfluß wird uns da präsentiert: Auf dem Tisch im Vordergrund stehen drei offene Flaschen Wein, und Weintrauben hängen über den Rand einer übervollen Obstschale. Champagnerflöten, Wein- und Cognacgläser funkeln auf dem blütenweißen Tischtuch um die Wette. Und der *patron* selbst lehnt – unmittelbar hinter Renoirs Geliebter Aline – wie ein höchst angetaner und zufriedener Gastgeber am Geländer und beobachtet die Szenerie derart wohlwollend, als würde es ihm nie in den Sinn kommen, für dieses Essen jemals eine Rechnung zu präsentieren. Der gutmütige Alphonse war in der Tat stets bereit, ein Gemälde anstelle von Geld zu akzeptieren – und das, obwohl

Berthe Morisot: Im Esszimmer

ihn der fast mittellose Renoir, der zu jener Zeit so gut wie nichts verkaufte, warnte, die Bilder hätten keinen Wert. Doch diesen gutgemeinten Rat tat Alphonse mit einem Lachen ab und erwiderte, er bräuchte eben noch ein Bild, um eine feuchte Stelle an der Wand zu kaschieren.

Beim Anblick dieses Gemäldes überkommt den heutigen Betrachter eine nostalgische Sehnsucht nach der guten alten Zeit, doch für Renoir war diese Szenerie zweifellos durch und durch modern und steht für den Versuch, das damalige Alltagsleben festzuhalten. Sonntage auf dem Land, die Begeisterung für sportliche Betätigung und andere Vergnügungen im Freien, die Kleidung der Frauen und ihr beiläufiges Zusammentreffen mit Männern – all diese Dinge hatte es bisher so nicht gegeben. Renoir war der einzige unter den Impressionisten, der aus der Arbeiterklasse stammte, und mit diesem Bild gelang es ihm, einen gesellschaftlichen Umbruch zu dokumentieren: Die aufstrebende untere Mittelschicht wuchs mit der Mittelschicht zusammen – ein Sujet, das Seurat fünf Jahre später in seinem Gemälde *Un Dimanche à la Grande Jatte (Ein Sonntagnachmittag auf der Île de la Grande Jatte)* wieder aufgriff. Es zeigt eine bunte Ansammlung von Leuten mit Zylindern und Stoffkappen, die allesamt die geruhsame Stille eines warmen Sommertags am Seine-Ufer genießen. Seurat hatte eine Vorliebe für alltägliche Szenen, er malte gern die Vororte oder ländliche Motive. Seine zumeist namenlosen Modelle entstammten den unteren Gesellschaftsschichten. Doch schon allein durch die Größe seiner Arbeiten sicherte er seinen Motiven einen unübersehbaren Platz in der Kunstgeschichte.

Die Tagesausflüge hatten natürlich ihren Reiz, aber der ruhige Charme der Dörfer an der Seine verlockte viele Impressionisten auch dazu, dem hektischen Paris für längere Zeit zu entfliehen. 1863 suchte Madame Morisot für ihre zwei begabten Töchter Berthe und Edma nach einem Sommerhaus auf dem Land und wurde in Le Chou, einem Dorf unweit von Pontoise, fündig. Die Mädchen, beide Anfang Zwanzig, schätzten die Freiheit, in der Ruhe der ländlichen Umgebung ohne Anstandsdame ausgedehnte Malausflüge unternehmen zu können. Schon ihr erster Lehrer, Joseph Guichard, hatte rasch bemerkt, wie talentiert die beiden waren, und sah sich genötigt, Madame Morisot in einem Brief zu besonderer Vorsicht zu mahnen:

»Bei der angeborenen Begabung Ihrer Töchter wird mein Unterricht zu mehr als nur einem unbedeutenden Wohnzimmergepinsel führen; sie werden Malerinnen werden. Sind Sie sich voll und ganz dessen bewußt, was das heißt? In Ihren großbürgerlichen Kreisen wird das einer Revolution – ja, ich möchte fast sagen, einer Katastrophe – gleichkommen. Sind Sie sicher, daß Sie es nicht eines Tages bitter bereuen werden, die Kunst in Ihren jetzt noch so ehrbaren und friedlichen Haushalt eingelassen zu haben, wo sie doch zum alleinigen Gebieter Ihrer Kinder werden wird?«

Camille Corot, Guichards Nachfolger, drängte die Mädchen, nach der Natur zu malen. So standen sie zeitig auf und wanderten, die Bauernhöfe und Küchengärten des Dorfes hinter sich lassend, hinaus auf die Felder und in die schattigen Wälder, wo sie bis zur Mittagszeit malten. Obwohl beide junge Frauen begabt waren, wurde nur Berthe – dank des Vertrauens und der Unterstützung ihrer Eltern – zu einer herausragenden und bewunderten impressionistischen Malerin, und das zu einer Zeit, als es für junge Frauen außerordentlich schwierig war, als Künstlerinnen ernst genommen zu werden. Die vom Staat geförderte *École des Beaux-Arts* blieb ihnen verschlossen. Ateliers wie das von Gleyre, bei dem Sisley, Renoir und Bazille studiert hatten, oder von Couture, bei dem Monet in die Schule gegangen war, galten als anrüchig und als ganz und gar ungeeignete Aufenthaltsorte für junge, ehrbare Frauen.

Corot bediente sich recht unkonventioneller Unterrichtsmethoden

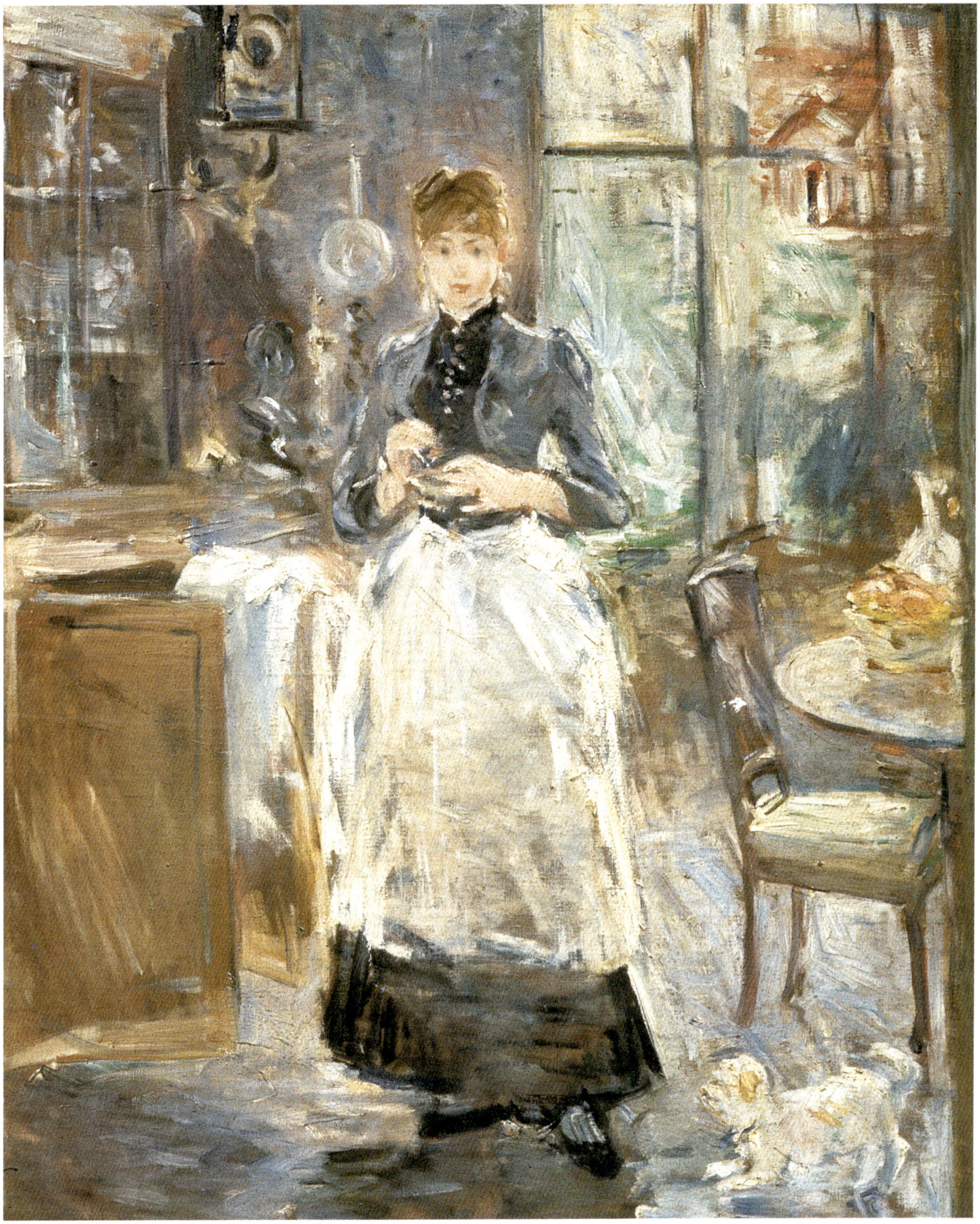

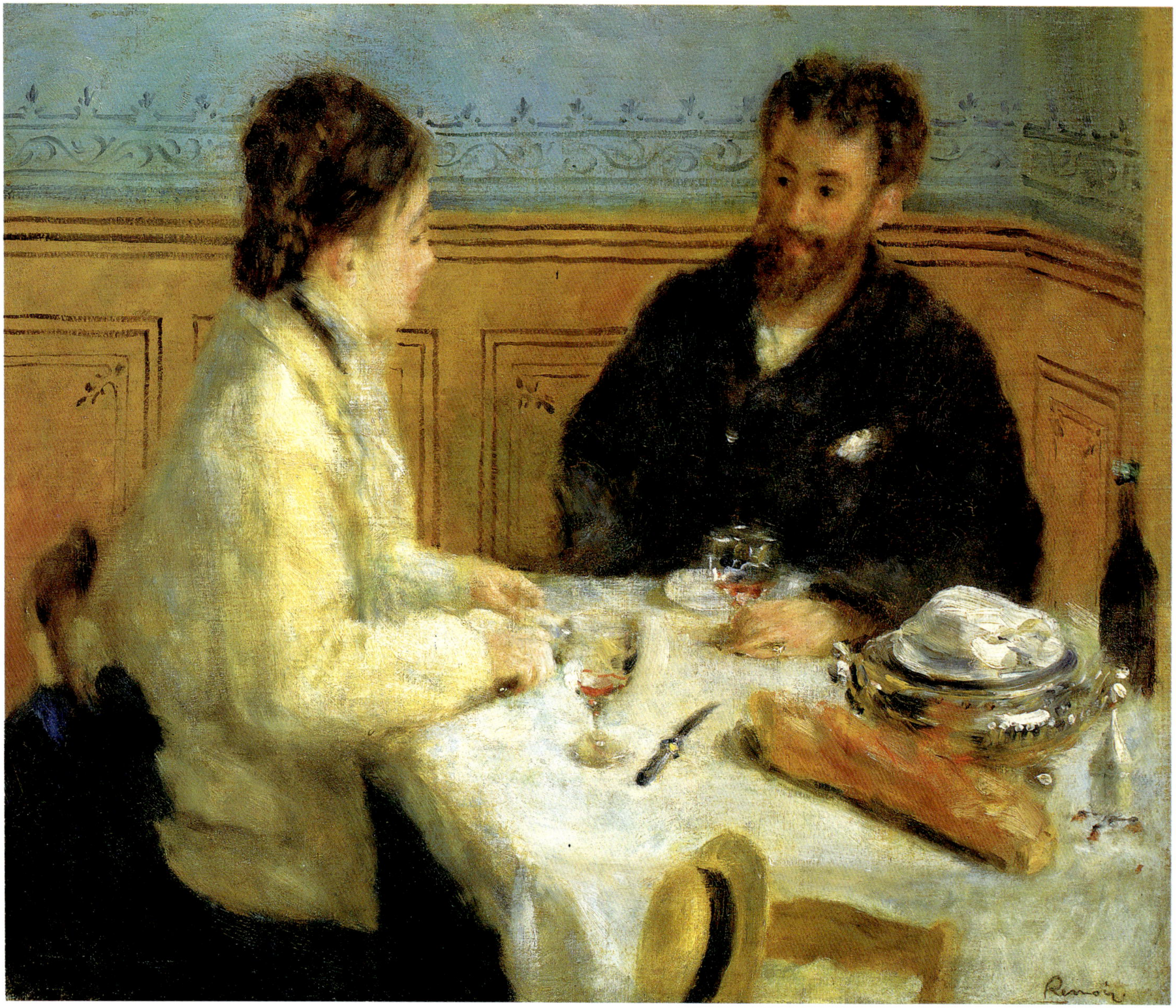

PIERRE-AUGUSTE RENOIR: DIE MAHLZEIT

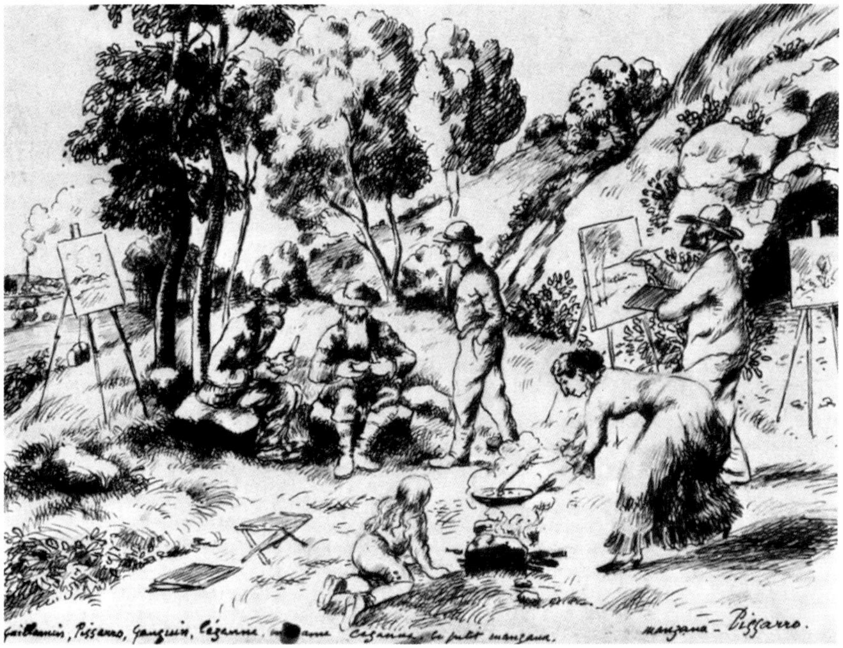

Guillamin, Pissarro, Gauguin, Cézanne und seine Frau beim Picknick; von Manzana Pissarro

und verlangte von den Mädchen nicht, daß sie sich an bestimmte Regeln hielten. Auch wurde er ein enger Freund der Familie und war häufig zu Gast in dem weitläufigen, weißen Haus der Morisots in Passy. Berthes Mutter war eine elegante und stilvolle Gastgeberin. Nachmittags empfing sie vorwiegend andere Damen, aber am Dienstagabend lud sie stets acht oder mehr Gäste in ihr Haus, darunter auch Schriftsteller, Maler und Musiker. Bei diesen Anlässen servierte sie opulente Menüs, die sie gemeinsam mit ihrem Koch zusammenstellte: eine nicht enden wollende Speisenfolge, die mit einer Auswahl an Hors-d'œuvres begann und schließlich, nach unzähligen Hauptgängen, mit verschiedenen Desserts, Käse und gelegentlich einer riesigen Portion Eis unter dem funkelnden Kronleuchter ihren Abschluß fand. Corot ließ sich von dieser luxuriösen Fülle nicht im mindesten einschüchtern. Im Gegenteil, er genoß diese Abende sehr und nahm sich stets die Freiheit, nach dem Essen sein geliebtes »Pfeifchen« zu rauchen. Für Berthe und Edma waren die Soirées ihrer Mutter von unschätzbarem Wert, boten sie ihnen doch Gelegenheit, sich mit Künstlern zu treffen und auszutauschen.

1864 verbrachte die Familie Morisot die Sommerferien in Ville-d'Avray, einem Ort dreizehn Kilometer westlich von Paris, wo Corot ein Landhaus besaß und sich nun seinerseits für ihre Gastfreundschaft erkenntlich zeigen konnte. Berthe Morisot kehrte in den nächsten zwanzig Jahren immer wieder in diese Gegend zurück und lebte eine Zeitlang in Mézy, einem malerischen Dorf, von dem aus man das Seinetal überblickte. Zu dem von ihr gemieteten komfortablen Haus »La Blottière« gehörte ein großer Obstgarten, in dem sie ihre über alles geliebte Tochter Julie porträtierte.

Anders als Edma, die die Malerei bald nach ihrer Eheschließung aufgab, gelang es Berthe Morisot – trotz Ehe und Mutterschaft –, weiterhin künstlerisch tätig zu sein. Eines ihrer Lieblingsmotive war ihre Tochter Julie. Ebenso gern malte sie ihren Mann, Eugène Manet (einer der beiden Brüder des Malers), sofern er sich dazu überreden ließ, ihr Modell zu stehen. Ihre Darstellungen des häuslichen Lebens wie *La Salle à Manger (Im Eßzimmer)* strahlen heitere Gelassenheit und innere Ruhe aus, zeugen aber auch von großer Zuneigung für die porträtierten Personen; ein Beispiel gibt das bezaubernde Bild ihres Dienstmädchens *La Petite Bonne*.

Eine besondere Freundschaft verband sie mit Renoir, der sie häufig in Mézy besuchte. Als er von ihrem frühen Tod im Jahre 1895 erfuhr, war er tief betroffen: »Ich fühlte mich, als habe man mich allein in der Wüste

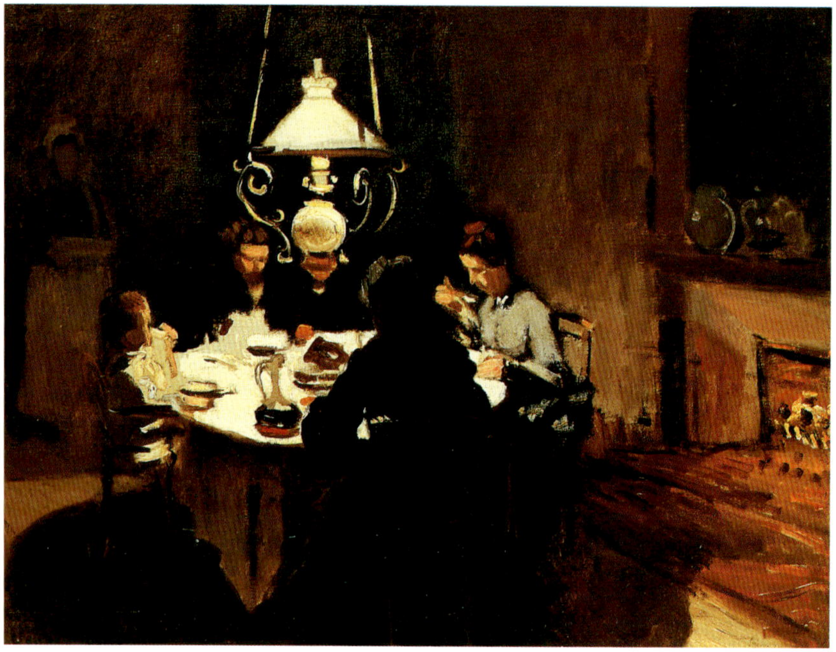

CLAUDE MONET:
DAS ABENDESSEN

zurückgelassen«, erzählte er seinem Sohn Jean. Und der Dichter Stéphane Mallarmé, der ebenfalls eng mit ihr befreundet war, beschrieb sie in der Grabrede als »eine Zauberin, deren wunderbares Werk ein nicht wegzudenkender Bestandteil der Kunstgeschichte unserer Zeit ist«.

Zu den heitersten und herausragendsten Werken der Impressionisten gehören die Gemälde, die an oder auf der Seine gemalt wurden und zu jener Zeit entstanden, als Monet in Argenteuil lebte. Mit finanzieller Unterstützung von Manet erwarb er für sich, Camille und ihren gemeinsamen kleinen Sohn Jean ein bezauberndes, von wildem Wein überwuchertes Landhaus, in dem die anderen Impressionistenfreunde häufig zu Gast waren. Hier malte Renoir seinen Kollegen Monet – mit gelocktem Haar und schwarzem Bart, einen flachen Sommerhut mit hochgebogener Krempe auf dem Kopf –, wie er im Garten an der Staffelei steht; und unter den fröhlichen, geradezu leuchtenden Gemälden Manets vom Ufer der Seine befindet sich auch eins, das Monet auf seinem von ihm zum Atelier umfunktionierten Boot zeigt. Er hatte es extra für Camille mit einem Baldachin ausgestattet, der ihr als Sonnenschutz diente, während er die sich stetig verändernden Lichtreflexe auf dem Wasser der Seine festhielt. Viele Gemälde aus dieser Zeit geben die Stimmung eines idyllischen Sommertages, eines beschaulichen, von Muße geprägten Lebensstils wieder und stehen in krassem Gegensatz zu der tatsächlichen Armut Monets, von der die vielen flehentlichen Appelle an seine Freunde zeugen. Gemälde wie *Le Déjeuner (Das Mittagsmahl)* erwecken den Eindruck, daß Dienstboten zu seinem ohne jeden Zweifel gutbürgerlichen Haushalt gehörten. Das Bild zeigt den kleinen Jean Monet, der zufrieden im Schatten eines ausladenden, blühenden Baumes spielt. Zwei Frauen in leichter, modischer Sommergarderobe flanieren einen gepflegten, von Blumenrabatten gesäumten Weg entlang, der zu einem einladend gedeckten Tisch mit einer silbernen Kaffeekanne, einer eleganten Obstschale und zartem Porzellan führt. Die bezaubernde Szenerie ist in ein beinahe flirrendes, mit schattigen Tupfen kontrastiertes Licht getaucht. An einem Ast hängt neckisch ein Strohhut, und auf einer hölzernen Gartenbank wartet ein zusammengefalteter Sonnenschirm auf seine Besitzerin. Die heitere Ausstrahlung des Bildes, der sich der Betrachter kaum entziehen kann, ist nicht zuletzt darauf zurückzuführen, daß es Monet in Argenteuil (hier entstanden über 170 seiner Gemälde) endlich möglich war, das angenehme bürgerliche Leben eines *bon gourmand* zu führen, nach dem er sich stets gesehnt hatte. Für Monet, der wie viele Impressionisten in finanzieller Hinsicht ein ständiges Auf und Ab durchlitt, war 1872 ein erfolgreiches Jahr. Er konnte

38 Gemälde für insgesamt 12 100 Franc verkaufen – eine ganz beachtliche Summe, wenn man bedenkt, daß die Bauern der Gegend rund 2000 Franc im Jahr verdienten. Zu jener Zeit beschäftigte er in Argenteuil tatsächlich zwei Dienstmädchen und einen Gärtner; und mit seinen verbesserten finanziellen Verhältnissen gingen wachsende Ausgaben für die Küche einher. Monet war ein großzügiger Gastgeber, und die im Speisezimmer servierten Mahlzeiten waren durchweg von hoher Qualität. Und obwohl von den umliegenden Weinbergen, die er häufig malte, angeblich der beste Wein der gesamten Île de France stammte, bezog Monet die erstklassigen Weine, die er vergnügt mit seinen Freunden trank, direkt aus Bordeaux und Montpellier.

Einem anderen Erzeugnis der Region brachte er weit weniger Skepsis entgegen: dem Spargel nämlich, für den Argenteuil berühmt war und dem Manet mit einem Gemälde Unsterblichkeit verlieh. Die Wiedergabe des üppigen, cremefarbenen Bund Spargels mit gelblichbraunen Spitzen, die ins Mauvefarbene spielen, und den grünen Sprenkeln hängt heute im Wallraf-Richartz-Museum in Köln. Doch zunächst erstand es, im Jahre 1880, Charles Ephrussi, ein Bankier und Kunsthistoriker aus Passion, für 800 Franc. Eigentlich hatte Ephrussi 1000 Franc für das Gemälde gezahlt. Doch da das nach Manets Ansicht zuviel war, malte er rasch ein weiteres Bild, auf dem nur eine einzige Stange Spargel zu sehen ist, und schickte es Ephrussi mit der Bemerkung: »In Ihrem Bund fehlte eine Stange.«

Während Renoir sich vor allem von der Schönheit des Städtchens Bougival inspirieren ließ, bevorzugten Cézanne und Pissarro die idyllischen Landschaften und das Licht von Louveciennes, Auvers und Pontoise. Für Pissarro – der, als sein Haar weiß und sein Bart länger wurde, »der weise alte Mann des Impressionismus« genannt wurde – hatten die Randbezirke von Paris zudem den Vorteil, daß man hier billiger leben konnte, was ein nicht unwesentlicher Aspekt für einen Familienvater mit bescheidenem und sehr unregelmäßigem Einkommen war. Darüber hinaus fand er auf dem Land eher Motive als in der Stadt, denn Landschaft, dörfliche Szenen und ländliche, geruhsame Straßen inspirierten ihn; zudem liebte er das geschäftige Treiben auf den kleinen Märkten. Pontoise war der größte Markt in der Region Vexin und berühmt für sein Kalbfleisch und seinen Kohl. Allerdings gehörten Pissarros naturalistische Darstellungen einfacher Gemüse mit zu den vielen Dingen, die dem Kritiker Louis Leroy in der ersten Impressionistenausstellung im Jahre 1874 ein Dorn im Auge waren. Nach Ansicht Leroys war ein derart banales Sujet ein Affront für die Kunst. Selbst der den Impressionisten wohlgesonnene Kritiker Jules Castagnary rügte die »unglückselige Vorliebe« seines »besonnenen und tüchtigen« Freundes für »Gemüsegärten« und beklagte, daß dieser »nicht davor zurückschrecke, Kohl oder andere heimische Gemüsesorten abzubilden«.

Doch Pissarro blieb unbelehrbar. Er hatte eben, wie er selbst sagte, »von Natur aus eine Vorliebe für das Ländliche«. Also zog er dorthin, wo er seine Motive vor Augen hatte, und scharte eine wachsende Familie um sich. Julie und er hatten insgesamt acht Kinder, doch zwei Töchter starben schon in jungen Jahren. Dieser tragische Verlust machte dem empfindsamen Pissarro schwer zu schaffen, so daß Julie nun auch noch die Sorge um ihn oblag. Er hatte sie gegen den erbitterten Widerstand seiner Familie geheiratet und war ihr sein ganzes Leben lang zärtlich zugetan. Pissarro stammte aus einer relativ wohlhabenden Familie und lernte die gerade 21jährige Julie Vellay kennen, während sie als Küchenmagd im Haus seiner Eltern in Passy arbeitete. Seine Eltern hätten ihm vielleicht noch verziehen, daß er mit einem Dienstmädchen schlief, doch daß er sie heiraten wollte, überstieg doch die Grenzen des Schicklichen.

Zum Glück ließ sich Julie Vellay nicht leicht unterkriegen. Sie war in

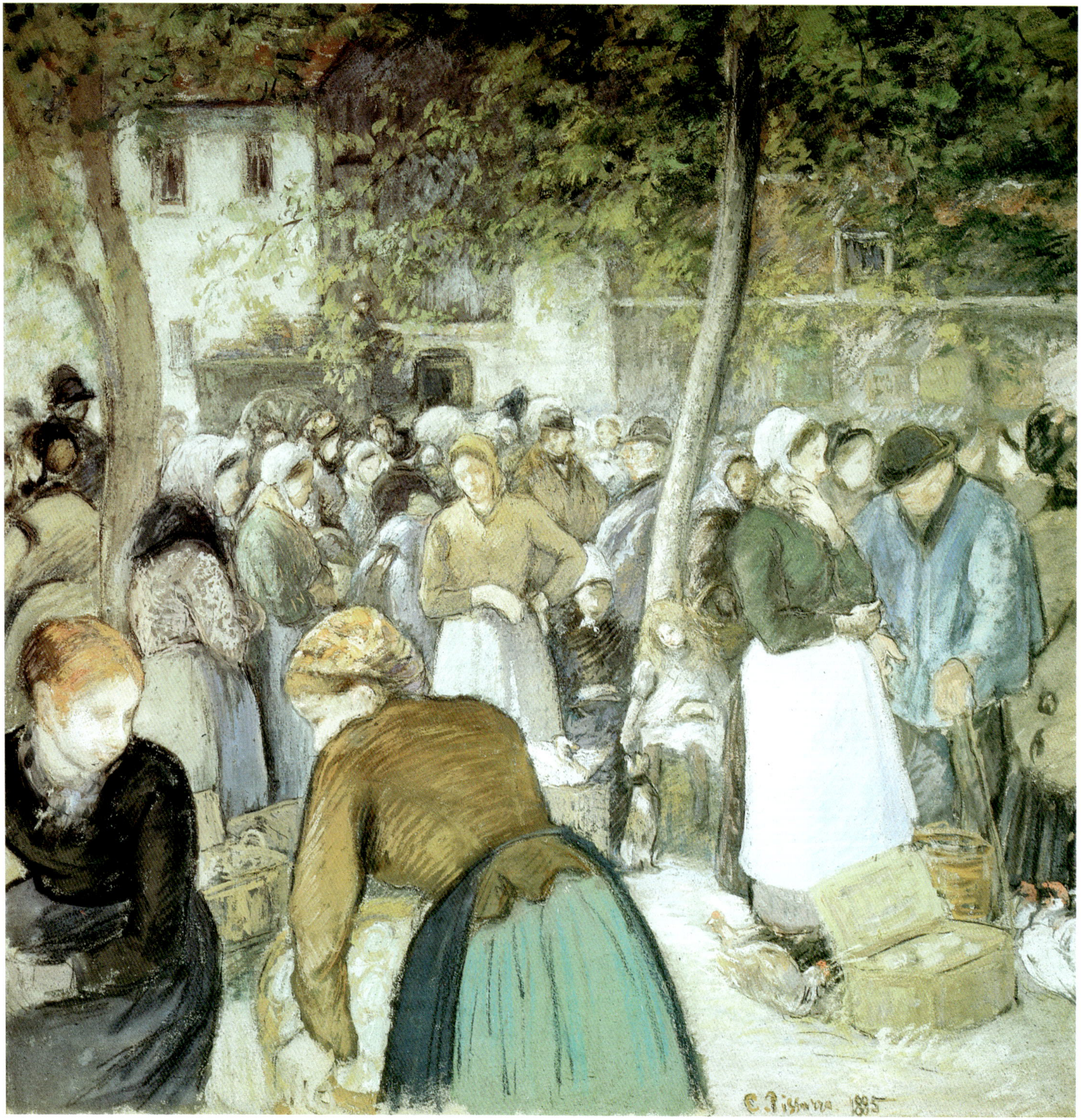
C. Pissarro. 1885

CAMILLE PISSARRO: GEFLÜGELMARKT IN GISORS

Grancey-sur-Ource, unweit von Dijon, aufgewachsen, wo ihre Mutter einen kleinen, nicht einmal zwei Hektar großen Hof und zwei winzige Weinberge bestellte. Julie war tief mit dem Landleben verwurzelt und wie ihre Mutter sparsam und fleißig. Wo immer Pissarro ein Haus mietete, pflanzte sie im Garten Gemüse an und hielt Hühner, Kaninchen und Tauben, um ihre Familie und die Gäste bewirten zu können, die Pissarro in großer Zahl einlud. Zu ihnen gehörte unter anderem der schüchterne und zuweilen griesgrämige Cézanne, der den Sommer 1872 im »Grand Cerf« verbrachte, einem Hotel, keine 20 Minuten Fußmarsch von Pissarros Haus entfernt.

Pissarro, eine freundliche Vaterfigur für die Gruppe junger Maler, nahm den mürrischen und schwierigen Cézanne unter seine Fittiche. Am 3. September 1872 schrieb er an Antoine Guillemet: »Es besteht Hoffnung für Cézanne. Ich habe ein Gemälde von ihm gesehen, das sich nun in meinem Haus befindet und von bemerkenswerter Intensität und Lebendigkeit ist. Wenn er, wie ich hoffe, eine Weile in Auvers bleibt, wohin er gerade zieht, wird er jene Künstler, die ihn zu rasch verurteilt haben, in Erstaunen versetzen.«

Cézanne durchlebte eine schwierige Zeit. Zwar gewährte ihm sein Vater – ein erfolgreicher Hutmacher, der es zu einem noch erfolgreicheren Bankier gebracht hatte – finanzielle Unterstützung, doch waren die Zuwendungen äußerst bescheiden, da der Vater die Entscheidung seines Sohnes, Maler zu werden, nicht billigte. Folglich hatte Cézanne überall Schulden, und es war nur dem Eingreifen von Dr. Gachet, einem warmherzigen, großzügigen und enthusiastischen Förderer der Impressionisten, zu verdanken, daß er dessen Lebensmittelhändler beruhigen und den sich zuerst Sträubenden schließlich überreden konnte, ein paar Gemälde als Bezahlung für die offenen Rechnungen zu akzeptieren. Gachet setzte sich auch für Pissarro ein und trat so überzeugend als Verfechter des Impressionismus auf, daß der Lebensmittelhändler Jean-Baptiste-Armand Rondest Anfang des Jahrhunderts auf des Doktors Empfehlung hin drei Cézannes und drei Pissarros sein eigen nannte – Gegenleistungen für die bei ihm erstandenen Waren.

1884 zog Pissarro in ein gediegenes zweistöckiges Haus in Eragny-sur-Epte, das die nächsten neunzehn Jahre das Zuhause der Familie sein sollte. Im kleinen Vorgarten standen Akazien und Trauerweiden, und hinter dem Haus befanden sich vor dem Schuppen (den Pissarro später zum Atelier umfunktionierte) ein Hühnerhof, eine Hütte, ein Schweine- und ein Hühnerstall. Hier entstand 1888 Pissarros Gemälde *Vue de ma fenêtre (Blick aus meinem Fenster)*, auf dem die Apfel- und Birnbäume hinter der Hütte, fruchtbare Felder, dichte Wälder und die Hügel am Horizont zu sehen sind. Trotz der ständigen Geldsorgen war er meist guter Dinge. Montags ging er mit seiner Frau in die benachbarte Stadt Gisors, wo Julie Käse und Butter erstand – wahrscheinlich im Tausch gegen eigene Erzeugnisse –, während er die stämmigen Bauersfrauen skizzierte, die auf dem Dorfplatz um Eier und Geflügel feilschten, oder Kohlezeichnungen vom bunten Treiben in der Markthalle anfertigte.

Die Freunde, die das Ehepaar Pissarro häufig bei sich bewirtete, versammelten sich meist um den ovalen Tisch im Eßzimmer, wo nicht nur Gemälde von Cézanne, Monet, Delacroix, Degas und van Gogh hingen, sondern auch unzählige Zeichnungen und Aquarelle von Manet, Cassatt, Sisley, Seurat und Signac.

»Auf dem Land ist es wunderbar. Die Apfelbäume hängen voller Früchte, die Felder sind herrlich grün«, schrieb Pissarro seinem Sohn Lucien. 1892 konnte er dann, mit Monets Hilfe, das Haus kaufen, das Julie voller Stolz als ein »schönes gutbürgerliches Anwesen« beschrieb.

Potage Argenteuil ⓥ

Spargelsuppe

Argenteuil war für seinen weißen und grünen Spargel berühmt. Manet ließ sich davon 1880 zu einem Stilleben mit weißem Spargel inspirieren.

Für 6 bis 8 Personen

3 EL Butter
450 g Spargel, geputzt und in Stücke geschnitten, Köpfe getrennt aufheben
2 Stangen Lauch, geputzt, in Scheiben geschnitten und gründlich abgespült
225 g Kartoffeln, geschält, abgespült und in Würfel geschnitten
1 l Gemüsebrühe
6 EL Sahne
2 EL Schnittlauchröllchen
1 Prise geriebene Muskatnuß
Salz und Pfeffer
Schnittlauchröllchen zum Garnieren

Die Butter in einem großen Topf zerlassen. Spargelstücke, Lauch und Kartoffeln hineingeben und 5 Minuten schmoren lassen. Die Brühe zugießen, zum Kochen bringen, die Hitze reduzieren und zugedeckt 20 Minuten köcheln lassen. Die Suppe im Mixer oder in der Küchenmaschine ganz fein pürieren.

Die Suppe wieder in den gesäuberten Topf gießen, Sahne und Schnittlauchröllchen unterrühren und mit Muskatnuß, Salz und Pfeffer würzen. Die Suppe auf dem Herd warm stellen.

Die Spargelköpfe in kochendem Wasser 2 Minuten blanchieren, abgießen, unter fließendem kaltem Wasser abschrecken und abtropfen lassen. Den Spargel mit Küchenpapier trockentupfen.

Die Suppe in vorgewärmte Suppenschälchen füllen und jeweils mit Spargelköpfen und Schnittlauchröllchen garnieren.

Soupe à l'Oignon au Four

Überbackene Zwiebelsuppe

Für 6 bis 8 Personen

2 EL Butter
2 EL Pflanzenöl
4 große Zwiebeln, in dünne Scheiben geschnitten
2 große Knoblauchzehen, feingehackt
2 TL frischer Thymian, gehackt
1 TL feiner Zucker
1,2 l Rinderbrühe
4 EL trockener Rotwein
Salz und Pfeffer
8 Scheiben Baguette
175 g Gruyère, gerieben

Butter und Öl in einem tiefen, schweren Topf erhitzen. Zwiebeln, Knoblauch, Thymian und Zucker zugeben und unter häufigem Rühren bei mittlerer Hitze 30 Minuten schmoren lassen. Zwiebeln und Knoblauch sollten ganz weich und goldgelb sein.

In der Zwischenzeit den Backofen auf 200° C vorheizen. Eine etwa 2 Liter fassende tiefe feuerfeste Form mit Öl ausstreichen.

Brühe und Wein zu den Zwiebeln geben und zum Kochen bringen. Die Hitze reduzieren und zugedeckt 15 Minuten köcheln lassen. Mit Salz und Pfeffer abschmecken.

Das Baguette von beiden Seiten leicht rösten und die vorbereitete feuerfeste Form mit der Hälfte der Brotscheiben belegen. Mit der Hälfte des geriebenen Käses bestreuen, die Suppe darüber verteilen und mit den restlichen Brotscheiben und dem Käse bedecken. 15 Minuten in den heißen Ofen schieben und den Käse schmelzen lassen.

In der Zwischenzeit den Grill vorheizen.

Die Zwiebelsuppe unter den heißen Grill schieben und die Oberfläche schnell bräunen lassen. Etwa 5 bis 10 Minuten leicht abkühlen lassen, anschließend servieren.

Gegenüber: Überbackene Zwiebelsuppe

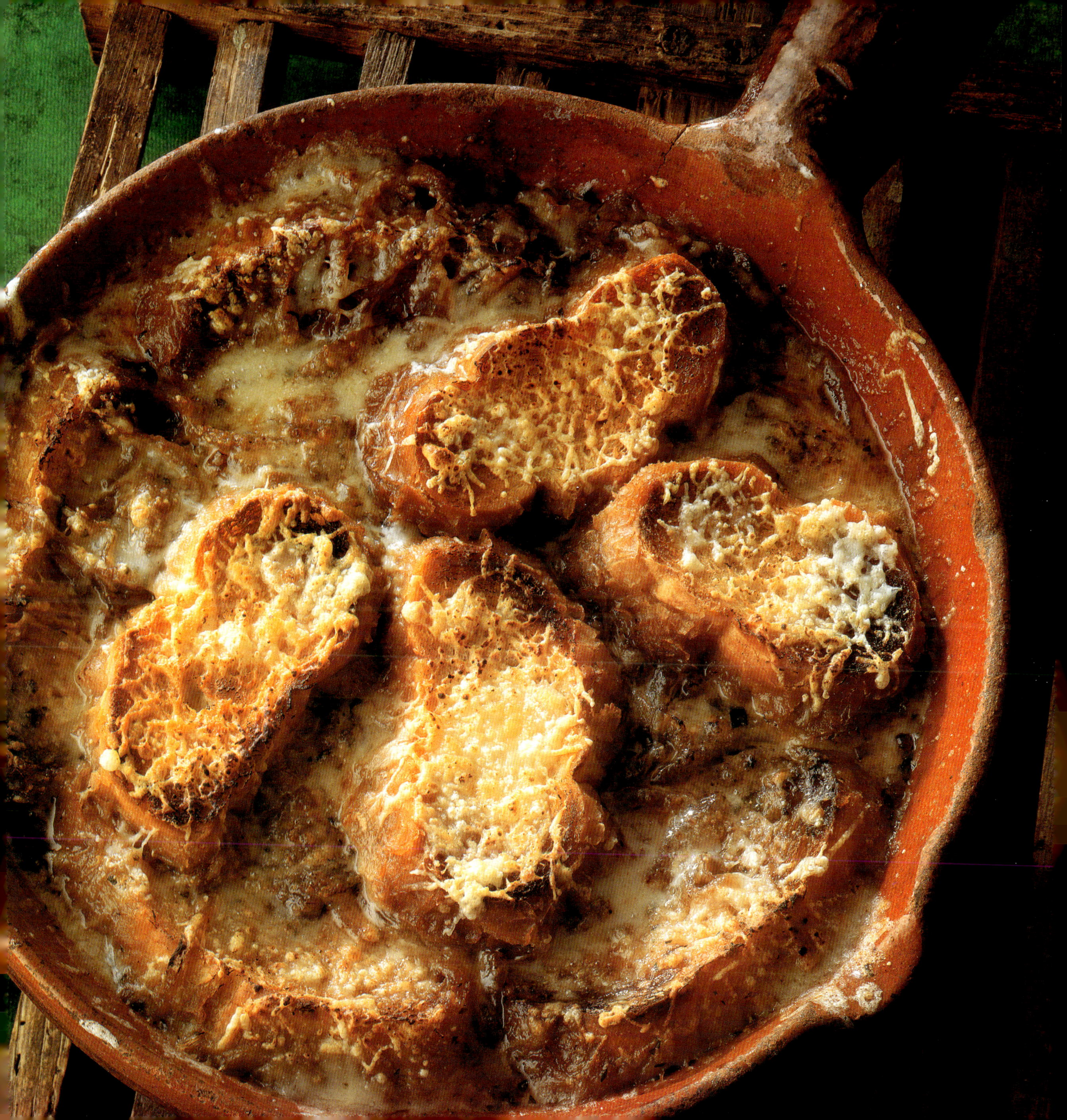

Soupe au Chou

Kohlsuppe

Der Schriftsteller Émile Zola, ein enger Freund Cézannes, beschreibt in seinem Roman ***Der Bauch von Paris***, der im Milieu des ehemaligen Pariser Großmarktes Les Halles spielt, wie sich die Suppenverkäufer mit ihren riesigen Kesseln voll dampfender Kohlsuppe durch die engen Gassen zwischen den Gemüseständen drängten: »Der verzinnte Blechkessel mit seinem dampfenden und brodelnden Suppeninhalt stand auf einem niedrigen Ofen . . . Mit einem großen Schöpflöffel bewehrt, füllte die Frau gelbe Tassen mit Suppe, nachdem sie vorher eine Handvoll dünner Brotschnitten . . . in die Tasse getan hatte.«

Für 8 Personen

225 g gepökeltes Schweinefleisch
1 Bouquet garni (siehe Seite 38)
1,2 l Wasser
100 g geräucherter Speck, in Würfel geschnitten
2 EL Pflanzenöl, 1 Zwiebel, gehackt
2 EL frischer Thymian, gehackt, 6 Gewürznelken
1 kleiner Wirsingkohl, die dicken weißen Rippen entfernt, in breite Streifen geschnitten
2 Mohrrüben, geschält und in Würfel geschnitten
2 kleine weiße Rübchen, geschält und in Würfel geschnitten
Salz und Pfeffer
8 dicke Scheiben kräftiges Landbrot

Das Schweinefleisch abspülen, trockentupfen und zusammen mit dem Bouquet garni in einen großen Topf geben. Mit dem kalten Wasser bedecken und zum Kochen bringen. Die Hitze reduzieren und das Schweinefleisch zugedeckt 1 Stunde kochen lassen. Den dabei aufsteigenden Schaum immer wieder von der Oberfläche abschöpfen.

In der Zwischenzeit eine Pfanne erhitzen, die Speckwürfel hineingeben und bei starker Hitze unter häufigem Wenden 4 bis 5 Minuten braten. Wenn sie gebräunt sind und Fett auszutreten beginnt, Öl, Zwiebel, Thymian und Gewürznelken zugeben und weitere 10 Minuten braten.

Wirsing, Mohrrüben und weiße Rübchen zum Schweinefleisch in den Topf geben, den Pfanneninhalt unterrühren und so viel Wasser zugießen, daß die Gemüse gerade bedeckt sind. Die Suppe weitere 20 Minuten köcheln lassen, bis die Gemüse gar sind.

Den Topf vom Herd nehmen und die Suppe abkühlen lassen. Zugedeckt über Nacht in den Kühlschrank stellen.

Das Schweinefleisch aus dem Topf nehmen und in Streifen schneiden. Wieder zurück in den Topf geben und die Suppe bis kurz unter dem Siedepunkt erhitzen. Mit Salz und Pfeffer abschmecken. Jeweils eine Scheibe Landbrot in jedes Suppenschälchen geben und mit der Kohlsuppe auffüllen. Heiß servieren.

BISQUE D'ÉCREVISSE

KREBSSUPPE

Flußkrebse, französisch ***écrevisses***, wurden damals noch in der Seine gefangen und in den nahegelegenen Restaurants entweder pochiert mit Mayonnaise, als Suppe oder auch als Bestandteil einer ***matelote,*** einem Fischeintopf, serviert. Diese reichhaltige Krebssuppe wird mit den Schalen und dem Fleisch der Flußkrebse zubereitet, die auch durch Garnelen ersetzt werden können, was dem Gericht eine maritime Note verleiht.

FÜR 6 PERSONEN

1 ½ kg Flußkrebse
0,3 l trockener Weißwein
1 Mohrrübe, in kleine Stücke geschnitten
1 Zwiebel, gehackt
2 Stangen Sellerie, in kleine Stücke geschnitten
2 Knoblauchzehen, gehackt
2 Petersilienzweige
2 frische Thymianzweige, 1 Lorbeerblatt
Salz und Pfeffer
knapp 1 l Wasser
4 EL Crème double
1 EL Zitronensaft

DIE FLUSSKREBSE ABSPÜLEN, abtropfen lassen und beiseite stellen. Weißwein, Mohrrübe, Zwiebel, Sellerie, Knoblauch, Kräuter, Lorbeerblatt und etwas Salz und Pfeffer in einen großen Topf geben. Mit dem kalten Wasser aufgießen und zum Kochen bringen. Die Hitze reduzieren und das Ganze zugedeckt 10 Minuten köcheln lassen. Die Flußkrebse in die Brühe geben, aufkochen und weitere 5 Minuten kochen lassen.

Die Flußkrebse mit einem Schaumlöffel aus dem Topf nehmen und etwas abkühlen lassen. 6 Flußkrebse zum Garnieren beiseite stellen, bei den restlichen Schaltieren das Fleisch aus den Schwänzen auslösen und ebenfalls beiseite stellen.

Flußkrebsköpfe und -schalen in die Brühe geben und zugedeckt 20 Minuten köcheln lassen. Die Brühe nach und nach im Mixer möglichst fein pürieren, anschließend durch ein feinmaschiges Sieb in einen sauberen Topf passieren. Das ausgelöste Krebsfleisch hineingeben und 10 Minuten in der Brühe kochen lassen. Das Ganze nochmals in den inzwischen gesäuberten Mixer geben und ganz fein pürieren. Die Suppe zurück in den Topf gießen.

Crème double unterrühren und langsam erhitzen. Mit Salz und Pfeffer sowie Zitronensaft abschmecken und in vorgewärmte Suppenschälchen füllen. Jede Portion mit einem Flußkrebs garnieren und sofort servieren.

Friture de Seine

Ausgebackene Fische

Die vielen Eßlokale entlang des Seine-Ufers pflegten früher selbstverständlich das anzubieten, was die Fischer aus dem Fluß vor der Tür fischten. Die Fische, die man heute aus der Seine holt, sind kaum genießbar, weswegen ich dieses alte Rezept, das eigentlich kleine Fische vorsieht, neu interpretiert habe und statt dessen Forellenfilets in Bierteig verwende. Sie können dazu ein *aïoli* reichen.

Für 4 Personen

400 g Forellenfilets, enthäutet, abgespült und trockengetupft
Sonnenblumenöl zum Ausbacken

Für den Ausbackteig:
1 Ei, Eiweiß und Eigelb getrennt
1 EL Olivenöl
0,1 l helles Bier, 65 g Mehl
1 EL Schnittlauchröllchen
Salz und Pfeffer

Zum Servieren:
Meersalz
Zitronenspalten zum Garnieren
aïoli *(siehe Seite 168, nach Belieben)*

Eigelb, Öl, Bier, Mehl und Schnittlauchröllchen, Salz und Pfeffer zu einem glatten Ausbackteig verrühren. Den Teig zugedeckt etwa 30 Minuten ruhen lassen.

Kurz vor dem Servieren einen schweren Topf 10 cm hoch mit Öl füllen. Das Öl auf 180° C erhitzen. Die Temperatur mit einem Zuckerthermometer messen oder einen Brotwürfel ins heiße Fett geben. Ist er innerhalb von etwa 30 Sekunden gebräunt, hat das Öl die richtige Temperatur erreicht. Das Eiweiß steif aufschlagen und unter den Teig heben.

Mit einer Pinzette die restlichen Gräten aus den Forellenfilets entfernen. Die Fischfilets längs in 1 cm breite Streifen schneiden und diese quer halbieren.

Einige Fischstreifen in den Teig tauchen, so daß sie gleichmäßig damit überzogen sind, und in 1 bis 1 ½ Minuten im heißen Öl goldgelb und knusprig ausbacken. Mit den restlichen Forellenfilets ebenso verfahren, dabei nicht zu große Portionen auf einmal ausbacken, weil das Öl sonst zu stark abkühlt.

Die ausgebackenen Fische auf Küchenpapier abtropfen lassen und im nicht zu heißen Backofen warm stellen. Mit Meersalz bestreuen und mit etwas Zitronensaft beträufeln. Heiß servieren, eventuell *aïoli* dazu reichen.

SOUFFLÉ AUX FROMAGE ET FINES HERBES ⓥ

KÄSE-SOUFFLÉ MIT KRÄUTERN

Soufflés erfreuen sich als leichtes Mittagessen oder als Vorspeise großer Beliebtheit und standen in den Bars und Cafés am Seine-Ufer häufig auf der Speisekarte. Wenn Monet zum Abendessen lud, ließ er gern ein Soufflé auftragen, das man in Portionsförmchen zubereitete.

FÜR 4 PERSONEN

50 g Parmesan, gerieben
4 EL Butter
4 EL Mehl
2 TL Senfpulver
0,3 l Milch
100 g Gruyère, gerieben
3 Eier, Eiweiß und Eigelb getrennt
4 EL frische Kräuter wie Kerbel, Schnittlauch, Dill, Petersilie, Bohnenkraut und Estragon, gehackt
Salz und Pfeffer

DEN BACKOFEN AUF 200° C vorheizen. Eine große, etwa 1 Liter fassende Soufflé-Form mit Butter ausstreichen. Boden und Wände der Form mit etwas Parmesan bestäuben, den restlichen Parmesan beiseite stellen.

Die Butter in einem Topf zerlassen. Bei mittlerer Hitze Mehl und Senfpulver zugeben und unter Rühren 30 Sekunden anschwitzen lassen. Den Topf vom Herd nehmen. Nach und nach unter ständigem Rühren die Milch zugießen. Dabei mit der Zugabe immer so lange warten, bis die Milch vollständig vom Mehl aufgenommen ist. Den Topf wieder auf den Herd stellen und die Mehlschwitze unter ständigem Rühren 2 Minuten leise köcheln lassen.

Den Topf vom Herd nehmen, Gruyère und restlichen Parmesan zugeben und schmelzen lassen. Anschließend Eigelbe und Kräuter unterrühren und mit Salz und Pfeffer abschmecken. Das Eiweiß in einer Schüssel steif aufschlagen, unter die Käsemasse heben und gut vermischen. Die Masse in die vorbereiteten Förmchen füllen und 25 bis 30 Minuten im vorgeheizten Ofen backen, bis das Soufflé schön aufgegangen und goldgelb ist. Das Käse-Soufflé sofort servieren.

ŒUFS EN COCOTTE AUX ÉPINARDS ⓥ

GEBACKENE EIER MIT SPINAT

FÜR 4 PERSONEN

1 EL Butter
100 g Spinatblätter, in feine Streifen geschnitten
1 EL frische Kräuter wie Petersilie, Bohnenkraut und Schnittlauch, gehackt
2 EL Parmesan, gerieben
schwarzer Pfeffer
4 Eier, 4 EL Crème double
geröstetes Baguette zum Servieren

DEN BACKOFEN AUF 180° C vorheizen. 4 Förmchen mit Butter ausstreichen und Spinat, Kräuter und Parmesan gleichmäßig darauf verteilen. Das Ganze hinunterdrücken und mit schwarzem Pfeffer würzen.

In die Mitte des Gemüsebettes eine leichte Mulde drücken, vorsichtig ein Ei hineinschlagen und mit 1 Eßlöffel Crème double überziehen. Die Förmchen in eine Bratenpfanne setzen und so viel kochendes Wasser in die Pfanne gießen, daß sie zu zwei Dritteln im Wasserbad stehen. Die Eier etwa 10 bis 12 Minuten im vorgeheizten Ofen backen, bis sie gerade durchgegart sind. Die Förmchen aus dem Wasserbad nehmen und die Eier mit geröstetem Baguette servieren.

Émile Zola verglich in seinem Roman *Le Ventre de Paris (Der Bauch von Paris)* die verschiedenen Käsedüfte in Les Halles mit Musik:
»Da sie (die drei Weiber) sich ein wenig verschnauften, rochen sie hauptsächlich den Camembert. Der Camembert mit seinem Wildbretgeruch hatte die dumpferen Gerüche des Marolles- und Limburger-Käses besiegt . . . In diese kräftige Musik warf der Parmesankäse von Zeit zu Zeit den dünnen Ton einer Schalmei ein, während die Weichkäse die milden Töne feuchter Handtrommeln hineinmengten; dann fiel der Livarotkäse mächtig ein, um nachher dem scharfen Ton des mit Anis gewürzten Géromékäses zu weichen.«

Terrine de Gibier

Wildterrine

Viele Impressionisten, insbesondere Renoir und Pissarro, ließen sich am Ufer der Seine inspirieren. Doch entlang des Flusses sowie im Wald von Fontainebleau boten sich auch ideale Möglichkeiten, ein Picknick zu machen, zu dem vielleicht auch eine gehaltvolle Pastete oder Terrine gehörte, wie sie die Franzosen seit jeher schätzen. Das ursprüngliche Rezept für diese Terrine dürfte auch Lerche enthalten haben, denn die nahegelegene Stadt Étampes ist für ihre Lerchenpastete berühmt.

Für 8 bis 12 Personen

15 g getrocknete Steinpilze
3 EL kochendes Wasser
3 Entenbrüste von je etwa 225 g, ohne Haut
2 Taubenbrüste
225 g geräucherter Schinken, in Würfel geschnitten
6 EL Weinbrand, 2 EL roter Portwein
2 TL Gewürzmischung, bestehend aus gemahlenem Zimt, Piment und geriebener Muskatnuß
1 TL gemahlene Muskatblüte oder Muskatnuß
450 g mageres Schweinehackfleisch
2 Schalotten, sehr fein gehackt
1 Knoblauchzehe, zerdrückt
15 g schwarze Trüffel, feingehackt
1 Ei, Öl für die Form
kräftiges Landbrot, Cornichons und Radieschen als Beilage

Die getrockneten Steinpilze in eine kleine Schüssel geben, mit heißem Wasser begießen und 20 Minuten einweichen. Abtropfen lassen, die Einweichflüssigkeit auffangen, die Pilze feinhacken und beiseite stellen. 2 Entenbrüste längs in dünne Streifen schneiden und zusammen mit den Taubenbrüsten und dem Schinken in eine flache Glasschüssel geben. Einweichflüssigkeit der Pilze, Weinbrand, Portwein und Gewürze zugeben und alles gut miteinander vermischen. Zugedeckt einige Stunden marinieren.

Die restliche Entenbrust grob hacken, anschließend im Mixer oder in der Küchenmaschine zerkleinern. In eine Schüssel geben und mit Schweinehack, Schalotten, Knoblauch, Trüffel, Ei und Steinpilzen vermengen und die Gewürzmischung hinzugeben. Die Marinade durch ein Sieb zugießen und unter den Fleischteig rühren.

Den Backofen auf 180° C vorheizen. Eine Terrinenform von 1 Kilogramm Fassungsvermögen mit Öl ausstreichen. Die Form mit einem Drittel des Fleischteigs füllen, die Taubenbrüste darauf setzen und mit einem zweiten Drittel der Farce bedecken. Die in Streifen geschnittenen Entenbrüste darüber verteilen und mit dem restlichen Drittel Fleischteig abschließen. Die Oberfläche glattstreichen und mit einem Stück eingeölter Alufolie fest verschließen.

Die Terrinenform in eine Bratenpfanne stellen und so viel kochendes Wasser in die Pfanne gießen, daß die Form zu zwei Dritteln im Wasserbad steht. Für etwa 1 ½ bis 2 Stunden in den heißen Ofen schieben. Zur Garprobe mit einem kleinen Metallspieß in die Mitte der Wildterrine stechen und an die Wange halten. Wenn er heiß ist, kann man die Form aus dem Ofen nehmen und die Terrine abkühlen lassen.

Die Terrine mit einem neuen Stück Alufolie bedecken und mit Gewichten beschweren. Für 1 bis 2 Tage in den Kühlschrank stellen, damit sich die Aromen ganz entfalten können. Die Wildterrine aus der Form stürzen und mit traditionellen Beilagen wie kräftigem Landbrot, Cornichons und Radieschen servieren.

TRUITE MEUNIÈRE GRILLÉE

GEGRILLTE FORELLE MÜLLERIN-ART

Frisch gefangene Forellen erfreuten sich in den Cafés und Restaurants an den Seine-Ufern großer Beliebtheit.

FÜR 4 PERSONEN

4 Bach- oder Regenbogenforellen,
jeweils etwa 300 g schwer, ausgenommen abgespült und trockengetupft
4 Zweige frischer Thymian
4 Zweige Bohnenkraut
4 Zitronenscheiben
Salz und Pfeffer
Olivenöl

FÜR DIE MÜLLERIN-SAUCE:
100 g Butter
geriebene Schale und Saft von 1 Zitrone
4 EL frische Kräuter wie Schnittlauch, Estragon und
Petersilie, gehackt
Salz und Pfeffer

DIE FISCHE MIT Salz und Pfeffer würzen. Jeweils einen Zweig Thymian und Bohnenkraut sowie eine Zitronenscheibe in die Bauchhöhle der Forellen geben. Die Fische auf beiden Seiten einige Male mit einem scharfen Messer einschneiden und mit etwas Öl bestreichen. Die Forellen auf dem Holzkohlengrill oder unter dem Backofengrill auf jeder Seite etwa 5 bis 6 Minuten garen. Sie sollten schön gebräunt und ihr Fleisch sollte fest sein.

In der Zwischenzeit für die Sauce die Butter in einem Topf erhitzen. Sobald sie zu schäumen aufhört, Zitronenschale und -saft sowie die Kräuter unterrühren. Den Topf vom Herd nehmen, die Sauce abschmecken und über die gegrillten Forellen gießen. Heiß servieren.

POULET RÔTI AU BEURRE

GEBRATENES HUHN MIT BUTTER

Früher pflegte man das Huhn hierfür über einem offenen Feuer am Spieß zu braten. Im 19. Jahrhundert war es vor allem bei den Parisern sehr beliebt, das Huhn bei einem sonntäglichen Picknick am Flußufer zuzubereiten. Man kann das Huhn auch einfach mit Öl bestreichen; das Brustfleisch bleibt jedoch saftiger, wenn, wie in diesem Rezept, Butter unter die Haut geschoben wird. Das gibt ihm sein unverwechselbares Aroma.

FÜR 4 – 6 PERSONEN

1 Freilandhuhn, etwa 1 ½ – 2 kg schwer, abgespült und trockengetupft
1 Zwiebel, mit Gewürznelken gespickt
1 Lorbeerblatt
½ Zitrone
Salz und Pfeffer
100 g weiche Butter
1 Knoblauchzehe, zerdrückt
2 EL frische Kräuter wie Estragon, Schnittlauch und Petersilie, gehackt

BEILAGE:
1 Portion Pfifferlinge mit Crème fraîche (siehe Seite 117) und Salzkartoffeln mit gehackter Petersilie

DEN BACKOFEN AUF 200° C vorheizen. Das Huhn gut würzen und mit gespickter Zwiebel, Lorbeerblatt und der halben Zitrone füllen.

Butter, Knoblauch, Kräuter, Salz und Pfeffer miteinander vermischen. Mit den Fingern, vom Hals beginnend, zwischen Haut und Brust des Huhns fahren und auf diese Weise zwei Taschen formen. Die Kräuterbutter in zwei Portionen teilen und jeweils gleichmäßig zwischen Haut und Brustfleisch verteilen. Dabei darauf achten, daß die Haut nicht verletzt wird. Das Huhn von außen mit der restlichen Butter einreiben, mit Salz bestreuen und in eine Bratenpfanne legen.

Das Huhn im vorgeheizten Ofen 1 ¼ bis 1 ½ Stunden braten, bis es schön gebräunt und gar ist. Das gebratene Huhn zu ***girolles à la crème fraîche*** (Pfifferlinge mit Crème fraîche) und Salzkartoffeln servieren.

POT AU FEU DE BŒUF

RINDFLEISCHTOPF

Dieses Gericht wird in einem schweren Tontopf, *marmite* genannt, zubereitet und in zwei Gängen serviert. Zuerst trägt man die gehaltvolle Brühe auf, dann das Fleisch und die Gemüse, begleitet von geröstetem Brot, das mit Markscheiben belegt ist.

FÜR 8 PERSONEN

1 ½ kg Rinderbrust, abgespült und abgetropft
450 g Kalbshaxe oder Eisbein, abgespült und abgetropft
8 kleine Stangen Lauch, geputzt und abgespült
8 kleine Mohrrüben, geputzt
4 weiße Rübchen, geputzt und halbiert
1 Sellerieherz, 1 Bouquet garni (siehe Seite 38)
Salz und Pfeffer, 2 kleine Markknochen
4 große Kartoffeln, geschält und in Stücke geschnitten

ZUM SERVIEREN:
4 EL frische Petersilie, gehackt
8 Scheiben geröstetes Brot

RINDFLEISCH UND KALBSHAXE oder Eisbein in eine feuerfeste Kasserolle geben und mit 3 ½ Liter kaltem Wasser bedecken. Zum Kochen bringen, den aufsteigenden Schaum von der Oberfläche abschöpfen, die Hitze reduzieren und das Ganze 30 Minuten köcheln lassen. Den aufsteigenden Schaum dabei immer wieder entfernen.

Lauch und Mohrrüben jeweils separat mit Küchengarn zusammenbinden, zusammen mit dem Sellerie, den weißen Rübchen, dem Bouquet garni und reichlich Pfeffer zum Fleisch geben. Aufkochen lassen, die Hitze reduzieren und zugedeckt bei schwacher Hitze eine Stunde leise köcheln lassen.

Jeden Markknochen einzeln in ein Stück Mulltuch binden, so daß sich das Mark nicht aus dem Knochen lösen kann. Die Markknochen zusammen mit den Kartoffeln zu den anderen Zutaten in die Kasserolle geben und den Rindfleischeintopf weitere 30 Minuten köcheln lassen. Den Eintopf großzügig mit Salz und Pfeffer würzen. Wenn die Kartoffeln gar sind, Fleisch und Gemüse vorsichtig aus der Kasserolle nehmen und auf einer vorgewärmten Platte, mit Alufolie bedeckt, im nicht zu heißen Ofen warm stellen.

Die Brühe durch ein feinmaschiges Sieb in eine vorgewärmte Terrine gießen. Die Petersilie unterrühren und die Brühe als ersten Gang servieren. Anschließend das Fleisch zusammen mit den Gemüsen auftragen und zum Schluß die Markknochen aus dem Mulltuch nehmen, das Mark auslösen und das geröstete Brot damit bestreichen.

GEGENÜBER: RINDFLEISCHTOPF

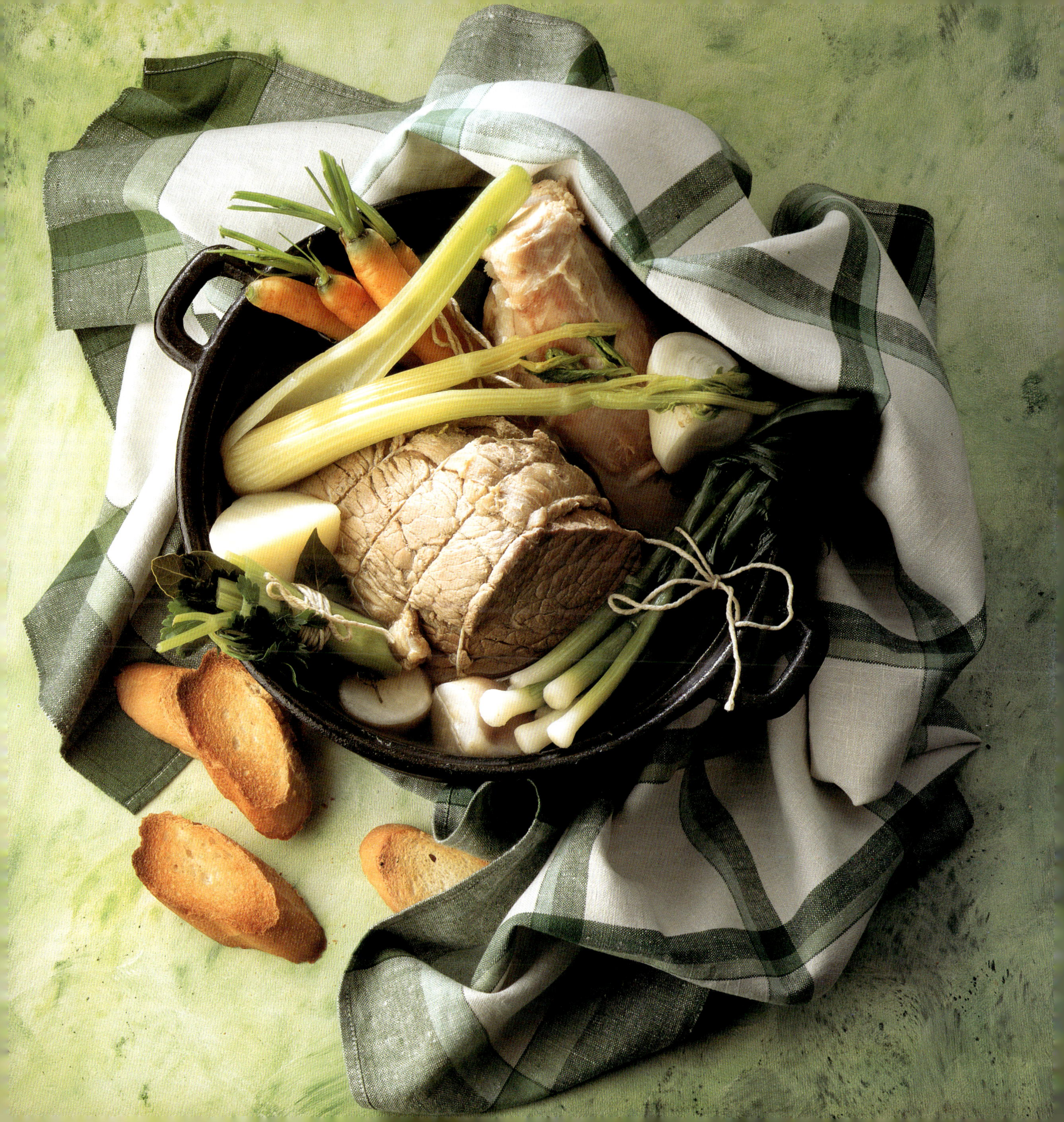

Bécasse Rôtie

Gebratene Waldschnepfe

Gebratene Waldschnepfe gehört zu den Gerichten der französischen Küche, die den Kenner ins Schwärmen geraten lassen. Viele der besseren Restaurants am Seine-Ufer haben sie denn auch in der Saison auf der Speisekarte. Falls Sie keine Waldschnepfen bekommen, können Sie das Gericht auch mit Taube, Wachtel oder Sumpfschnepfe zubereiten. Traditionsgemäß werden die Innereien der Schnepfen mitgebraten, zu einer Paste verarbeitet und dazu gereicht. Ich habe sie in diesem Rezept durch Hühnerlebern ersetzt.

Für 4 Personen

4 Waldschnepfen, ausgenommen, abgespült und trockengetupft
Salz und Pfeffer
4 große Salbeiblätter
8 Scheiben durchwachsener Speck
4 EL Butter
225 g Hühnerlebern, geputzt
Saft von 1 Zitrone
2 EL Weinbrand
8 Scheiben Brot, von beiden Seiten geröstet

Den Backofen auf 200° C vorheizen. Die Bauchhöhle der Schnepfen mit Salz und Pfeffer einreiben und jeweils ein Salbeiblatt hineingeben. Jede Schnepfe mit 2 Speckscheiben umwickeln und diese mit hölzernen Zahnstochern befestigen.

Die Hälfte der Butter in einer feuerfesten Kasserolle aufschäumen lassen, 2 Waldschnepfen hineingeben und auf allen Seiten braun anbraten. Mit den restlichen beiden Schnepfen ebenso verfahren. Nach dem Anbraten alle Schnepfen in die Kasserolle geben und weitere 15 bis 20 Minuten braten. Die Schnepfen herausnehmen, auf einer vorgewärmten Platte anrichten, mit Alufolie bedecken und warm stellen.

Die restliche Butter in der Kasserolle erhitzen, Hühnerlebern hineingeben und in 1 Minute braun anbraten. Zitronensaft und Weinbrand unterrühren und vorsichtig noch 1 Minute erhitzen. Die Kasserolle vom Herd nehmen und die Lebern mit Salz und Pfeffer würzen.

Die Hühnerlebern mit einer Gabel fein zerdrücken. Die gerösteten Brotscheiben mit etwas Leberpaste bestreichen, die Schnepfen darauf anrichten und sofort servieren.

CHOU FARCI BRAISÉ ⓥ

GESCHMORTE KOHLROULADEN

Ähnlich wie der *pot au feu* steht auch dieses Gericht überall in Frankreich auf dem häuslichen Speisezettel, nur die Zutaten für die Füllung unterscheiden sich je nach Region: So gibt man in der Provence gern Spinat hinein, während man in Limoges Maronen bevorzugt. In diesem vegetarischen Rezept werden die Kohlrouladen auf einem Gemüsebett geschmort und mit der sämigen Sauce serviert.

FÜR 4 PERSONEN; ERGIBT 8 KOHLROULADEN

1 Wirsingkohl von etwa 675 g
100 g Langkornreis
2 EL Butter
1 Zwiebel, feingehackt, 1 Knoblauchzehe
2 EL frischer Salbei, gehackt
225 g Steinpilze oder andere Waldpilze, gesäubert und feingehackt
50 g Brösel von Vollweizenbrot
50 g Mandeln, gehackt und geröstet
50 g Doppelrahm-Frischkäse
1 Prise geriebene Muskatnuß, 1 EL Zitronensaft
Salz und Pfeffer
2 EL Olivenöl
1 Zwiebel, in Scheiben geschnitten
1 Stange Lauch, geputzt, in Scheiben geschnitten und gründlich abgespült
1 Mohrrübe, in dünne Scheiben geschnitten
2 Knoblauchzehen, feingehackt
2 Zweige frischer Thymian
2 Lorbeerblätter
3 EL trockener Weißwein, 0,15 l Gemüsebrühe
Röstkartoffeln als Beilage

FÜR DIE SAUCE:
4 EL Crème double
1 Eigelb

VOM WIRSING VORSICHTIG die 8 äußeren Blätter lösen, dabei darauf achten, daß man sie nicht bricht. Die Kohlblätter 1 Minute in kochendem Wasser blanchieren und rasch unter fließendem kaltem Wasser abschrecken. Mit Küchenpapier trockentupfen und mit einer Schere das meiste von dem dicken weißen Strunk wegschneiden.

Den Reis in kochendem Wasser in etwa 8 Minuten fast weich kochen, unter fließendem kaltem Wasser abspülen und gut abtropfen lassen.

Die Butter in einem Topf zerlassen. Zwiebel, Knoblauch und Salbei hineingeben und 5 Minuten braten. Die Pilze zugeben und weitere 5 Minuten bei starker Hitze braten lassen, bis Flüssigkeit auszutreten beginnt. Semmelbrösel und Mandeln unterrühren, den Topf vom Herd nehmen und Reis, Frischkäse, Muskatnuß und Zitronensaft zugeben. Mit Salz und Pfeffer würzen und die Mischung abkühlen lassen.

Die Mischung in 8 Portionen aufteilen und daraus Kugeln formen. Ein Kohlblatt ausbreiten, die Füllung in die Mitte geben, mit dem Kohlblatt umwickeln und mit einem hölzernen Zahnstocher befestigen. Mit den restlichen Kohlblättern ebenso verfahren.

Das Öl in eine feuerfeste Kasserolle geben. Zwiebel, Lauch, Mohrrübe, Knoblauch und Kräuter zufügen. Die Kohlrouladen auf das Gemüsebett setzen und mit Brühe und Wein übergießen. Langsam zum Kochen bringen, die Hitze reduzieren und die Kohlrouladen zugedeckt 25 bis 30 Minuten schmoren. Die Kohlrouladen aus der Kasserolle nehmen und im Backofen warm stellen.

Den Inhalt der Kasserolle durch ein Sieb in einen kleinen Topf passieren. Crème double und Eigelb miteinander verrühren, etwas Schmorflüssigkeit unterrühren und die Mischung unter ständigem Rühren zum Topfinhalt gießen. Langsam erhitzen und die Sauce unter Rühren andicken lassen. Dabei darauf achten, daß sie nicht kocht, weil das Eigelb sonst gerinnt. Jeweils 2 Kohlrouladen pro Person auf einem Teller anrichten, mit Sauce überziehen und mit Röstkartoffeln servieren.

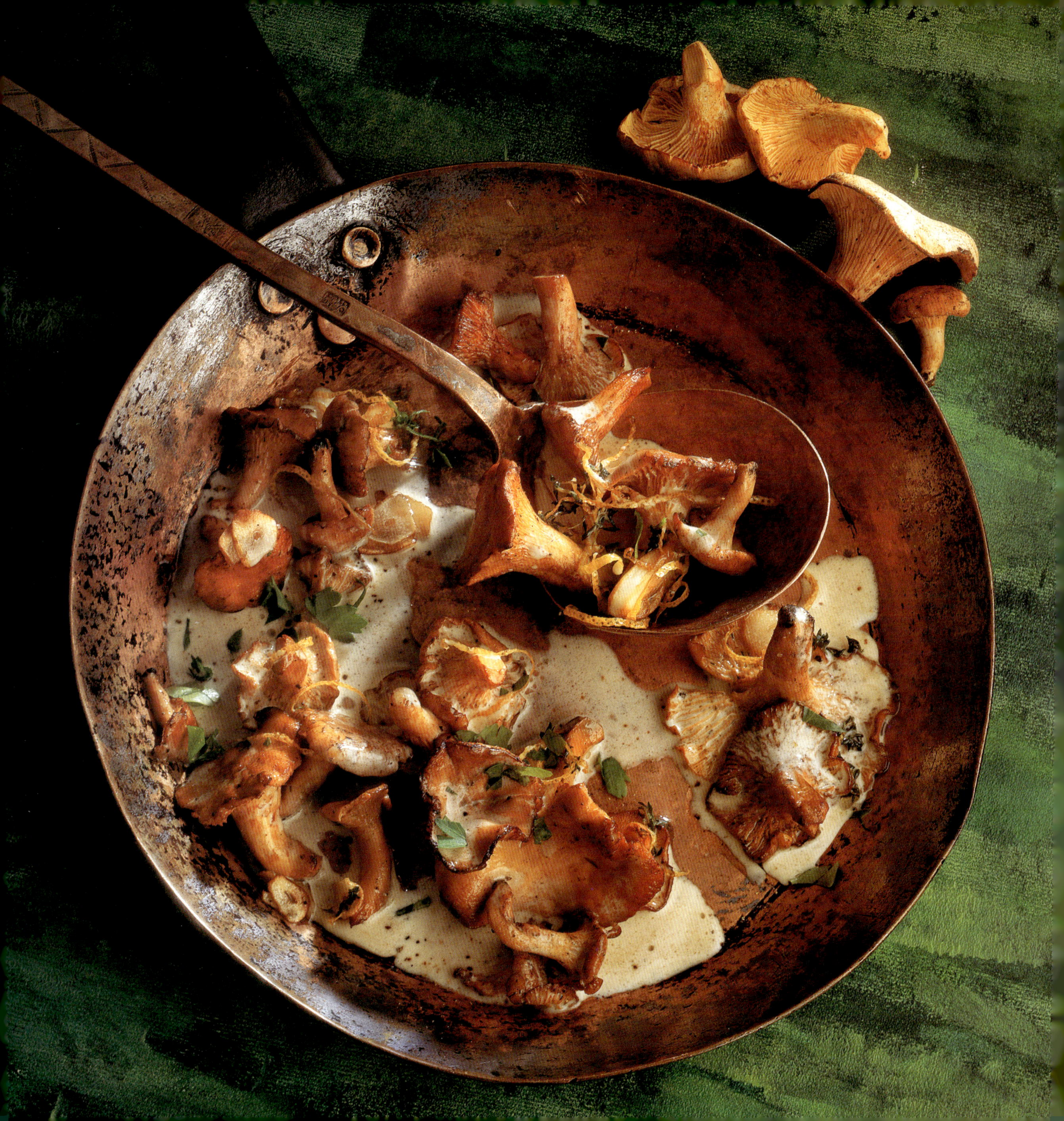

GIROLLES À LA CRÈME FRAÎCHE ⓥ

PFIFFERLINGE MIT CRÈME FRAÎCHE

Im Spätherbst wuchsen überall im Wald von Fontainebleau Pilze, vor allem Pfifferlinge, die eifrig gesammelt wurden.

FÜR 4 PERSONEN

450 g frische Pfifferlinge
3 EL Butter
2 Knoblauchzehen, in Scheiben geschnitten
Schale von 1 Zitrone, gerieben
2 TL frischer Thymian, gehackt
100 g Crème fraîche
Salz und Pfeffer
2 EL frische Petersilie, gehackt

DIE PFIFFERLINGE VORSICHTIG putzen und säubern. Eventuell kurz unter fließendem kaltem Wasser abspülen, auf keinen Fall jedoch waschen. Die Butter in einem Topf mit großem Durchmesser erhitzen, Knoblauch, Zitronenschale und Thymian zugeben und 30 Sekunden anbraten, um die Aromen freizusetzen. Die Pilze hineingeben und bei starker Hitze 2 Minuten braten. Die Hitze reduzieren und zugedeckt eine weitere Minute schmoren lassen, bis die Pfifferlinge weich sind.

Crème fraîche unterrühren und zum Kochen bringen. Mit Salz und Pfeffer abschmecken, mit Petersilie bestreuen und sofort servieren.

SALADE DE POMMES DE TERRE ⓥ

KARTOFFELSALAT

FÜR 4 PERSONEN

675 g kleine, festkochende, junge Kartoffeln, mit Schale
4 Zweige frische Minze, leicht zerdrückt
1 TL Meersalz
1 EL grobkörniger Senf
1 EL Sherry-Essig
3 EL kaltgepreßtes Olivenöl
1 EL Haselnußöl
Pfeffer
2 EL frische Kräuter wie Kerbel, Schnittlauch, Minze und Petersilie, gehackt

DIE KARTOFFELN UNTER fließendem kaltem Wasser abbürsten und zusammen mit Minzezweigen und Salz in etwa 12 bis 15 Minuten gerade gar kochen.

In der Zwischenzeit das Dressing vorbereiten: Senf und Essig in einer kleinen Schüssel vermischen und das Öl unterrühren. Mit Pfeffer abschmecken und die Kräuter dazugeben.

Die Kartoffeln abgießen und rasch mit dem Dressing vermischen. Den Kartoffelsalat etwas abkühlen lassen und lauwarm servieren.

GEGENÜBER:
PFIFFERLINGE MIT CRÈME FRAÎCHE

»Man nahm das Mittagessen in der Küche ein, ein außerordentliches Mittagessen; nach den weichgesottenen Eiern gebratenen Gründling, dann das gekochte Rindfleisch vom Vortag mit Kartoffeln und einem sauren Hering als Salat angerichtet. Das war köstlich, der kräftige und appetitliche Duft des Herings, den Mélie auf die Kohlenglut hatte fallen lassen, das Summen des Kaffees, der Tropfen um Tropfen auf der Herdecke durch den Filter rann. Und als der Nachtisch erschien – soeben erst frisch gepflückte Erdbeeren, ein Käse, der aus der Milchkammer einer Nachbarin stammte –, plauderte man endlos, die Ellbogen bequem auf den Tisch gestützt.«

Émile Zola, *L'Œuvre (Das Werk)*

Salade Mimosa ⓥ

Mimosa-Salat

Renoir schätzte das Restaurant »Fournaise«, das auf einer der Seine-Inseln lag, sehr und malte dort auch sein berühmtes Bild ***Le Déjeuner des Canotiers* (*Das Frühstück der Ruderer*)**. Madame Fournaise servierte dem Künstler und seinen Freunden häufig einen Mimosa-Salat.

Für 4 Personen

1 kleiner Kopf Römischer Salat
1 Batavia-Salat
1 Kopf Chicorée
3 hartgekochte Eier, geschält und halbiert
½ Salatgurke, in dünne Scheiben geschnitten
100 g Radieschen, halbiert
100 g Cocktailtomaten, halbiert
2 EL Schnittlauchröllchen

Für die Vinaigrette:

1 EL Rotweinessig
1 TL Dijon-Senf
½ TL Zucker
6 EL kaltgepreßtes Olivenöl
Salz und Pfeffer

Zunächst die Vinaigrette zubereiten. Dazu Essig, Senf und Zucker in einer kleinen Schüssel verrühren. In dünnem Strahl unter ständigem Rühren das Olivenöl zugießen. Wenn sich alle Zutaten miteinander verbunden haben, die Vinaigrette mit Salz und Pfeffer abschmecken und beiseite stellen.

Von den Salatköpfen die äußeren, welken Blätter entfernen, den Rest abspülen, in mundgerechte Stücke zerteilen und in eine große Schüssel geben. Chicorée ebenfalls putzen und abspülen, in Streifen schneiden und über den Blattsalaten verteilen.

Gurke, Radieschen und Tomaten zugeben, mit der Vinaigrette übergießen und alle Zutaten miteinander vermengen. Den Salat auf einer großen Platte anrichten. Die Eigelbe durch ein Sieb passieren, über dem Salat verteilen, mit Schnittlauch bestreuen und sofort servieren.

Petits Pots au Chocolat ⓥ

Schokoladencreme-Töpfchen

Wie in anderen Ländern schätzte man Schokolade im 19. Jahrhundert auch in Frankreich sehr. Sie hatte ihren festen Platz in der ***cuisine bourgeoise*** und in den Bistros, wo sie auf fast jeder Speisekarte zu finden war.

Für 6 Personen

0,2 l Sahne
4 Streifen Orangenschale
120 g zartbittere Schokolade
3 EL Milch
2 EL Orangenlikör
2 mittelgroße Eigelbe
1 gehäufter EL Puderzucker

Den Backofen auf 275° C vorheizen. Sahne und Orangenschale in einen kleinen Topf geben und langsam aufkochen lassen. Vom Herd nehmen und 30 Minuten ziehen lassen.

In der Zwischenzeit Schokolade, Milch und Orangenlikör in einem kleinen Topf bei äußerst schwacher Hitze erwärmen. Wenn die Schokolade geschmolzen ist, Eigelbe und Zucker miteinander verrühren und zur Schokolade geben. Die Sahne durch ein Sieb zugießen und umrühren.

Die Masse in 6 Förmchen füllen und in eine Bratenpfanne setzen. So viel kochendes Wasser zugießen, daß die Förmchen halbhoch im Wasserbad stehen, und die Creme 50 bis 60 Minuten im vorgeheizten Ofen garen, bis sie sich gesetzt hat und die Oberfläche fest und elastisch ist.

Die Schokoladencreme-Töpfchen aus dem Ofen nehmen und abkühlen lassen. Vor dem Servieren einige Stunden in den Kühlschrank stellen.

TARTE AUX MIRABELLES À LA CRÈME CHANTILLY ⓥ

MIRABELLENKUCHEN MIT SAHNE

Die Mirabellen, die in den Gärten entlang der Seine überall wuchsen, wurden gern als Belag für Kuchen und Torten verwendet; auch im Restaurant »Fournaise«, wo Renoir *Le Déjeuner des Canotiers (Das Frühstück der Ruderer)* malte, stand Mirabellenkuchen häufig auf der Speisekarte.

FÜR 6 PERSONEN

FÜR DEN MÜRBETEIG:
100 g Mehl
1 Prise Salz
5 EL Butter, in kleine Würfel geschnitten
1 EL Zucker, 1 Eigelb

FÜR DEN BELAG:
550 g Mirabellen oder Reineclauden, halbiert und entsteint
25 g Semmelbrösel
25 g abgezogene Mandeln, gemahlen, 2 EL brauner Zucker
1 TL Gewürzmischung, bestehend aus gemahlenem Zimt, Piment und geriebener Muskatnuß

FÜR DIE SCHLAGSAHNE:
0,15 l Sahne
1 EL Puderzucker
¼ TL Vanillemark, aus der Schote gekratzt
2 EL zerstoßenes Eis

FÜR DEN MÜRBETEIG Mehl und Salz in eine Schüssel sieben, die Butter zugeben und mit dem Mehl verkneten. Nacheinander Zucker, Eigelb und 1 bis 2 Eßlöffel kaltes Wasser unterrühren und alles zu einem elastischen Teig verkneten. Den Teig zu einer Kugel formen, in Klarsichtfolie wickeln und 30 Minuten im Kühlschrank ruhen lassen.

Den Teig auf einer leicht bemehlten Arbeitsfläche zu einem Fladen von 23 cm Durchmesser ausrollen und eine Tortenform mit gerilltem Rand damit belegen. Den Teig mit einer Gabel mehrere Male einstechen und 20 Minuten in den Kühlschrank stellen.

Ein Backblech in die mittlere Schiene des Backofens setzen und den Ofen auf 200° C vorheizen.

Den Teig mit Backpapier bedecken, mit Hülsenfrüchten beschweren und 10 bis 12 Minuten blindbacken. Aus dem Ofen nehmen, Backpapier und Hülsenfrüchte entfernen und in weiteren 10 bis 12 Minuten goldgelb backen.

Den Teigboden mit den Mirabellenhälften, Schnittseite nach unten, belegen. Semmelbrösel, Mandeln, Zucker und Gewürzmischung vermengen und die Früchte gleichmäßig damit bestreuen. Die Butterflöckchen darüber verteilen und 30 bis 35 Minuten backen. Der Kuchen sollte goldgelb und die Mirabellen sollten weich sein. Aus dem Ofen nehmen und auf einem Kuchengitter etwas abkühlen lassen.

In der Zwischenzeit Sahne, Zucker und Vanillemark in eine gekühlte Schüssel geben und mit dem Schneebesen schlagen, bis die Masse dick zu werden beginnt. Das zerstoßene Eis zugeben und die Sahne ganz fest aufschlagen. Bis zur weiteren Verwendung zugedeckt in den Kühlschrank stellen.

Den lauwarmen Mirabellenkuchen mit der Sahne servieren.

Fromage Blanc aux Fraises des Bois Façon Fontainebleau

Hausgemachter Frischkäse mit Walderdbeeren

Fontainebleau ist für seinen wunderbaren weichen Frischkäse berühmt, der gern süß als Nachspeise gegessen wird. Er wurde auch, in einem Mulltuch eingeschlagen, bei einem Buffet serviert, das Toulouse-Lautrec zur Eröffnung einer Galerie des Kunsthändlers Samuel Bing kreierte.

Für 4 Personen

0, 3 l Sahne
1 Vanilleschote, der Länge nach aufgeschlitzt
3 EL Milch
1 EL Zucker

Zum Servieren:
175 g Walderdbeeren
Zucker

Die Sahne in eine Plastikschüssel geben. Das Vanillemark aus der Schote kratzen und unterrühren. Mit Klarsichtfolie bedecken und 4 bis 5 Tage im Kühlschrank ziehen lassen. Die Sahne darf allerdings nicht sauer werden.

Aus dem Kühlschrank nehmen, durch ein feinmaschiges Sieb in eine andere Schüssel passieren und mit dem Zucker bestreuen. Mit einem Schneebesen steif schlagen, dabei nach und nach die Milch unterrühren. Sobald die Sahne genügend Festigkeit hat, auf Gläser verteilen.

Walderdbeeren darübergeben, mit etwas Zucker bestreuen und sofort servieren.

Pithiviers

Blätterteigkuchen mit Mandelfüllung

Ein klassischer Blätterteigkuchen mit Mandelfüllung, der aus der südöstlichen Region der Île de France zwischen Fontainebleau und Orléans stammt.

Für 12 Personen

450 g Blätterteig (küchenfertig im Handel erhältlich)
1 Eigelb, 2 EL Milch

Für die Mandelfüllung:
100 g weiche Butter
100 g Zucker, 3 Eigelbe
100 g abgezogene Mandeln, gemahlen
1 – 2 Tropfen Mandelessenz, 1 EL Rum

Den Backofen auf 220° C vorheizen. Für die Füllung Butter und Zucker zu einer schaumigen hellgelben Masse aufschlagen. Nach und nach die Eigelbe unterrühren, anschließend Mandeln, Mandelessenz und Rum.

Den Blätterteig in zwei Hälften teilen und jede zu einem Quadrat von 25 cm Kantenlänge ausrollen. Ein Teigquadrat auf ein leicht angefeuchtetes Backblech legen, die Mandelfüllung in die Mitte geben, mit einem Metallspatel gleichmäßig zu einer kreisförmigen Fläche verteilen, dabei den Rand ca. 5 cm frei lassen. Diesen mit etwas Wasser bestreichen und das Ganze mit dem zweiten Teigquadrat bedecken. Die Teigränder fest zusammendrücken, damit die Füllung während des Backens nicht heraustreten kann. Einen Teller oder einen Tortenring daraufsetzen und mit einem scharfen Messer am Rand entlang einen runden Kuchen von 23 cm Durchmesser ausschneiden. Den Teigrand umklappen und fälteln.

Eigelb und Milch miteinander verklöppeln und die Teigoberfläche damit einpinseln. Mit der Spitze eines scharfen Messers geschwungene Linien von der Mitte zum Rand des Teigdeckels schneiden und das Backblech in den vorgeheizten Ofen schieben. Den Kuchen etwa 25 bis 30 Minuten backen, bis er schön aufgegangen und seine Oberfläche goldgelb ist. Den *pithiviers* auf einem Kuchengitter etwas abkühlen lassen und lauwarm servieren.

Gegenüber: Blätterteigkuchen mit Mandelfüllung

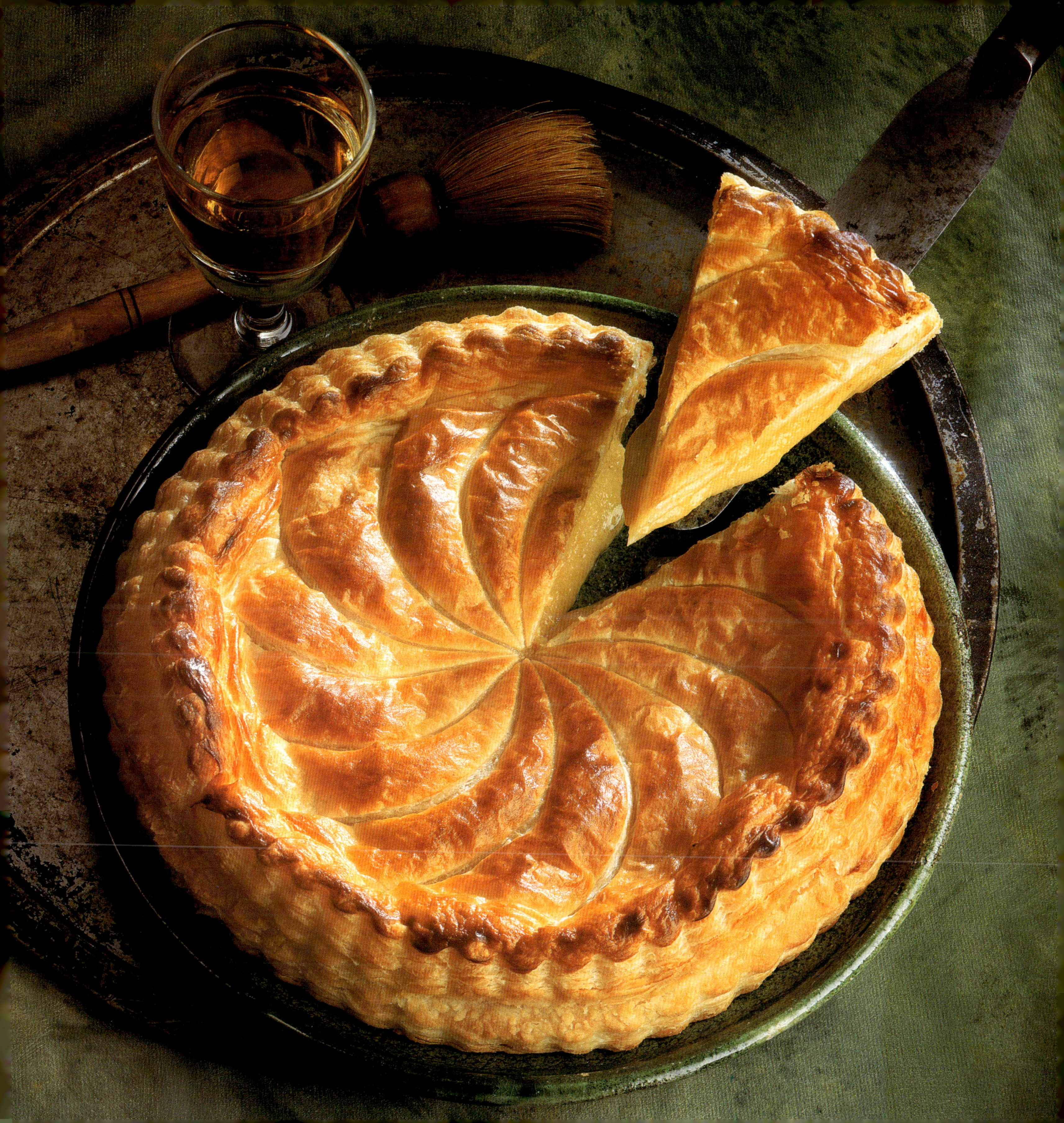

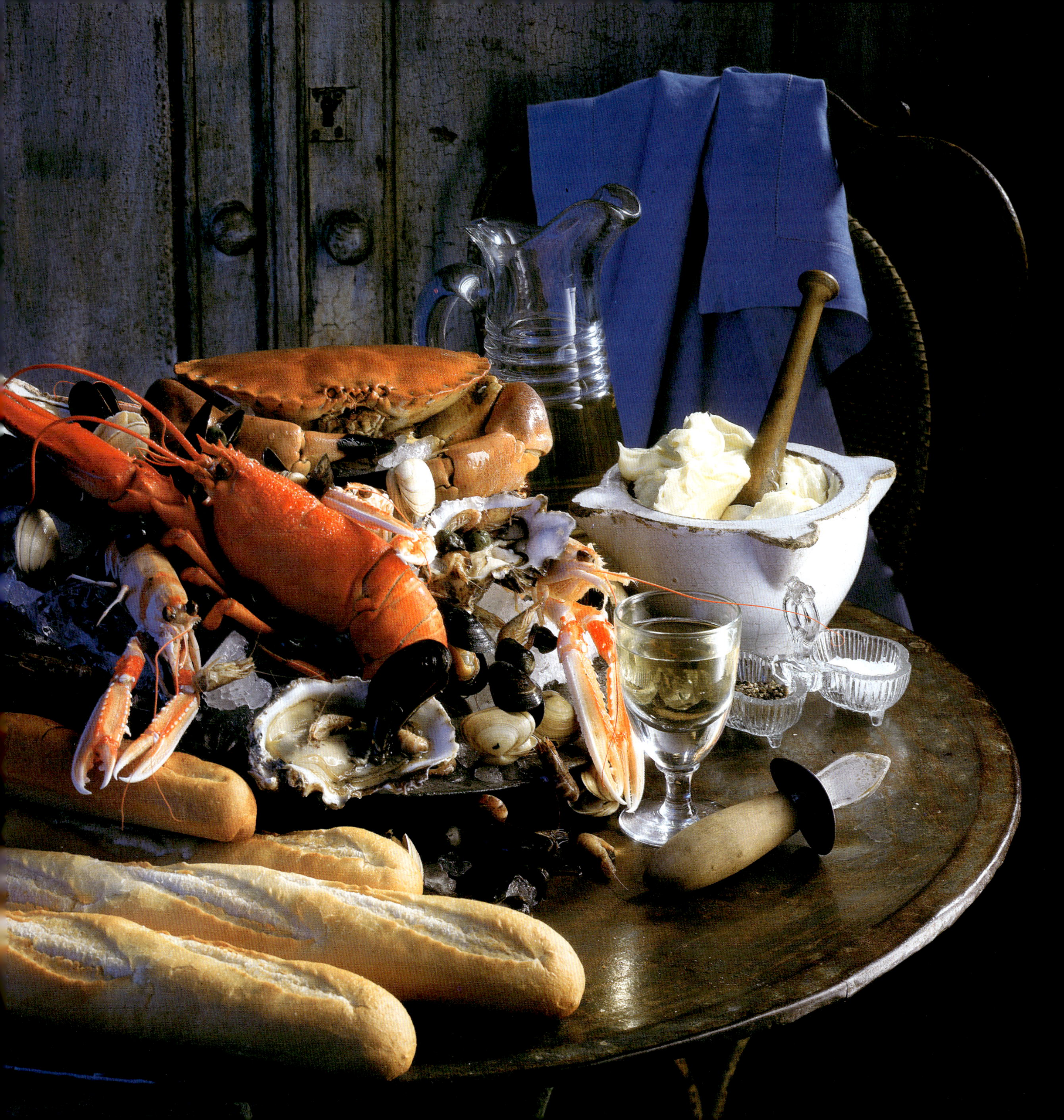

IV

DIE BRETAGNE

Reiche Ernte

»Schade, daß wir uns in früherer Zeit nicht in der Bretagne niedergelassen haben. Man bezahlt hier im Gasthof fünfundsechzig Franc für Logis und Verpflegung, dazu ist es eine Verpflegung, um an Ort und Stelle fett zu werden.«

PAUL GAUGUIN an seine Frau METTE, 1886

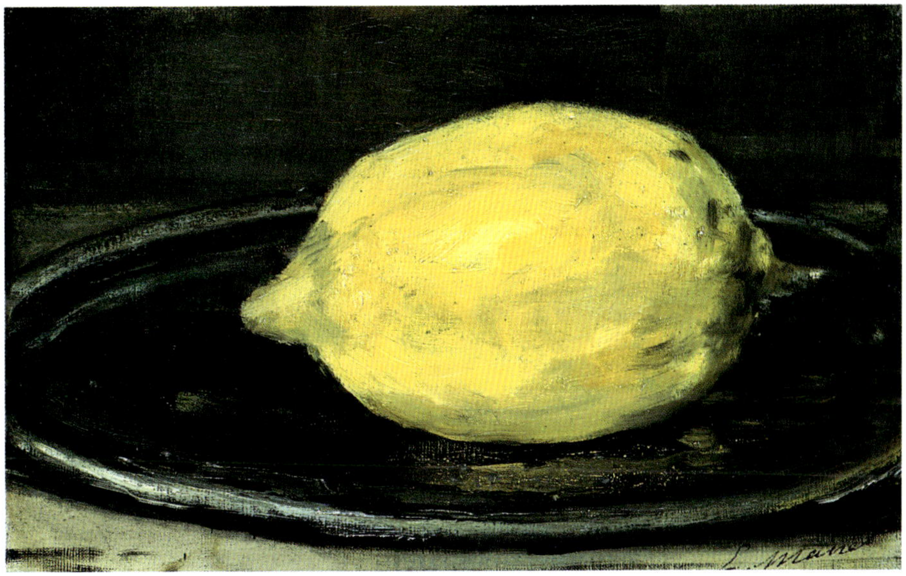

EDOUARD MANET: ZITRONE

GEGENÜBER: MEERESFRÜCHTE-PLATTE (SIEHE SEITE 136)

DIE BRETAGNE WAR BEI VIELEN Impressionisten als Reiseziel sehr beliebt. 1886 fand Monet während seines zweieinhalbmonatigen Aufenthalts in der wildmelancholischen, sturmumtosten Felslandschaft von Belle-Île-sur-Mer viele neue Anregungen. Dort malte er mit großer Begeisterung bei jedem Wetter, obwohl er wegen des starken Windes die Leinwand festbinden mußte. Am Abend besuchte er ein kleines Gasthaus, in dem sich die Fischer des Dorfes trafen, und labte sich an der köstlichen nahrhaften *cotriade* – einer regionalen Variante der *bouillabaisse* –, die je nach Tagesfang aus bis zu einem Dutzend verschiedener Fische bestand. Und Hummer aß er so häufig, daß ihm diese Delikatesse beinahe über wurde.

Als Gast ihrer Schwester Edma, die einen Marineoffizier geheiratet hatte, verlebte Berthe Morisot eine ganze Reihe sehr produktiver Sommer in der Bretagne. Paul Signac kam 1885 erstmals nach Saint-Briac, Renoir ein Jahr später. Letzterer begeisterte sich so sehr für diese Gegend, daß er von nun an die Familienferien in Pornic und Noirmoutier an der Atlantikküste verbrachte, wo er seinem kleinen Sohn

Pierre das Schwimmen beibrachte. »Ich habe ein schönes Fleckchen Erde gefunden. Hier komme ich mit meiner Arbeit aufs angenehmste voran«, schrieb er seinem Händler Durand-Ruel und fügte hinzu: »Ich bin sehr glücklich.«

Renoir blieb, auch nachdem er Aline Charigot kennengelernt hatte, zunächst Junggeselle. Erst 1890, also zehn Jahre später – er war bereits 49 und sie 28 Jahre alt –, heirateten sie. Doch wurden jedwede Zweifel angesichts einer solch späten Vermählung von der Realität des Renoirschen Ehe- und Familienlebens hinweggefegt. Renoir liebte sein »neues« Leben, und Aline war die ideale Frau für ihn: Sie sorgte von Herzen gern für Renoir. Sie liebte das Reisen und hegte eine besondere Vorliebe für die ausgefallene bretonische Küche mit ihrem unverkennbaren Meeresaroma.

Die weitläufige Granit-Halbinsel mit der über dreitausend Kilometer langen, gezackten, phantastischen Küstenlinie, die in den Atlantischen Ozean hineinragt, lieferte eine reichhaltige Auswahl an Schaltieren: fleischige Austern aus Concarneau, Cancale und dem Departement Morbihan; schimmernde Muscheln; Spinnenkrabben; kleine, schwarze, ungepanzerte Seeschnecken; Wellhornschnecken; Venus- und Kammmuscheln; Krabben; Garnelen; köstliche Langustinen und natürlich Hummer. Selbstverständlich gibt es auch viel frischen Fisch: glänzende Seezungen, schillernde Makrelen, silbrig glitzernde Sardinen, Meeräschen und Barsche. Der Geruch des Meeres war selbst auf den Feldern im Landesinnern präsent, denn damals wurden die Äcker mit Seetang gedüngt, und man erntete hier die prächtigsten Kartoffeln, Kohl- und Blumenkohlköpfe, Artischocken, kleine grüne Erbsen, Rübchen, grüne Bohnen und Erdbeeren. Zu Recht ist die Region für ihre herzhafte, unverfälschte Küche berühmt: *pâtés* und Kuchen; riesige irdene Schüsseln mit *rillettes de porc*, *andouillettes*, gepökeltem Fleisch von Schafen, die auf den Salzwiesen weiden; pikant gewürzte Rebhühner und Hasen, Enten und Truthähne; nicht zu vergessen die berühmten Buchweizen-Crêpes mit schmackhafter Füllung aus Ei, Schinken oder Käse oder ganz einfach mit Zucker und Zitrone, Marmelade oder Honig serviert. Und zum Abschluß des Ganzen wird ein herber Cidre aufgetischt.

Man denkt wohl zuerst an Gauguin, wenn man die Impressionisten zu der romantischen Landschaft und dem einfachen Leben in der Bretagne in Beziehung setzt. Die Zeit, die er in der kleinen Künstlerkolonie in Pont-Aven und weiter östlich an der Küste in Pouldu verbrachte, wurde ebenso zum festen Bestandteil des regionalen Mythos wie die alten keltischen Sagen. Gauguin – ein 38jähriger Mann mit dunklen Haaren, schweren Lidern und schönen Zügen, zudem Vater von fünf Kindern – reiste 1886 zum erstenmal hierher, um sich von der Bürde der familiären Verantwortung zu befreien und sich der zunehmenden Urbanisierung und Kommerzialisierung von Paris zu entziehen. Er wollte die Künstlichkeit der Großstadt abschütteln und zu einem ursprünglichen Leben zurückkehren. Zudem war dieses Leben in der Bretagne billig und – dank der alten Sitten und Bräuche – von einer Zeitlosigkeit, die eine neue Saite in ihm zum Klingen brachte. Die harmonischen Blau- und Grüntöne der friedvollen Meeresbucht, der rauschende Fluß, die felsigen Wasserläufe und die wilde Küste – all das übte eine starke Anziehungskraft auf ihn aus.

Die Beliebtheit des Ortes Pont-Aven bei Künstlern reicht bis in die sechziger Jahre des 19. Jahrhunderts zurück, als es eine Gruppe amerikanischer Kunststudenten aus Philadelphia hierher verschlug. Ursprünglich hatten sie in Paris an der École des Beaux-Arts studieren wollen, doch die Hochschule war Ausländern vorübergehend nicht zugänglich. So stimmten sie dem begeisterten Vorschlag eines ihrer Kommilitonen zu und zogen weiter nach Pont-Aven, wo sie sich im

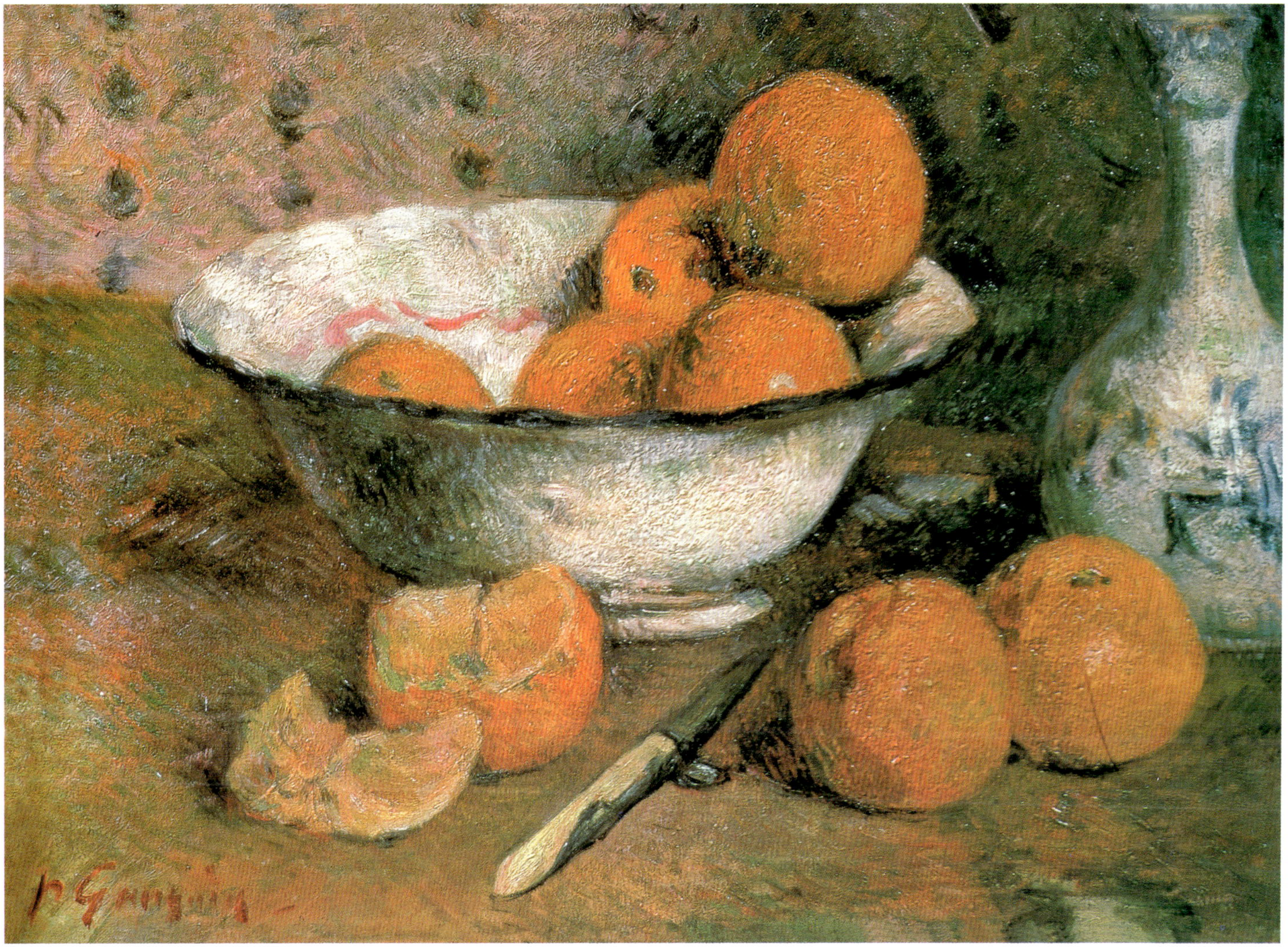

Paul Gauguin: Stilleben mit Orangen

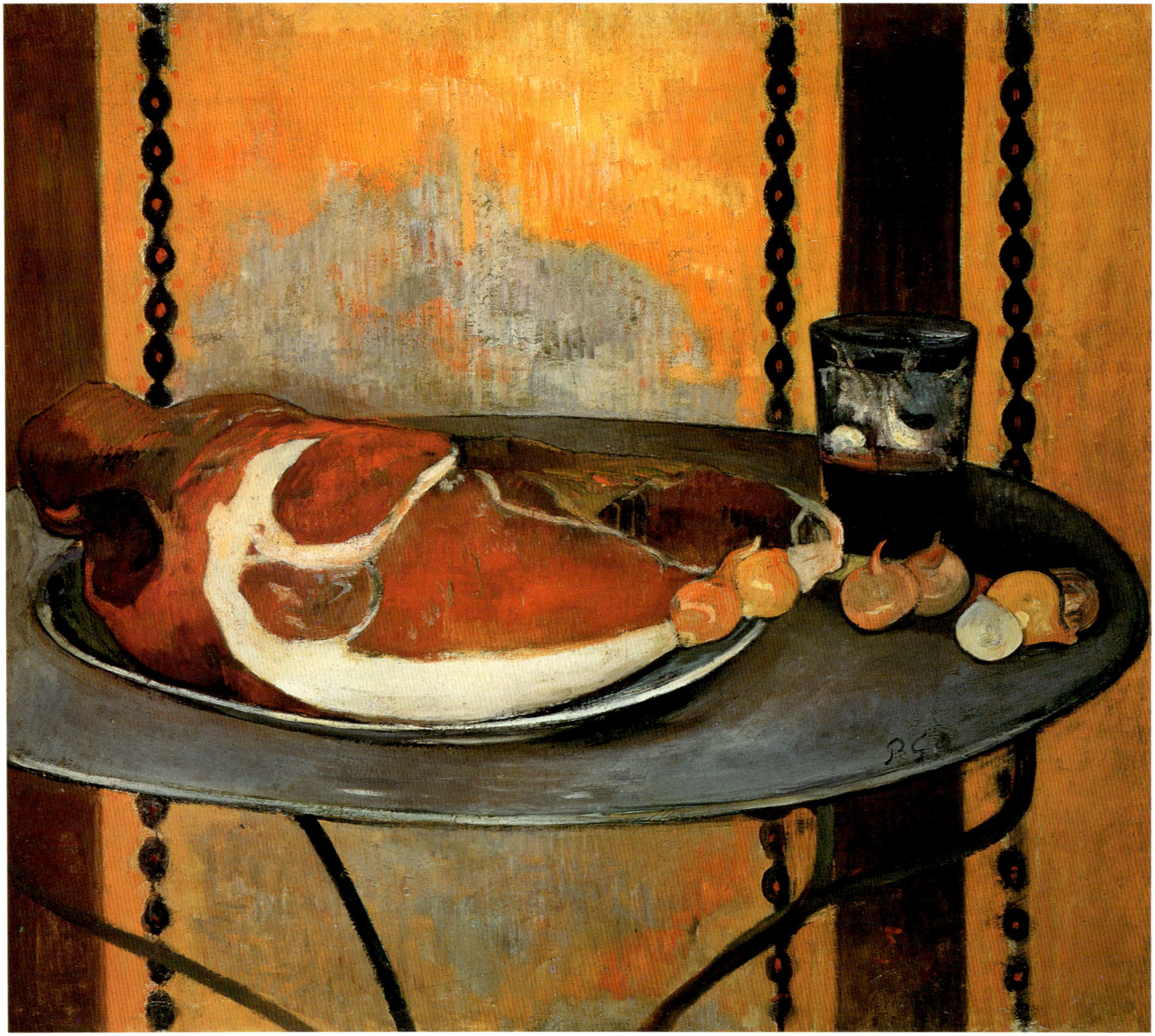

Paul Gauguin: Der Schinken

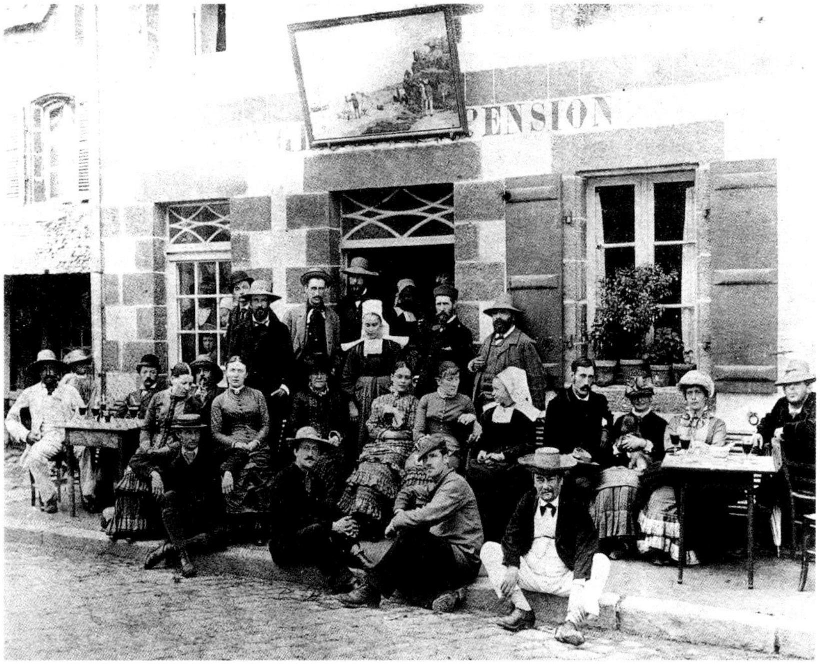

Ein Foto der Pension »Gloanec« in Pont-Aven. Im Vordergrund sieht man Paul Gauguin.

»Hôtel des Voyageurs« einmieteten. Die Attraktion des Hauses war ein *omelette au rhum*, das vor ihren Augen flambiert wurde. Mitte der Siebziger Jahre des 19. Jahrhunderts waren rund sechzig Maler in Pont-Aven ansässig, und die Zahl der Unterkünfte war auf drei gestiegen – nun gab es noch das »Lion d'Or« und die Pension »Gloanec«. Ein zeitgenössischer Reiseschriftsteller sprach von dem »seltsam schabenden Geräusch der vielen Malpinsel«, das überall zu hören war.

Trotz dieses Zustroms hatte sich Pont-Aven 1886, als Gauguin hier eintraf, seinen ursprünglichen Charme noch bewahrt. Damals war eine Reise von Paris an die bretonische Südküste mit einer langen und strapaziösen Bahnfahrt zur mittelalterlichen Stadt Quimperlé verbunden; und von dort aus mußte man dann mit der Postkutsche die restlichen fünfzehn Kilometer auf einer holprigen Straße hinter sich bringen. Als Gauguin am 28. Juni 1886 gegen Abend in dem malerischen Dörfchen eintraf, wurde er von Marie-Jeanne Gloanec, der Inhaberin der Familienpension, und ihren Dienstmädchen – der attraktiven Louise und der unscheinbaren Marie le Pape – herzlich willkommen geheißen. Sie trugen die für die Region typischen gestärkten, weißen Schürzen und Kragen und den spitzen Kopfschmuck. Als erstes führten sie den erschöpften Reisenden in das Speisezimmer, wo sie ihn mit Speis und Trank zu neuem Leben erweckten. Er bekam frisch gefangene, in etwas Butter und Knoblauch gebratene Sardinen und dazu einen gekühlten Cidre aus den Äpfeln der Region. Kein Wunder, daß Gauguin so voll des Lobes war:

»Ich liebe die Bretagne«, schrieb er. »Hier habe ich die ursprüngliche Wildnis gefunden. Wenn meine Holzpantinen auf dem Granitboden widerhallen, höre ich den dumpfen und ergreifend stummen Klang, den ich in meinen Gemälden suche.«

Die Pension »Gloanec« war ein typisch bretonisches, solides Steinhaus, das weiß verputzt und um die Fenster und die breite Eingangstür herum schwarz gestrichen war. Auf dem Gehsteig vor dem Haus standen stabile Holztische. Und dort trafen sich die Künstler – unter einem großen Gemälde von Pont-Aven, das über dem Eingang hing –, tranken Cidre oder einen kräftigen Landwein, rauchten Pfeife und diskutierten ihre revolutionären Theorien über die reine Farbe, über »Wahrnehmung« und Technik. »Kopieren Sie die Natur nicht zu sehr«, riet Gauguin seinem jungen Freund Émile Schuffenecker. »Kunst ist Abstraktion; holen Sie diese aus der Natur, indem Sie sie träumend betrachten, und denken Sie mehr an die Schöpfung als an das Resultat.«

Nach der Kälte, mit der man ihm in Paris begegnet war, empfand

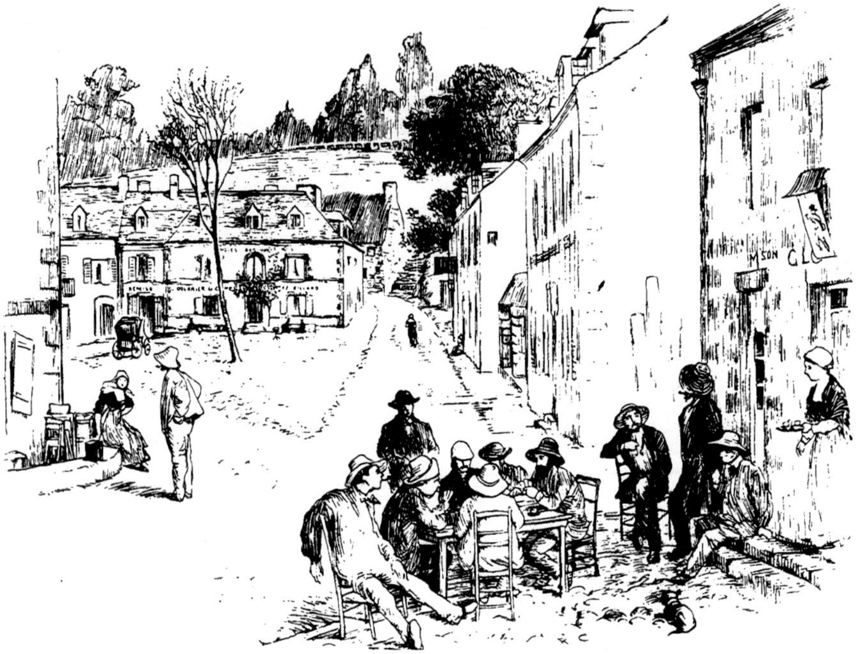

Randolph Caldecott fertigte diese Zeichnung im Jahr 1879 an. Sie zeigt die Künstler draussen vor der Pension »Gloanec«. Auf der anderen Seite des Platzes kann man die Konkurrenz, das »Hôtel des Voyageurs«, erkennen.

Gauguin die Großzügigkeit und Herzlichkeit von Marie-Jeanne Gloanec als ausgesprochen wohltuend. Sie war eine bodenständige, rechtschaffene Person, die stets dafür Sorge trug, daß die Dienstmädchen das Haus tadellos in Ordnung hielten und herzhafte Suppen und große Portionen Fisch auf den Tisch brachten. Gauguin war von der freundlichen Atmosphäre und dem guten, reichlichen Essen auf Anhieb begeistert. Dank Marie-Jeannes Bereitschaft, Kredit zu gewähren, war ihre Pension bei Künstlern beliebter als die beiden anderen Unterbringungsmöglichkeiten im Ort, obwohl diese Hotels nur geringfügig teurer waren. Und außerdem war Gauguin in der Pension »Gloanec« alles andere als einsam. Er genoß die Gesellschaft jüngerer Maler und die Ruhe. Stets fand er ein dankbares Motiv, und seine kraftvollen und fröhlichen Arbeiten aus jener Zeit sind von bezauberndem Charme. Mit beeindruckender Ursprünglichkeit und einer leuchtenden Farbpalette gelingt es Gauguin, die herbe Schönheit der Anhöhen, der Katen und einsamen Leuchttürme einzufangen. An Regentagen dienten ihm die Tischdekorationen im Speisezimmer als Malvorlage, so bei dem Gemälde ***Nature morte aux cerises (Stilleben mit Kirschen)***: Auf einem Tisch, der in schmeichelndes Licht getaucht ist, steht eine einfache, mit Kirschen gefüllte Porzellanschale neben einem Sahnekännchen und einer Karaffe mit leichtem Rotwein. Die Vornehmheit von Marie-Jeannes Pension ist nicht zu übersehen: Deutlich sind in dem weißen Tischtuch die Bügelfalten zu erkennen.

Gauguin war bald im ganzen Dorf bekannt und beliebt. Marie le Pape berichtete später, daß er und seine Freunde am späten Abend häufig zum nahen Kervastor-Hof hinübergingen. Dort unterhielt sie der Bauer mit keltischen Sagen und Legenden, während sich die hungrigen Maler geröstete Eßkastanien und Buchweizen-Crêpes schmecken ließen und reichlich Apfelschnaps tranken.

Als Pont-Aven Opfer seiner eigenen Berühmtheit wurde und es dort, wie Gauguin es formulierte, »von widerwärtigen Leuten wimmelte« (damit meinte er vornehme Damen auf Malurlaub und andere Touristen), flüchteten er und andere Künstler weiter die Küste hinauf ins kleine Dorf Pouldu, das später Gauguins »französisches Tahiti« genannt werden sollte. Etwas Wildes und Ursprüngliches geht von dieser Landschaft und dem einsam am Meer stehenden Gasthaus aus, in das Gauguin sich einmietete.

»Aufgrund seiner unglaublichen Andersartigkeit war es ein wunderbarer Ort«, erinnerte sich der schottische Maler Archibald Standish Hartrick, der Gauguin in Pont-Aven und Pouldu begegnete. »Stellen

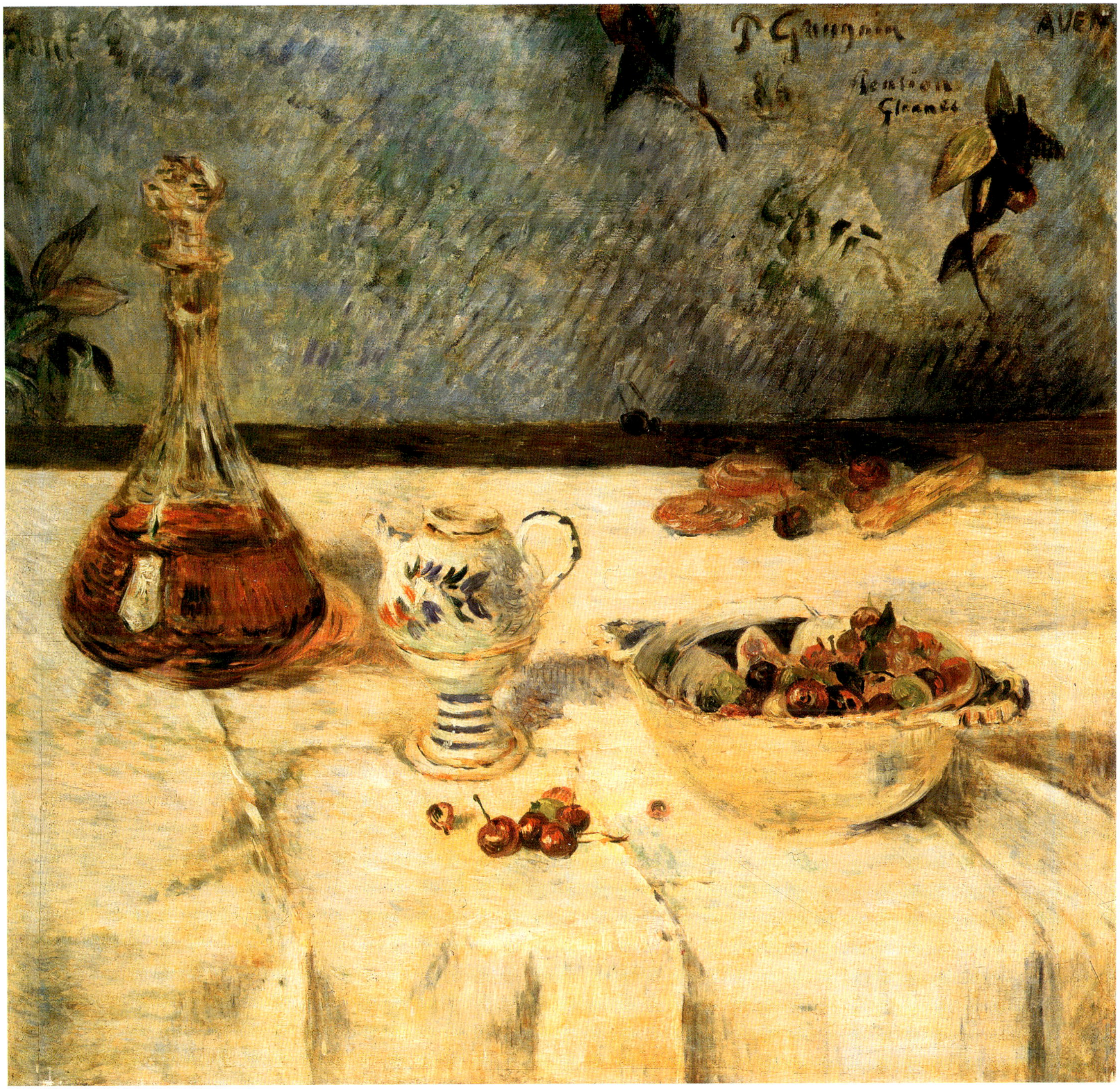

Paul Gauguin: Stilleben mit Kirschen

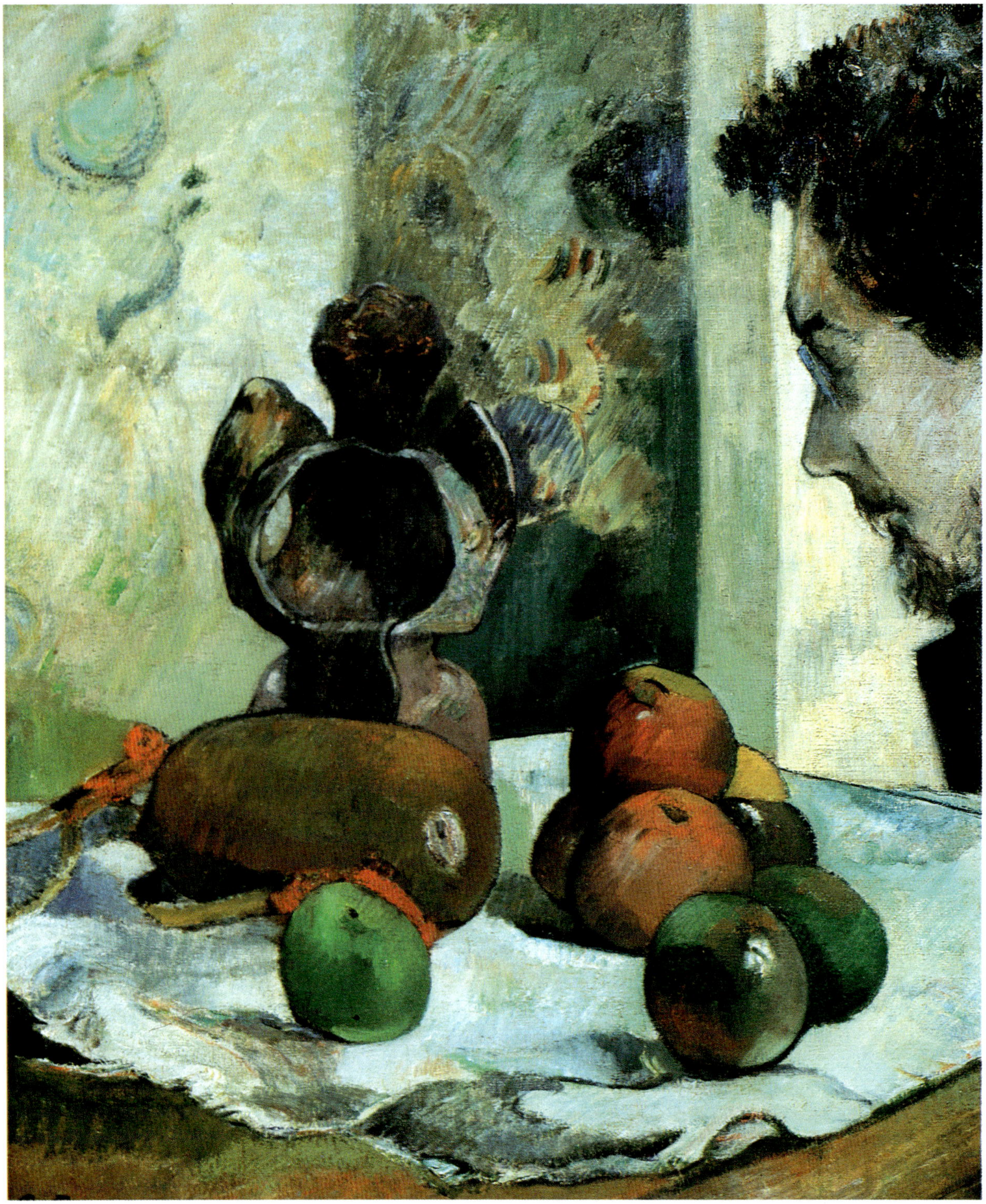

PAUL GAUGUIN: STILLEBEN MIT LAVAL IM PROFIL

Sie sich einen Landstrich vor, der aus riesigen Sanddünen besteht, den berghohen Wellen der rauhen See nicht unähnlich, die einem eine Ahnung von den Brechern im Golf von Biskaya und im Atlantik vermitteln. Das Ganze ist bevölkert von einem scheinbar wilden Menschenschlag, der offenbar nichts anderes tut, als Treibholz oder Algen zu sammeln, und zwar mit merkwürdigen Schlitten, die von zotteligen Ponys gezogen werden. Die Frauen sind schwarz gekleidet und tragen diese große schwarze ›coiffe‹ [Haube].«

Das »Buvette de la Plage« am Strand von Pouldu wurde von einer jungen Frau namens Marie Henry geführt. Im Erdgeschoß des Gasthauses befand sich ein großer Raum, in dem sich die Männer, die am Strand ihre Karren mit Sand beluden, nach der Arbeit trafen, um gemeinsam mit den Fischern zu trinken. Ein ehemaliger Schuppen diente als Küche, und im ersten Stock gab es drei Gästezimmer und einen kleinen Raum, den die Wirtin selbst bewohnte.

Den Schriftsteller André Gide, der damals ebenfalls hier zu Gast war, faszinierten die zahlreichen farbenfrohen Gemälde an den Wänden. Als er gerade Platz nahm, trafen Sérusier, Filiger und Gauguin ein. Sie waren barfuß, »herrlich verlottert« und schmetterten aus voller Kehle Opernarien.

Das Gasthaus wurde zum wichtigsten Treffpunkt der Gruppe. Denn Marie Henry war eine liebenswürdige Wirtin, die ein Herz für Maler hatte; Émile Jourdan sagte sogar von ihr, daß sie »den Künstlern eine wahre Mutter« war. Und wegen ihrer außergewöhnlichen Schönheit gab man ihr den Spitznamen »Marie Poupée« (Marie, die Puppe). Sie hatte ein Kind von Jacob Meyer de Haan, der gemeinsam mit Gauguin eine ganze Wand des Gastraumes in ein großes Gemälde verwandelte – und schon bald schmückten Gemälde der Pont-Aven-Schule auch die anderen Wände. Als dann keine Wand mehr frei war, nahmen die Künstler sich die Decken vor. 1889 malte Gauguin Gänse und Zwiebeln an die Decke des Gastraums. Keine Fläche, weder Türen noch Kamine, wurde ausgespart, und sogar die Fensterscheiben verzierten sie mit täuschend echt wirkenden Buntglasscheiben.

Pouldu, seine dichten, schattigen Wälder und die herbe Schönheit der bretonischen Landschaft schenkten Gauguin endlich den langersehnten Frieden: Hier war es ursprünglich und exotisch gleichermaßen. Die Dorfbewohner sprachen nicht französisch, sondern bretonisch und trugen Trachten, die von Ort zu Ort verschieden waren. Gemeinsam mit seinen Malerkollegen beschäftigte er sich intensiv mit der alten keltischen Kultur der Dorfbewohner. Dabei half ihnen der Umstand, daß sie rasch das Vertrauen der Kinder gewannen, die aufgrund ihrer unverhohlenen Neugier und Gutmütigkeit schon bald bereitwillig die auf Herdplatten gebackenen Crêpes mit dem bunten, verlotterten Malervölkchen teilten. Die schnelle Bereitschaft der Kinder, die Maler zu akzeptieren, entkräftete die Vorbehalte ihrer Eltern, und so wurden die Künstler – die die Einwohner Modell sitzen ließen und den Männern 40 Centime, den Frauen 30 Centime und den Kindern 1 Centime dafür zahlten – zu Hochzeiten und anderen Festen eingeladen, auf denen Gauguin häufig Akkordeon spielte. Er war eine auffallende Erscheinung – mit alten Leinenhosen und einer blauen Strickjacke, eine Mütze keck aufs Ohr gesetzt, wie ein bretonischer Fischer gekleidet. Dazu trug er Holzpantinen, die er zinnoberrot und kobaltblau bemalt und mit Schnitzereien und dunklen Linien verziert hatte. Wenn er spielte, tanzten die bretonischen Mädchen mit ihren weiten, wehenden Röcken zu den Weisen.

Doch man war nicht nur zum Vergnügen hier. Die Maler standen zeitig auf, tranken zum Frühstück einen *café au lait* und aßen ein Stück Brot mit Butter, bevor sie – mit Staffelei, Pinseln und Farben oder, je

»Ich habe ein ziemlich großes, sauberes Zimmer bei einem Fischer gefunden, der auch noch ein kleines Gasthaus führt und damit einverstanden ist, mich für nur vier Franc am Tag zu verköstigen. Ich denke, ich werde nur noch von Fisch, vornehmlich von Hummer, leben.«

CLAUDE MONET in einem Brief an ALICE HOSCHEDÉ, SEPTEMBER 1886

nach Lichtverhältnissen, mit dem Zeichenblock bewaffnet – hinauszogen und sich an die Arbeit machten. Gegen halb zwölf kehrten sie zum Mittagessen in den Gasthof zurück. Anschließend setzten sie ihre Arbeit fort, bis das Licht gegen fünf Uhr nicht mehr ausreichte. Abendessen gab es um sieben Uhr, und nachdem sie eine Partie Bingo oder Dame gespielt hatten, gingen sie meist schon gegen zehn Uhr zu Bett.

1894 kam Gauguin – in Begleitung seiner exotisch wirkenden jungen javanesischen Geliebten Annah, die ihren Lieblingsaffen und einen Sittich mitbrachte – zum letzten Mal nach Pont-Aven. Der Ort war nicht mehr wiederzuerkennen. Marie-Jeanne Gloanec hatte das »Lion d'Or« gekauft, und alle drei ursprünglich vorhandenen Hotels hatten ihre Bettenzahl erhöht; zusätzlich war an einem Platz im Dorfzentrum das »Hôtel de Bretagne« eröffnet worden. Paul Signac, der sich im gleichen Jahr wie Gauguin in dem Ort aufhielt, schrieb entsetzt: »Gestern war ich in Pont-Aven. Es ist ein lächerlicher Ort mit verschwiegenen Winkeln und Wasserfällen, der aussieht, als hätte man ihn für englische Aquarellmalerinnen ersonnen ..., wohin man auch blickt, in Samt gehüllte Maler, betrunken und obszön ...«

Obwohl Marie-Jeanne Gauguin genauso herzlich willkommen hieß wie immer, endete sein letzter Besuch mit einem Mißklang. Sie hatte ihm stets mütterliche Gefühle entgegengebracht und bewies ihm nun ihre Zuneigung, indem sie Annah und ihn auf das allerbeste bewirtete. Die Dorfbewohner hingegen waren von seiner arroganten Geliebten weniger angetan. Als ein paar Kinder höhnische Bemerkungen fallenließen, kam es zu einer heftigen Prügelei, bei der Gauguin sich eine Beinverletzung zuzog. Seine Tage in Frankreich waren gezählt. Nicht nur, daß der Dorfarzt seinen gebrochenen Knöchel nicht fachgerecht schiente, als er schließlich nach Paris zurückkehrte, hatte die undankbare Annah zu allem Überfluß auch noch sein Atelier geplündert.

Als auch Renoir Pont-Aven besuchte, stieg er im »Hôtel des Voyageurs« ab, das allgemein unter dem Namen »Hôtel Julia« bekannt war – nach der Besitzerin Julia Guillou. Ihr verehrte Renoir ein Aquarell, das zwanzig Jahre lang im Speisesaal hing.

Renoir gefiel es in Pont-Aven so gut, daß er im darauffolgenden Jahr mit seiner Familie wiederkam. An seinen Freund Dr. Paul Gachet schrieb er: »Ich bin mit der Familie in Pont-Aven. Ich war schon in der Normandie, dem Pilzland, aber das war nichts für mich; ich langweilte mich in dieser feuchten Gegend zu Tode.« 1895 reiste er ein letztes Mal in die Bretagne, diesmal nach Tréboul, nahe der für ihre Sardinen berühmten Hafenstadt Douarnenez. Doch danach lockten ihn die warmen, leuchtenden Farben des Südens mehr, und so gab er schließlich seiner Sehnsucht nach und zog ins südfranzösische Cagnes-sur-Mer.

1886 verbrachte Monet zweieinhalb Monate im bretonischen Belle-Île-en-Mer. In jener Zeit malte er, oft unter sehr ungünstigen Wetterbedingungen, 39 Gemälde – Fels-, Himmels- und Seeansichten ohne eine Spur menschlichen Lebens. Diese kargen, sturmgepeitschten und einsamen Landschaften sind wohl ein Spiegel seines damaligen Seelenzustands, seiner selbstgewählten Einsamkeit. Während er von seinen Freunden und seiner Familie getrennt war, schrieb er jedoch täglich an Alice Hoschedé und schilderte ihr die Kraft des Ozeans: »Das Meer zu beobachten ist unglaublich. Was für ein Anblick! Es ist derart außer Kontrolle, daß man sich fragt, ob es sich jemals wieder beruhigen wird.« Aber er beschrieb ihr auch sein Leben auf der von der Umwelt abgeschnittenen Insel, an der die vielen Fischerboote vor Anker gingen, die wegen der großen Sardinenschwärme herkamen. Untergekommen war er in Kervilahouen, einem kleinen Dorf, das aus noch nicht einmal einem Dutzend Häusern bestand, in einem kleinen Gasthaus, das ein Fischer namens Père Marec betrieb.

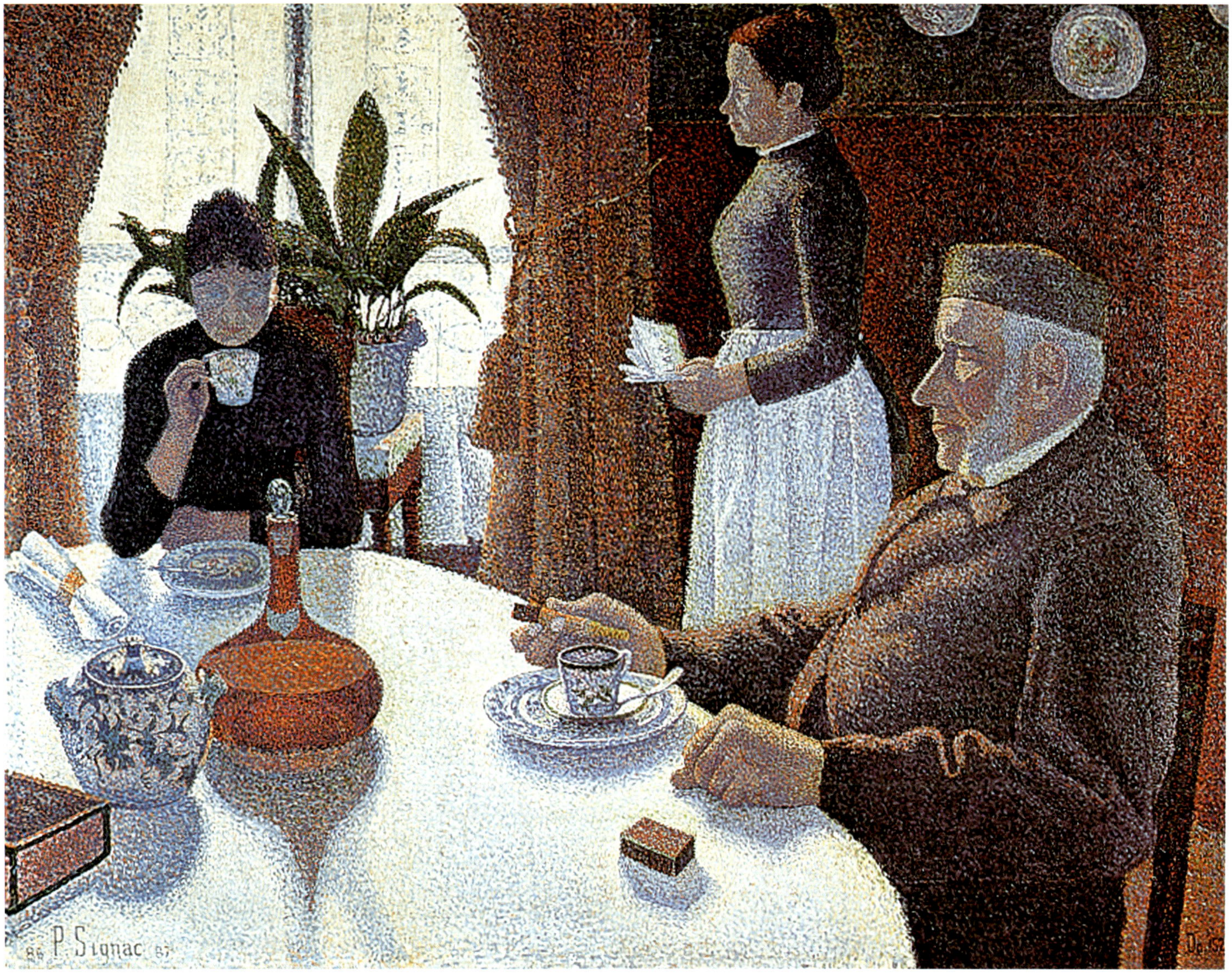

Paul Signac: Das Frühstück

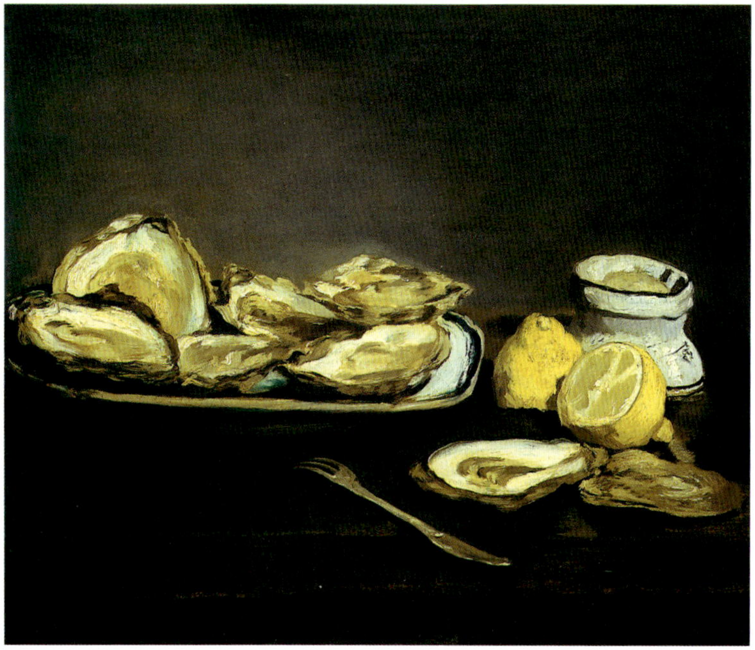

EDOUARD MANET: AUSTERN

Auf dieser abgeschiedenen Insel war man derart häufig wütenden Winden und heftigen Stürmen ausgesetzt, daß der Metzger und der Bäcker nur einmal in der Woche vorbeikamen. Dennoch konnte Monet seinen Wirt überreden, ihm nicht immer nur Fisch vorzusetzen. »Ich gewöhne mich an mein anspruchsloses Leben«, schrieb er am 24. September. »Ja, meine Wirtsleute tun ihr Bestes, um mich zufriedenzustellen, und das Essen ist etwas vielseitiger geworden. Sie haben Brot und Fleisch und auch Obst besorgen können, und ich esse nun zu jeder Mahlzeit Obst.«

Nun, ganz ohne Freunde war er nicht. Im Oktober besuchte ihn Octave Mirbeau, und als das Wetter einmal ganz besonders schlecht war, gab es ein »richtiges Festmahl« – Crêpes, die, »das dürfen Sie mir glauben, köstlich waren«. Allerdings fügt Monet dann beinahe ein wenig gereizt hinzu: »Natürlich gab es dazu Hummer.« Obwohl er mit Wind, Regen und derart heftigem Hagel zu kämpfen hatte, daß er »gelegentlich fürchtete, er könne Löcher in meine Leinwand schlagen«, kam er mit seiner Arbeit gut voran, und seine Wirtsleute, die zweifellos von dem Appetit und der Dankbarkeit ihres illustren Gastes beflügelt wurden, übertrafen sich selbst. Am 21. Oktober schrieb er:

»Meine Wirtsleute sind wirklich nett, und ich bin vollkommen glücklich hier und bekomme lauter Dinge zu essen, die ich mag; aber wie Sie sich sicher vorstellen können, genieße ich den vielen Fisch. Zur Zeit fangen sie hier eine Menge Makrelen und Meeräschen, und morgen bekomme ich Tümmler zu essen.«

Im Spätherbst wurde die Jagdsaison eröffnet, und nun standen auch Waldschnepfen auf der Speisekarte, die zusammen mit den Pilzen serviert wurden, die Mirbeau für ihn sammelte. Dieses einfache, ländliche Leben erinnerte Monet an seine Anfänge als Maler, als er mit Bazille durch die Felder der Normandie streifte oder durch den Wald von Fontainebleau gewandert war – stets beflügelt von dem ihm so wichtigen Gefühl der Freiheit. Er liebte es, bis zum Anbruch der Dämmerung zu malen und danach bei einem guten Abendessen den Gesprächen der Fischer zu lauschen. Als er schließlich Kervilahouen »und seine rechtschaffenen Menschen« am 24. November mit dem Boot verließ, tat er es »mit großem Bedauern«. Das Wetter hätte – ausnahmsweise – nicht besser sein können. »Es war großartig«, schrieb er Alice. »Ich habe noch nie einen so wunderschönen Sonnenuntergang gesehen. Es war, als segelte ich auf einem roten Farbenmeer. Es war wundervoll.«

SOUPE À LA LAITUE ET AUX FINES HERBES ⓥ

SALATSUPPE MIT KRÄUTERN

FÜR 4 PERSONEN

3 EL Butter
2 Stangen Lauch, geputzt, in Scheiben geschnitten und gründlich abgespült
2 Knoblauchzehen, feingehackt
jeweils 1 TL frischer Thymian, Rosmarin und Salbei, gehackt
50 g gemischte frische Kräuter wie Basilikum, Kerbel, Schnittlauch, Dill, Minze, Petersilie und Estragon, gehackt
450 g gemischte Blattsalate wie Endivie, Batavia, Rauke etc., zerpflückt
1 l Gemüse- oder Hühnerbrühe
Saft von ½ Zitrone
Salz und Pfeffer

DIE BUTTER IN einem großen Topf zerlassen. Lauch, Knoblauch, Thymian, Rosmarin und Salbei hineingeben und bei schwacher Hitze 10 Minuten schmoren lassen. Die Salate sowie die übrigen Kräuter unterrühren.

Die Brühe zugießen, zum Kochen bringen, die Hitze reduzieren und das Ganze 10 Minuten köcheln lassen. Den Topfinhalt in den Mixer oder in eine Küchenmaschine geben und glatt pürieren. Alles wieder in den Topf gießen, mit Zitronensaft sowie Salz und Pfeffer abschmecken und langsam erhitzen. Die Suppe heiß oder gut gekühlt servieren.

COQUILLES SAINT-JACQUES À LA BRETONNE

ÜBERBACKENE JAKOBSMUSCHELN

Ein klassisches Gericht aus der Bretagne, das ebenso einfach wie wohlschmeckend ist. Nach Möglichkeit sollten die Jakobsmuscheln in der Schale zubereitet und auch serviert werden. Falls Sie bereits ausgelöstes Muschelfleisch verwenden, fragen Sie Ihren Fischhändler nach Schalen. Sie können das Gericht aber auch in kleinen feuerfesten Förmchen auf den Tisch bringen.

FÜR 4 PERSONEN

12 große Jakobsmuscheln
100 g Butter, zerlassen
1 kleine Knoblauchzehe, zerdrückt
1 kleine Schalotte, sehr fein gehackt
1 EL Petersilie, gehackt
2 EL Semmelbrösel
Salz und Pfeffer
1 EL Zitronensaft

DEN BACKOFEN AUF 220° C vorheizen. Die Jakobsmuscheln aus den Schalen lösen, abspülen und den roten Rogen, *corail* genannt, vom weißen Muskel, der Nuß, trennen. Die Nuß in 1 cm dicke Scheiben schneiden und auf Küchenpapier abtropfen lassen.

4 untere, tiefer gewölbte Muschelschalen oder 4 feuerfeste Förmchen mit zerlassener Butter ausstreichen. Knoblauch, Schalotten, Petersilie, Semmelbrösel sowie Salz und Pfeffer vermischen und jeweils ein wenig davon in die Muschelschalen beziehungsweise in die Förmchen geben.

Muschelfleisch und *corail* gleichmäßig auf die 4 Schalen oder Förmchen verteilen, mit der restlichen Semmelbrösel-Mischung bestreuen und mit der restlichen Butter sowie etwas Zitronensaft beträufeln.

Auf ein Backblech geben und für 12 bis 15 Minuten in den heißen Ofen schieben, bis das Muschelfleisch weiß und gar ist. Aus dem Ofen nehmen und vor dem Servieren leicht abkühlen lassen.

PLATEAU DE FRUITS DE MER

MEERESFRÜCHTE-PLATTE

Die Muscheln und Schaltiere der Bretagne sind von kaum zu übertreffender Qualität, und einer Platte mit frischen Meeresfrüchten kann wohl niemand widerstehen. Wer sich scheut, den Hummer und die Langusten selbst zu kochen, sollte dies seinem Fischhändler überlassen. Ausgesprochen nützlich für dieses Gericht sind eine Hummerzange, mit der man Scheren und Beine aufbricht, und die langstielige Hummergabel, mit der man auch noch aus den letzten Schalenwinkeln das Fleisch herausziehen kann.

FÜR 2 PERSONEN

1 Hummer von etwa 450 g
12 Langusten
12 Miesmuscheln
12 Venusmuscheln, 6 Austern
1 Krebs von etwa 675 g, gekocht
100 g Krabben oder Atlantik-Garnelen, gekocht
12 Meeresschnecken, gekocht

ZUM SERVIEREN:
zerstoßenes Eis (nach Belieben)
Zitronenspalten
1 Portion aïoli *(siehe Seite 168)*
1 Portion Schalotten-Vinaigrette (siehe Seite 70)
knuspriges Baguette

BITTEN SIE IHREN Fischhändler, den Krebsbauch für Sie zu öffnen. Entfernen Sie die grauen »haarigen« Teile, und legen Sie den Körper wieder zurück in die Schale. Für den Hummer in einem sehr großen Topf kaltes, gesalzenes Wasser – man nimmt für jeweils 4 ½ Liter Wasser 150 Gramm Salz – zum Kochen bringen.

Den Hummer hineingeben, das Wasser erneut zum Kochen bringen und den Hummer 15 Minuten köcheln lassen. Aus dem Topf nehmen und abkühlen lassen. Die Scheren mit einer Hummerzange knacken und den Hummer kalt, aber nicht in den Kühlschrank stellen.

Die Langusten in das kochende Hummerwasser geben, aufkochen und dann 2 Minuten kochen lassen. Die Langusten aus dem Topf nehmen und abkühlen lassen.

Die Muscheln gründlich abbürsten und von den Miesmuscheln die Bärte entfernen. Die Muscheln etliche Male in kaltem Wasser waschen und dieses dabei immer wieder wechseln. Alle geöffneten Muscheln, die sich nicht schließen, wenn man sie mit einem spitzen Messer berührt, aussortieren. Die Muscheln in einen großen Topf geben und bei mittlerer Hitze 3 bis 4 Minuten zugedeckt garen lassen, bis sich ihre Schalen öffnen. Den Topf dabei immer wieder rütteln. Nach Ende der Garzeit alle ungeöffneten Muscheln aussortieren. Die übrigen Muscheln in ein Sieb geben, abtropfen und abkühlen lassen. Die Kochflüssigkeit in einer Schüssel auffangen, wenn man sie für eine andere Zubereitung verwenden will. Dazu nach dem Abkühlen einfrieren.

Die Austern festhalten, mit einem Austernmesser durch die kleine Öffnung im Gelenk zwischen die beiden Schalen fahren und öffnen. Dabei darauf achten, daß nichts von der köstlichen Austernflüssigkeit verlorengeht.

Eine große Platte oder eine flache Schüssel großzügig mit leicht zerstoßenem Eis belegen und darauf die vorbereiteten Meeresfrüchte anrichten. Mit Zitronenspalten garnieren und die Meeresfrüchte-Platte mit *aïoli*, Schalotten-Vinaigrette und knusprigem Weißbrot servieren.

PALOURDES FARCIES

GEFÜLLTE VENUSMUSCHELN

Für die Zubereitung dieses Rezeptes sollte man nach Möglichkeit Venusmuscheln verwenden. Falls nicht erhältlich, kann man sie durch Miesmuscheln oder Austern ersetzen. Die Anregung zu diesem Rezept stammt aus Alan Davidsons Buch *North Atlantic Seafood*.

FÜR 4 PERSONEN

40 große Venusmuscheln, ersatzweise Miesmuscheln oder Austern
2 EL Butter
4 große Frühlingszwiebeln, geputzt und feingehackt
1 Knoblauchzehe, zerdrückt
0,15 l Crème double
2 EL geriebener Gruyère
Salz und Pfeffer
2 EL frische Semmelbrösel

DIE VENUSMUSCHELN ABBÜRSTEN und etliche Male in kaltem Wasser waschen. Das Wasser dabei immer wieder wechseln. Alle geöffneten Muscheln, die sich nicht schließen, wenn man sie mit einem spitzen Messer berührt, aussortieren. Die Muscheln in einen großen Topf geben und zugedeckt bei mittlerer Hitze 3 bis 4 Minuten garen lassen. Den Topf dabei rütteln, bis sich die Muschelschalen geöffnet haben. Nach Ende der Garzeit alle ungeöffneten Muscheln aussortieren. Die Kochflüssigkeit durch ein mit einem Mulltuch ausgelegtes Sieb in einen sauberen Topf gießen, zum Kochen bringen und bei starker Hitze bis auf 2 Eßlöffel einkochen lassen.

Die obere Schale der Venusmuscheln entfernen und die unteren Muschelhälften mit dem Fleisch zum Abtropfen auf Küchenpapier setzen.

Die Butter in einem Topf erhitzen. Frühlingszwiebeln und Knoblauch hineingeben und 5 Minuten vorsichtig braten. Crème double und reduzierten Muschelsud unterrühren und 1 Minute köcheln lassen. Den Topf vom Herd nehmen, den geriebenen Käse unterrühren und mit Salz und Pfeffer abschmecken. Die Sauce beiseite stellen und abkühlen lassen.

Den Grill vorheizen. Die Venusmuscheln in den Schalenhälften auf 4 feuerfeste Formen verteilen, jeweils mit etwas Sauce beträufeln und mit Semmelbröseln bestreuen. Für etwa 1 bis 2 Minuten unter den vorgeheizten Grill schieben, bis die Sauce Blasen wirft und die Oberfläche goldbraun ist. Sofort servieren.

FRICASSÉE DE HOMARD

HUMMERFRIKASSEE

FÜR 2 PERSONEN

2 lebende Hummer von je etwa 450 g
2 EL Butter
2 EL Olivenöl
4 Schalotten, feingehackt
1 Knoblauchzehe, zerdrückt
4 große reife Tomaten, enthäutet, entkernt und in Würfel geschnitten
2 EL Cognac
6 EL trockener Wermut oder Weißwein
1 Prise Safranfäden, in 2 EL kochendem Wasser eingeweicht
0,3 l Fischbrühe
1 EL gehackte frische Kräuter wie Kerbel, Schnittlauch, Dill und Petersilie
Salz und Pfeffer
knuspriges Baguette zum Servieren

IN EINEM SEHR großen Topf gesalzenes Wasser (siehe Seite 136) zum Kochen bringen. Die Hummer hineingeben, das Wasser wieder aufkochen lassen und die Krustentiere 5 Minuten kochen. Aus dem Wasser nehmen und sofort in kaltes Wasser tauchen, damit die Hummer nicht weitergaren.

Die Scheren von den Schwänzen trennen, aufbrechen und das Fleisch auslösen. Köpfe und Beine entfernen, das Schwanzfleisch ebenfalls auslösen und in 4 bis 5 Stücke zerteilen. Das ausgelöste Hummerfleisch beiseite stellen.

Butter und Öl in einer tiefen Pfanne erhitzen. Schalotten und Knoblauch hineingeben und bei schwacher Hitze 10 Minuten schmoren. Die Temperatur erhöhen, die Hummerstücke in die Pfanne geben und einige Minuten braten, bis sie braun zu werden beginnen. Die Tomaten unterrühren. Cognac und Wermut beziehungsweise Weißwein zugießen und die Flüssigkeit bei starker Hitze fast vollständig einkochen lassen.

Den Safran mitsamt dem Einweichwasser sowie die Fischbrühe unterrühren. Das Ganze zugedeckt 8 Minuten köcheln lassen. Mit einem Schaumlöffel die Hummerstücke herausnehmen und auf einer vorgewärmten Platte beiseite stellen. Die Flüssigkeit in etwa 2 Minuten einkochen und sämig werden lassen. Die gehackten Kräuter unterrühren und mit Salz und Pfeffer würzen. Die Hummerstücke wieder in die Pfanne geben und heiß werden lassen. Sofort mit knusprigem Baguette servieren.

COTRIADE

BRETONISCHER FISCHEINTOPF

Als Monet mehrere Monate in der Bretagne verbrachte, wohnte er in dem kleinen Gasthaus eines Fischers. Besonders schmeckte ihm der frisch zubereitete Fischeintopf, der in dieser Gegend *cotriade* genannt wird, ein Wort, das sich von *côte* (Küste) ableitet.

FÜR 4 PERSONEN

450 g Miesmuscheln, abgebürstet (siehe Seite 136)
225 g Kartoffeln, geschält und in 2 ½ cm große Würfel geschnitten
1 kleine Fenchelknolle, geputzt und in Würfel geschnitten
2 EL Pernod
675 g gemischte Fische wie Haifisch, Seehecht, Makrele, Hering, Meeräsche, geschuppt, ausgenommen, gesäubert und in große Stücke geschnitten
50 g Crème fraîche
50 g Butter, in Würfel geschnitten
4 EL Kerbel, gehackt
Salz und Pfeffer

FÜR DIE BRÜHE:
2 Mohrrüben, geschält und in Scheiben geschnitten
1 Zwiebel, feingehackt
2 Stangen Sellerie, in Scheiben geschnitten
1 Fenchelknolle, in kleine Stücke geschnitten
2 Knoblauchzehen, geschält
2 Lorbeerblätter, 4 Zweige Petersilie
4 frische Thymianzweige, 6 weiße Pfefferkörner
1 TL Meersalz
0,6 l trockener Weißwein
0,6 l Wasser

DIE ZUTATEN FÜR die Brühe mit kaltem Wasser in einen großen Topf geben und aufkochen lassen. Die Hitze reduzieren und das Ganze 30 Minuten köcheln lassen. Die Brühe durch ein Sieb in einen sauberen Topf gießen, dabei die Rückstände im Sieb mit einem Holzlöffel kräftig auspressen.

In der Zwischenzeit die Miesmuscheln gründlich waschen. Alle geöffneten Muscheln, die sich nicht schließen, wenn man sie mit einem spitzen Messer berührt, aussortieren. Die Muscheln in einen Topf geben und zugedeckt 4 bis 5 Minuten garen lassen. Den Topf rütteln, bis sich die Muschelschalen geöffnet haben. Alle geschlossenen Muscheln aussortieren. Den Muschelsud durch ein mit einem Mulltuch ausgelegtes Sieb gießen und zur Brühe geben.

Kartoffeln, Fenchel und Pernod in die Brühe geben und das Gemüse zugedeckt in 20 bis 25 Minuten gar, aber nicht zu weich kochen. Den Fisch zugeben und 8 bis 10 Minuten in der Brühe ziehen lassen. Eine Minute vor Ende der Garzeit die Miesmuscheln zugeben und in der Brühe erhitzen. Fische, Muscheln und Gemüse mit einem Schaumlöffel aus der Brühe nehmen und auf eine vorgewärmte Platte geben. Locker mit Alufolie bedecken und im nicht zu heißen Backofen warm stellen.

Die Brühe nochmals zum Kochen bringen, Crème fraîche unterrühren und bei großer Hitze in 5 Minuten etwas einkochen und andicken lassen. Die Hitze reduzieren und nach und nach die Butter und schließlich den gehackten Kerbel unterrühren, abschmecken und Fische, Muscheln und Gemüse zurück in den Topf geben. Vorsichtig heiß werden lassen und servieren.

GEGENÜBER: BRETONISCHER FISCHEINTOPF

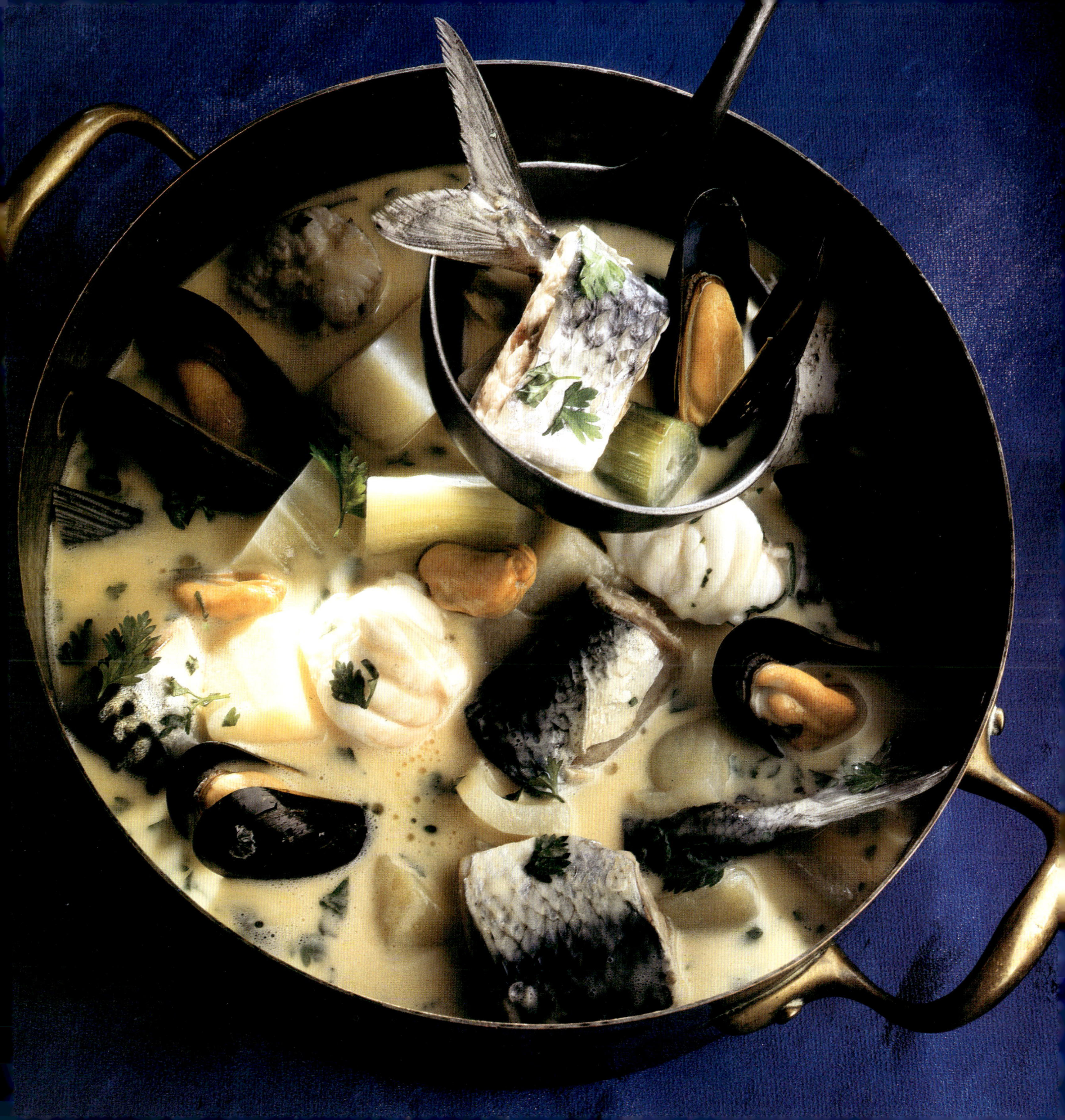

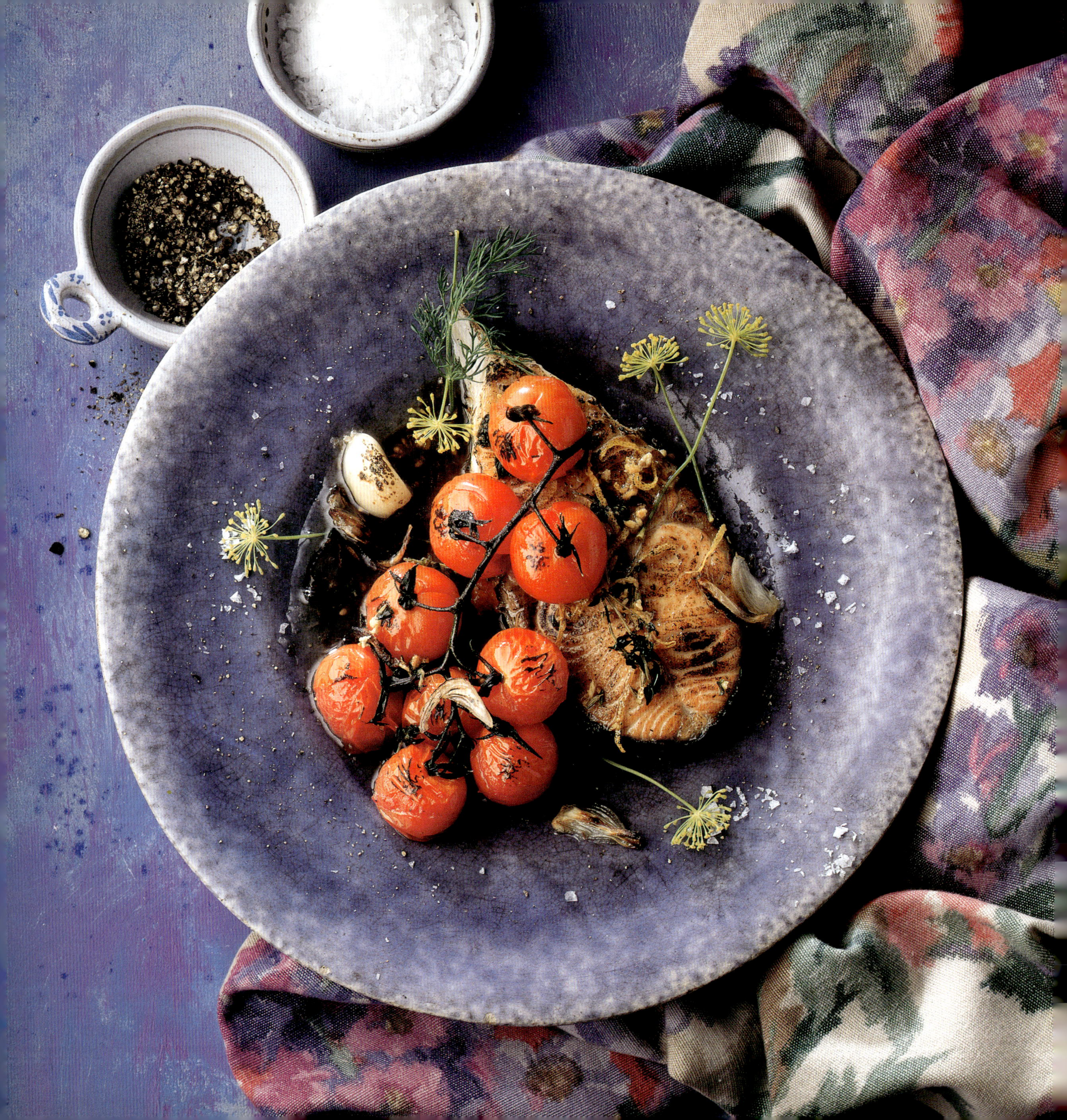

Tranches de Saumon grillé et Tomates au Four

Gegrillte Lachssteaks mit gebackenen Tomaten

Für 4 Personen

4 Wildlachssteaks von je etwa 175 g, abgespült und trockengetupft
4 EL Olivenöl
geriebene Schale und Saft von ½ Zitrone
4 Zweige frischer Thymian, zerstoßen
1 Knoblauchzehe, zerdrückt
½ TL Fenchelsamen, leicht zerstoßen
Salz und Pfeffer

Für die Tomaten:
450 g kleine Tomaten
8 Knoblauchzehen, geschält
2 Schalotten, geschält und in Scheiben geschnitten
4 EL Olivenöl, 1 TL Zucker
2 EL Balsamico- oder Sherry-Essig
Salz und Pfeffer
frische Dillzweige und -blüten zum Garnieren
grüner Salat und knuspriges Baguette zum Servieren

Den Backofen auf 220° C vorheizen. Die Lachssteaks in eine flache Form oder Schüssel legen, die nicht aus Metall sein sollte. Öl, Zitronenschale und -saft, Thymian, Knoblauch, Fenchelsamen und etwas Salz und Pfeffer in einer kleinen Schüssel vermischen und über die Lachsscheiben gießen. Die Lachssteaks bis zur weiteren Verwendung in der Marinade ziehen lassen.

In der Zwischenzeit die Tomaten dicht nebeneinander in einen Bratentopf legen. Alle Zutaten für die gebackenen Tomaten vermischen und über das Gemüse gießen.

Den Bratentopf für etwa 20 Minuten in den vorgeheizten Ofen schieben, bis die Tomaten weich sind und braune Flecken aufweisen. Die Backofentemperatur herunterschalten, den Essig zugießen und die Tomaten mit Folie bedeckt warm halten.

Den Grill vorheizen. Die Lachssteaks aus der Marinade nehmen und auf einen Rost über eine Grillpfanne setzen. Die Steaks auf jeder Seite 2 bis 3 Minuten grillen, bis sie gar und leicht gebräunt sind, dabei gelegentlich mit der Marinade bestreichen.

Die gegrillten Lachssteaks auf vorgewärmten Tellern anrichten. Die gebackenen Tomaten mit dem köstlichen Saft darüber verteilen. Mit frischen Dillzweigen und -blüten garnieren und heiß zusammen mit einem einfachen grünen Salat und knusprigem Baguette servieren.

Gegenüber: Gegrillte Lachssteaks mit gebackenen Tomaten

Loup de Mer au Beurre Blanc

Gegrillter Seewolf mit weisser Buttersauce

Für 4 Personen

1 Seewolf von etwa 1 ½ kg, geschuppt, ausgenommen, abgespült und trockengetupft
Zitronensaft, etwas Olivenöl, Salz und Pfeffer

Für die weisse Buttersauce:
2 Schalotten, feingehackt, 2 EL Weißweinessig
4 EL trockener Weißwein, 2 EL Crème double
175 g Butter, in Würfel geschnitten, Salz und Pfeffer

Den Grill vorheizen. Den Seewolf von innen mit Salz und Pfeffer einreiben sowie mit etwas Zitronensaft beträufeln, von außen mit ein wenig Olivenöl bestreichen und den Fisch auf ein mit Alufolie ausgelegtes Grillblech legen. Den Seewolf unter den Grill schieben und von jeder Seite in etwa 10 Minuten leicht Farbe annehmen und gar werden lassen.

In der Zwischenzeit alle Zutaten für die weiße Buttersauce – mit Ausnahme von Crème double, Butter sowie Pfeffer und Salz – zusammen mit 6 Eßlöffel Wasser in einen kleinen Topf geben und die Flüssigkeit bei starker Hitze auf eine Menge von 1 Eßlöffel einkochen lassen. Die Hitze reduzieren und die Crème double unterrühren. Bei schwacher Hitze nach und nach die Butterstückchen hineingeben, dabei das nächste Stück Butter jeweils erst dann unterrühren, wenn das vorhergehende vollkommen einmontiert ist. Die Sauce darf jetzt nicht mehr kochen, weil die Butter sich sonst absetzen und nicht binden würde. Wenn die Sauce sämig und dick ist, mit Salz und Pfeffer abschmecken.

Den Seewolf auf einer vorgewärmten Platte anrichten, die weiße Buttersauce in einer Sauciere dazu reichen.

»Du willst von mir hören?
Ich wohne am Meeresstrand in einer Fischerherberge, einem Gasthof ganz in der Nähe eines Dorfes von 150 Einwohnern. Ich lebe hier wie ein Bauer . . . , ich trage Leinenhosen (die alle schon fünf Jahre in Gebrauch sind). Meine Ausgaben bestehen in einem Franc für meine Kost und zwei Sous für Tabak. Kein Mensch wird mir vorwerfen können, daß ich mein Leben ›genieße‹. Ich spreche mit niemand und erhalte keine Nachrichten von den Kindern. Ich bin allein – ganz allein! Ich stelle meine Arbeiten bei Goupil in Paris aus. Sie erregen großes Aufsehen, werden aber nur zögernd gekauft. Wieviel Zeit noch vergehen wird, bis sich das ändert, kann ich nicht sagen; was ich aber sagen kann, ist, daß ich heute der Künstler bin, dessen Werke am stärksten in Erstaunen versetzen.«

Brief von Paul Gauguin an seine Frau Mette, 1889

CANETON RÔTI AUX POIS

GEBRATENE ENTE MIT ERBSEN

Ente und Erbsen, die Hauptzutaten dieses Gerichts, waren berühmte Nanteser Spezialitäten. Monet hielt sogar Enten aus Nantes auf seinem Anwesen im normannischen Giverny.

FÜR 4 PERSONEN

1 Ente von etwa 1 ¾ kg, mit Innereien, abgespült und trockengetupft
Meersalz
2 EL Pflanzenöl
225 g Perlzwiebeln oder kleine Zwiebeln
100 g geräucherter Speck, in Würfel geschnitten
4 Knoblauchzehen, geschält
1 EL frischer Thymian, gehackt
450 g frische Erbsen, enthülst

FÜR DIE SAUCE:
1 Zwiebel, feingehackt
1 Mohrrübe, in kleine Würfel geschnitten
2 Stangen Sellerie, in Scheiben geschnitten
1 Bouquet garni (siehe Seite 38)
0,15 l Rotwein

DIE ENTE VON allen Seiten mit einer guten Handvoll Meersalz einreiben und in Form binden. Das Geflügel 1 Stunde beiseite stellen.

In der Zwischenzeit die Innereien sowie alle anderen Zutaten für die Sauce mit 0,6 Liter Wasser in einen Topf geben und zum Kochen bringen. Den aufsteigenden Schaum von der Oberfläche abschöpfen, die Hitze reduzieren und das Ganze 30 Minuten zugedeckt köcheln lassen. Die Sauce durch ein Sieb gießen und beiseite stellen.

Den Backofen auf 180° C vorheizen. Das Öl in einer schweren Kasserolle rauchend heiß werden lassen, die Ente hineingeben und bei mittlerer Hitze unter gelegentlichem Wenden in etwa 20 Minuten von allen Seiten braun anbraten. Die Ente vorsichtig aus der Kasserolle nehmen und beiseite stellen.

Bis auf 3 Eßlöffel alles Fett aus der Kasserolle abgießen. Zwiebeln, Speck und ganze Knoblauchzehen in die Kasserolle geben und unter häufigem Rühren 10 Minuten braten. Den Thymian unterrühren und die Ente wieder in den Topf geben. Die Sauce zugießen und die Ente zugedeckt etwa 30 Minuten im vorgeheizten Ofen schmoren.

Die Kasserolle aus dem Ofen nehmen, Fett und Bratensaft bis auf einige Eßlöffel in eine Schüssel abgießen und beiseite stellen. Die Ente wieder in den Ofen schieben und ohne Deckel noch 1¼ Stunden braten, bis sie gar ist. Die Ente aus der Kasserolle nehmen, auf eine vorgewärmte Platte geben, mit Alufolie bedecken und warm stellen.

In der Zwischenzeit in einem Topf leicht gesalzenes Wasser zum Kochen bringen, die Erbsen hineingeben und 10 Minuten kochen lassen. Das Wasser abgießen, die Erbsen unter kaltem Wasser abschrecken und beiseite stellen.

Vom beiseitegestellten Bratensaft soviel Fett wie möglich abschöpfen. Den entfetteten Bratensaft wieder in die Kasserolle gießen, die Erbsen zugeben und aufkochen lassen. Die Hitze reduzieren und das Ganze 10 bis 15 Minuten köcheln lassen, bis die Erbsen gar sind und die Sauce schön sämig ist. Die Ente mit der Sauce umgießen und servieren.

AGNEAU AUX NAVETS ET ARTICHAUTS

LAMMRAGOUT MIT WEISSEN RÜBCHEN UND ARTISCHOCKEN

Die Bretagne ist berühmt für das Fleisch ihrer Salzwiesenlämmer, *pré-salé* genannt. Traditionsgemäß wird es auch für die Zubereitung dieses Lammragouts mit Frühlingsgemüsen verwendet.

FÜR 4 PERSONEN

4 EL Pflanzenöl
1 kg Lammschulter, entbeint und in große Stücke geschnitten
350 g kleine Zwiebeln (größere Zwiebeln halbieren)
2 Knoblauchzehen, feingehackt
1 EL frischer Rosmarin, gehackt
2 EL Mehl, mit Salz und Pfeffer gewürzt
0,6 l Lamm- oder Hühnerbrühe
6 EL trockener Weißwein
2 EL Tomatenmark
1 EL Zucker
12 kleine weiße Rübchen, geschält
8 neue Kartoffeln, abgebürstet
2 Bund kleine Mohrrüben, geschält
100 g frische Erbsen, enthülst
400 g Artischockenböden oder -herzen, frisch oder aus der Dose
2 EL frische Petersilie, gehackt
Salz und Pfeffer

DIE HÄLFTE DES Öls in einer feuerfesten Kasserolle erhitzen. Lammfleisch in Portionen hineingeben und bei starker Hitze 5 bis 6 Minuten anbraten. Wenn das Fleisch rundherum schön gebräunt ist, mit einem Schaumlöffel herausnehmen und beiseite stellen.

Das restliche Öl in die Kasserolle gießen. Zwiebeln, Knoblauch und Rosmarin zugeben und bei schwacher Hitze in 10 Minuten goldgelb braten. Das Lammfleisch wieder in die Kasserolle geben, mit dem Mehl bestäuben und gut umrühren. Nach und nach unter ständigem Rühren die Brühe zugießen und andicken lassen. Wein, Tomatenmark und Zucker unterrühren und zum Kochen bringen. Die Hitze reduzieren und das Ragout zugedeckt 1 Stunde köcheln lassen.

Weiße Rübchen, Kartoffeln, Mohrrüben und Erbsen zum Fleisch geben und weitere 20 Minuten garen. Artischockenböden beziehungsweise -herzen und Petersilie unterrühren und nochmals 10 Minuten schmoren lassen, bis Fleisch und Gemüse gar und weich sind. Das Lammragout abschmecken und in der Kasserolle auf den Tisch bringen.

GEGENÜBER: LAMMRAGOUT MIT WEISSEN RÜBCHEN UND ARTISCHOCKEN

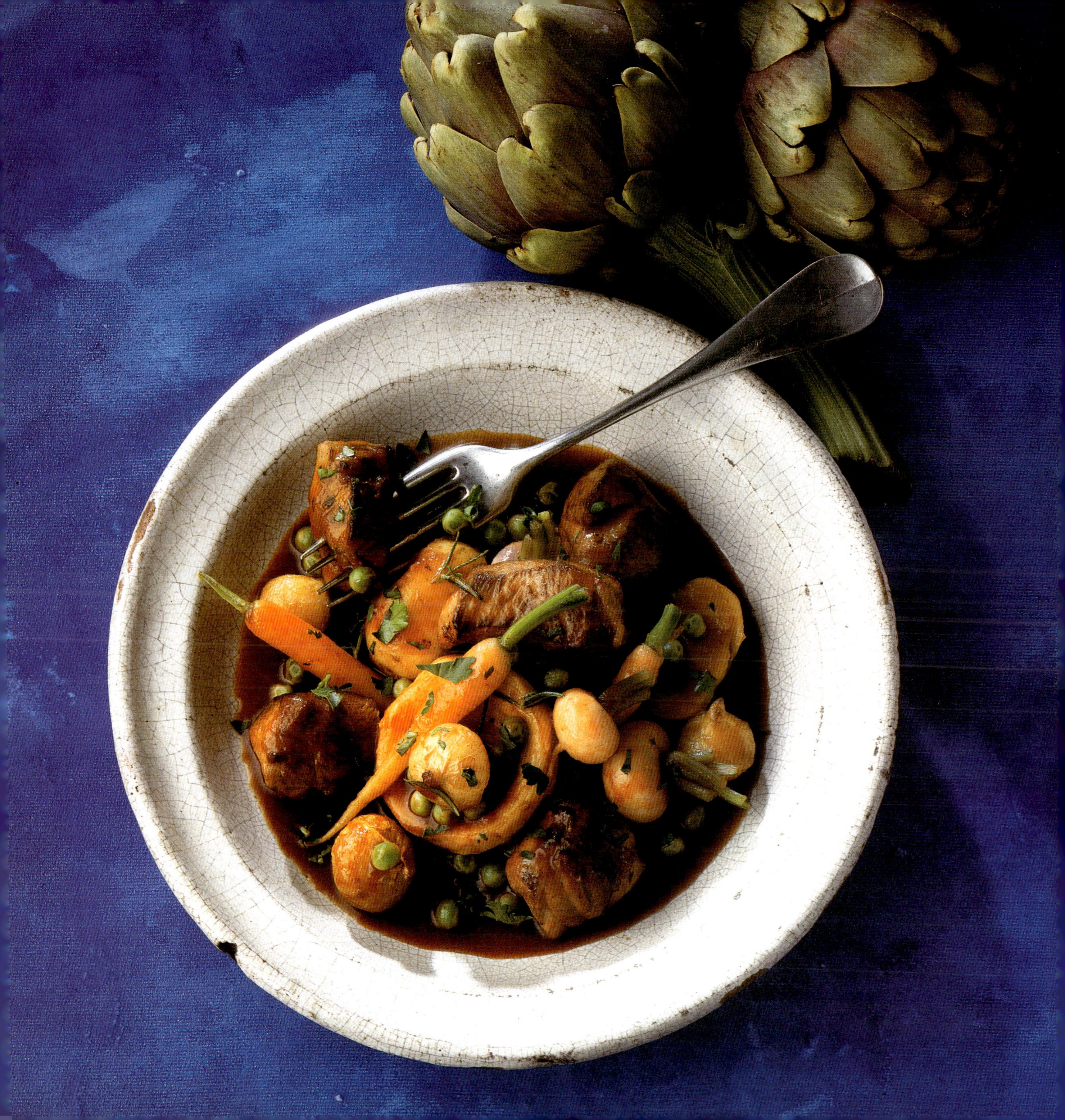

Rôti de Porc à la Moutarde et aux Pommes

Gebratene Schweinelende mit Senf und Äpfeln

Bitten Sie Ihren Metzger, die Schweinelende auszubeinen, da sie sich dann einfacher aufschneiden läßt.

Für 6 Personen

etwa 1 ½ kg Schweinelende, ausgebeint, abgespült und trockengetupft
4 Knoblauchzehen, geschält und in Scheiben geschnitten
2 EL grobkörniger Senf
1 EL frischer Salbei, gehackt
1 TL Meersalz
1 TL Zucker
etwas schwarzer Pfeffer
2 EL Olivenöl
0,15 l trockener Weißwein oder Cidre

Für die Äpfel:
6 Äpfel, vorzugsweise Boskop
Saft von ½ Zitrone
1 ½ EL Rosinen, in 2 EL Cognac 30 Minuten eingeweicht
3 EL Semmelbrösel
½ EL brauner Zucker
½ TL Piment, gemahlen
1 Prise Salz
2 EL Butter, in Würfel geschnitten

Den Backofen auf 200° C vorheizen. Mit einem scharfen, spitzen Messer in das Schweinefleisch einige kleine Einschnitte machen und jeweils eine Scheibe Knoblauch hineingeben. Senf, Salbei, Salz, Zucker, Pfeffer und Öl verrühren und die Schweinelende damit von allen Seiten bestreichen. Das Fleisch in einen kleinen Bratentopf geben, Weißwein oder Cidre zugießen und 30 Minuten im vorgeheizten Ofen schmoren.

In der Zwischenzeit das Kerngehäuse der Äpfel entfernen. Hierfür gibt es im Fachhandel spezielle Apfelausstecher. Das Innere der Äpfel mit Zitronensaft beträufeln, damit sich das Fruchtfleisch nicht verfärbt. Die Rosinen abtropfen lassen und mit Semmelbröseln, Zucker, Piment und Salz vermengen. Die Äpfel gleichmäßig mit dieser Mischung füllen und Butterflöckchen darübergeben.

Die Backofentemperatur auf 190° C herunterschalten. Die Äpfel zum Fleisch in den Bratentopf geben und weitere 45 bis 50 Minuten schmoren, bis das Fleisch gar ist und die Äpfel weich sind. Dabei häufig mit dem Bratensaft bestreichen. Aus dem Ofen nehmen, die Schweinelende 10 Minuten ruhen lassen und dann aufschneiden. Das Fleisch auf einer vorgewärmten Platte anrichten und mit den Äpfeln umlegen. Die Sauce getrennt dazu servieren.

HARICOTS BLANCS AUX TOMATES ⓥ

WEISSE BOHNEN MIT TOMATEN

Dieses Gericht ist eine ideale Beilage zu Braten, insbesondere zu Lammfleisch. Die Garzeit für getrocknete Bohnen hängt davon ab, wie lange sie schon gelagert wurden. Es ist daher möglich, daß die im Rezept angegebene Kochzeit nicht ausreicht. Bedenken Sie, daß weiße Bohnen am besten schmecken, wenn sie kurz vor dem Zerfallen sind.

FÜR 4 PERSONEN

225 g getrocknete weiße Bohnen
1 Bouquet garni (siehe Seite 38)
1 kleine Zwiebel, geschält
3 EL Olivenöl, 4 Schalotten, feingehackt
2 Knoblauchzehen, zerdrückt
2 TL frischer Thymian, gehackt
1 TL frischer Salbei, gehackt
675 g vollreife Tomaten, enthäutet und grobgehackt
1 TL Zucker
Salz und Pfeffer
2 EL frisches Basilikum, gehackt

DIE BOHNEN MIT kaltem Wasser bedecken und über Nacht einweichen. Das Einweichwasser am nächsten Tag abgießen, die Bohnen abspülen und zusammen mit dem Bouquet garni und der ganzen Zwiebel in einen großen Topf geben. Mindestens 10 cm hoch mit kaltem Wasser bedecken, aufkochen und 10 Minuten kochen lassen. Die Hitze reduzieren, den Topf nicht ganz mit einem Deckel verschließen und die Bohnen köcheln lassen, bis sie gar sind. Das dauert etwa 40 bis 45 Minuten.

In der Zwischenzeit das Öl in einem Topf erhitzen. Schalotten, Knoblauch, Thymian und Salbei hineingeben und 5 Minuten braten, bis Schalotten und Knoblauch weich und goldgelb sind. Tomaten und Zucker unterrühren, zugedeckt 10 Minuten schmoren lassen und beiseite stellen.

Die Bohnen abgießen, die Kochflüssigkeit auffangen und davon 0,1 Liter beiseite stellen. Bouquet garni und Zwiebel entfernen. Die gekochten Bohnen zu den Tomaten geben, die Kochflüssigkeit unterrühren und zum Kochen bringen. Die Hitze reduzieren und das Gemüse 10 Minuten köcheln lassen. Mit Salz und Pfeffer würzen, das gehackte Basilikum unterrühren und sofort servieren.

GALETTES DE POMMES DE TERRES ⓥ

KARTOFFELKUCHEN

In der Bretagne kennt man viele Varianten von Kartoffelkuchen. Dieser ähnelt einem Schweizer Rösti, und mir schmeckt er am besten. Man kann ihn auch mit weiteren Gemüsen wie Knollensellerie oder Pastinakwurzel anreichern. Um die Zubereitung zu erleichtern, kann man die Kartoffeln auch reiben, sollte aber dann vor dem Braten das überschüssige Wasser herausdrücken.

FÜR 4 PERSONEN

1 kg speckige, festkochende Kartoffeln
2 Knoblauchzehen, zerdrückt
1 kleine Zwiebel, geschält und in sehr dünne Scheiben geschnitten
2 EL frische Kräuter wie Salbei, Thymian, Rosmarin und Kerbel, gehackt
4 EL Olivenöl
Salz und Pfeffer

DIE KARTOFFELN SCHÄLEN und in dünne Scheiben schneiden. Anschließend aus den Kartoffelscheiben dünne Stifte schneiden, als würden Sie Pommes frites zubereiten (siehe Seite 79). Die Kartoffelstifte mit Küchenpapier trockentupfen und zusammen mit Knoblauch, Zwiebel und Kräutern in eine große Schüssel geben. Großzügig mit Salz und Pfeffer würzen und alles miteinander vermengen.

In einer tiefen beschichteten Pfanne das Öl erhitzen. Die Kartoffeln hineingeben und die Masse mit einem Löffel zu einem gleichmäßigen Fladen glattdrücken. Bei starker Hitze 5 Minuten braten, dann die Hitze reduzieren und den Fladen zugedeckt 20 Minuten weiterbraten lassen, bis die Kartoffeln weich sind.

Den Kartoffelkuchen vorsichtig auf eine Platte gleiten lassen, wenden und wieder in die Pfanne geben. Bei mittlerer Hitze weitere 5 Minuten braten, bis er auch von der anderen Seite schön gebraunt ist. Den Kartoffelfladen auf einer vorgewärmten Platte anrichten und zum Servieren wie einen Kuchen aufschneiden.

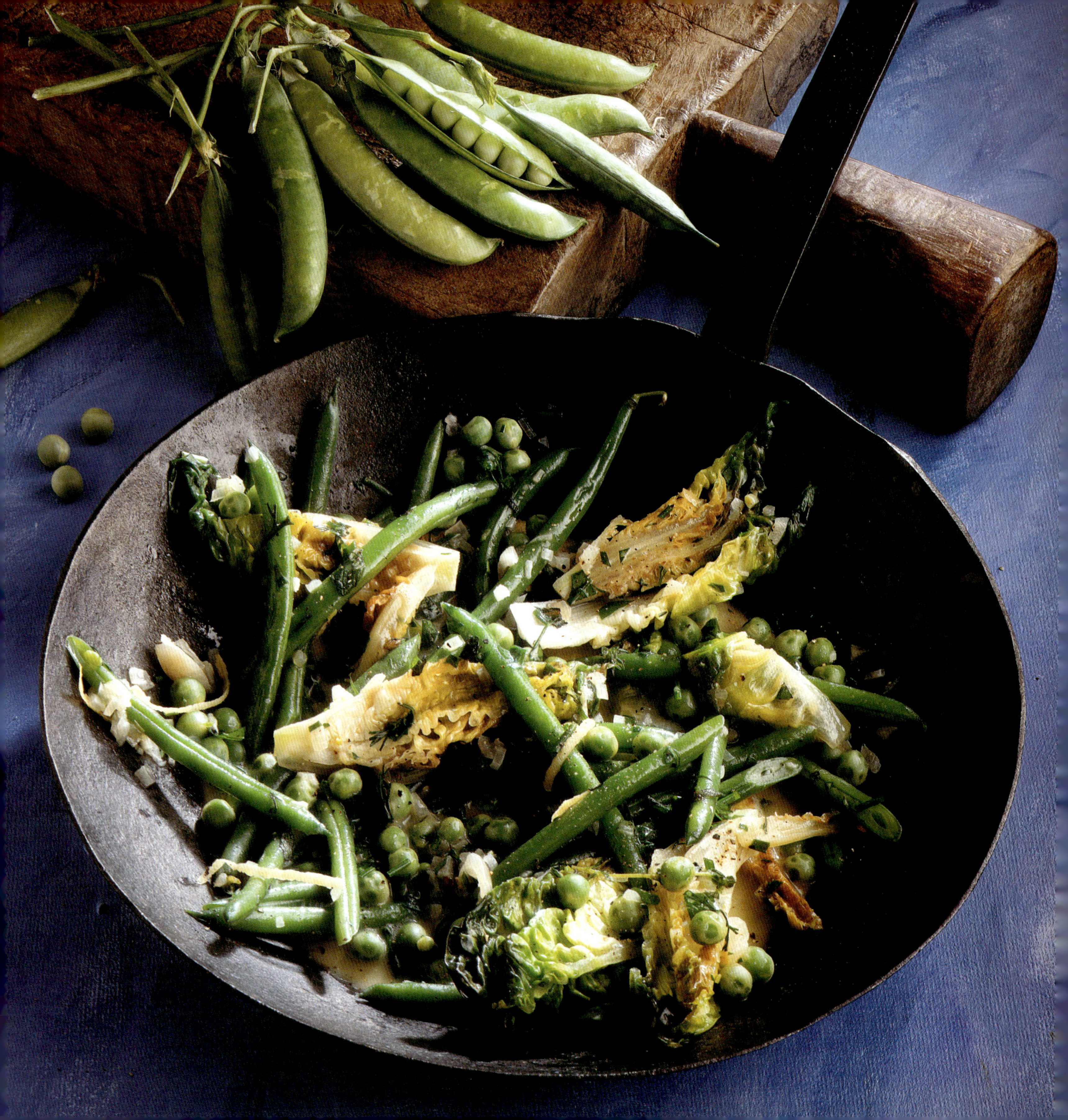

POTÉE DE LÉGUMES Ⓥ

GEMÜSESUPPE

FÜR 4 PERSONEN

4 EL Butter
4 Schalotten, feingehackt
1 Knoblauchzehe, zerdrückt
2 EL frisches Bohnenkraut oder Thymian, gehackt
geriebene Schale von 1 Zitrone
0,15 l Gemüsebrühe
225 g frische Erbsen, enthülst
175 g zarte grüne Bohnen, geputzt und halbiert
2 kleine, feste Köpfe Römischer Salat, geputzt und in Viertel zerteilt
4 EL frische Kräuter wie Kerbel, Schnittlauch, Minze und Petersilie, gehackt
Salz und Pfeffer

DIE HÄLFTE DER Butter in einem großen, tiefen Topf zerlassen. Schalotten, Knoblauch, Bohnenkraut oder Thymian und Zitronenschale hineingeben und in etwa 10 Minuten weich und goldgelb braten. Brühe und Erbsen zugeben und zum Kochen bringen. Die Hitze reduzieren und das Ganze zugedeckt 10 Minuten köcheln lassen. Bohnen und Römischen Salat in den Topf geben und weitere 10 Minuten kochen, bis die Gemüse gar und weich sind.

Die restliche Butter sowie die Kräuter unterrühren und mit Salz und Pfeffer abschmecken. Die Gemüsesuppe sofort heiß servieren.

PERCE-PIERRE AU BEURRE Ⓥ

STRANDFENCHEL IN BUTTER

Perce-pierre oder *criste-marine* – der korrekte deutsche Name ist Strand- oder Meerfenchel – wächst wild in den Salzmarschen entlang der bretonischen Küste.

FÜR 4 PERSONEN

450 g Strandfenchel (criste-marine *oder* perce-pierre)
2 EL Butter
Saft von ½ Zitrone
Pfeffer

DEN STRANDFENCHEL ABSPÜLEN und in eine große Schüssel geben. Mit viel kaltem Wasser bedecken und einige Stunden einweichen. Das Wasser abgießen, den Strandfenchel nochmals abspülen und abtropfen lassen.

In einem großen Topf Wasser zum Kochen bringen, den Strandfenchel hineingeben und in 3 bis 4 Minuten weich kochen. Den Strandfenchel abgießen, gut abtropfen lassen und in eine vorgewärmte Schüssel geben. Die Butter unterrühren und mit Zitronensaft und Pfeffer abschmecken. Heiß zu gegrilltem Fisch mit weißer Buttersauce (siehe Seite 142) servieren.

FROMAGE DE LA TRAPPE

TRAPPISTENKÄSE

Während der Französischen Revolution flohen einige Mönche aus La Trappe in der Normandie ins schweizerische Exil. Als sie nach Frankreich zurückkehrten, ließen sie sich im verlassenen Kloster von Entrammes in der Bretagne nieder. Dort stellten sie einen Käse her, den sie Port du Salut oder Port-Salut (Hafen der Zuflucht) nannten. Heute produzieren die Trappisten-Mönche in der Bretagne noch eine Reihe anderer Käse, darunter Cîteaux, Briquebec (ein brotförmiger Neufchâtel) und Taime.

Servieren Sie einen der oben genannten Käse, in dünne Scheiben geschnitten, auf geröstetem Roggenbrot.

GEGENÜBER: GEMÜSESUPPE

Crêpes Sucrées aux Fraises ⓥ

Süsse Pfannkuchen mit Erdbeeren

In der Bretagne werden würzige Pfannkuchen traditionell aus Buchweizenmehl hergestellt, die süße Variante hingegen aus Weizenmehl und etwas Zucker. Die Zutaten für das nachfolgende Rezept reichen für zwölf *crêpes*, die mit süßen, vollreifen Erdbeeren und ein wenig *crème Chantilly* (Schlagsahne) gefüllt und heiß serviert werden.

Für 6 Personen

100 g Mehl
1 Prise Salz, 2 EL Zucker
1 Ei, verquirlt
0,15 l Milch, 0,15 l Wasser
1 EL Grand Marnier, Calvados oder Rum
Mandel- oder Pflanzenöl zum Braten

Zum Servieren:
1 Portion crème Chantilly *(Schlagsahne; siehe Seite 119)*
450 g reife Erdbeeren, geputzt

Mehl und Salz in eine Schüssel sieben, den Zucker zugeben und in die Mitte eine Mulde drücken. Nach und nach Ei, Milch, Grand Marnier und 0,15 Liter Wasser zugeben und zu einem glatten Teig verrühren. Den Teig 30 Minuten ruhen lassen.

Eine Crêpe-Pfanne oder eine Pfanne mit dickem Boden erhitzen, mit etwas Öl bestreichen und 1 bis 2 Eßlöffel Teig hineingeben. Die Pfanne schwenken, so daß der Teig gleichmäßig den Boden bedeckt, und 1 ½ bis 2 Minuten backen. Den Pfannkuchen vorsichtig mit einem Metallspatel wenden und auf der anderen Seite 30 Sekunden backen lassen, bis er goldbraune Sprenkelungen aufweist. Den Pfannkuchen auf eine vorgewärmte Platte gleiten lassen und im nicht zu heißen Backofen warm stellen. Mit den restlichen 11 Pfannkuchen ebenso verfahren.

Zum Servieren etwas *crème Chantilly* in die Mitte jedes Pfannkuchens geben, einige Erdbeeren darauf verteilen und den Pfannkuchen zur Hälfte, dann zu einem Viertel übereinanderschlagen. Pro Person rechnet man 2 Pfannkuchen, die man nach Belieben noch mit etwas Zucker bestreuen kann.

Gâteau Breton ⓥ

Bretonischer Butterkuchen

Dieser traditionelle Butterkuchen mit dem charakteristischen Gittermuster wird überall in der Bretagne geschätzt. Er läßt sich auch mit gehackter Engelwurz, Zitronen- und Orangenschale und Rum anreichern. Der einfache Klassiker jedoch wird, wie in diesem Rezept, mit Orangenblütenwasser aromatisiert.

Für 8 Personen

275 g Mehl
1 Prise Salz
175 g + 2 EL Zucker
5 Eigelbe
175 g weiche Butter
2 EL Orangenblütenwasser
Marmelade und Sahne zum Servieren

Den Backofen auf 160° C vorheizen. Eine flache Kuchen- oder Springform von 20 cm Durchmesser mit Butter ausstreichen. Mehl und Salz in eine Schüssel sieben, den Zucker zugeben und in die Mitte eine Mulde drücken. 1 Eßlöffel Eigelb zum Bestreichen der Kuchenoberfläche abnehmen, das restliche Eigelb sowie Butter und Orangenblütenwasser in die Mulde geben und das Ganze zu einem weichen Teig verarbeiten.

Auf einer leicht bemehlten Arbeitsfläche zu einem glatten Teig durchkneten. Da der Teig etwas klebrig ist, sollten Sie Ihre Hände leicht befeuchten. Den Teig in die vorbereitete Form geben und die Oberfläche mit einem Metallspatel glätten. Die Oberfläche anschließend mit Eigelb bestreichen und mit einem scharfen Messer ein Kreuzmuster ziehen. Den Butterkuchen etwa 1 ¼ bis 1 ½ Stunden backen, bis die Oberfläche goldgelb ist. Zur Garprobe mit einem kleinen Metallspieß in die Mitte des Kuchens stechen; bleibt kein Teig daran kleben, kann der Butterkuchen aus dem Ofen genommen werden. Falls die Oberfläche zu schnell bräunt, mit einem Stück Alufolie bedecken.

Den Butterkuchen aus dem Ofen nehmen und 10 Minuten abkühlen lassen. Den Kuchen aus der Form nehmen und auf einem Rost ganz auskühlen lassen. Den Butterkuchen aufschneiden und mit Marmelade und Sahne servieren.

TARTE AUX CERISES ET CRÈME ANGLAISE ⓥ

KIRSCHKUCHEN MIT ENGLISCHER CREME

Während seines Aufenthalts in der Pension »Gloanec« pflegte Gauguin bei Regenwetter im Haus zu bleiben und Stilleben zu malen. Für Kirschen hatte er eine besondere Vorliebe, und so schuf er hier sein berühmtes Gemälde *Nature morte aux cerises (Stilleben mit Kirschen)*.

FÜR 8 PERSONEN

1 Portion Mürbeteig (siehe Seite 119)
1 kg frische Kirschen, entsteint, oder 350 g entsteinte Kirschen aus dem Glas
0,15 l Milch
0,15 l Crème double
1 Vanilleschote, der Länge nach aufgeschlitzt
3 Eier
100 g Zucker
3 EL Mehl

DEN VORBEREITETEN TEIG ausrollen und eine Kuchen- oder Tarte-Form von 23 cm Durchmesser damit belegen. Den Teig gleichmäßig mit einer Gabel einige Male einstechen und 20 Minuten in den Kühlschrank stellen. Ein Backblech in die mittlere Leiste des Backofens schieben und den Ofen auf 200° C vorheizen.

Die Form aus dem Kühlschrank nehmen, den Teig mit Backpapier belegen, mit Hülsenfrüchten beschweren und die Form auf das heiße Backblech setzen. 12 Minuten blindbacken, herausnehmen, Papier und Hülsenfrüchte entfernen und den Teig in weiteren 10 bis 12 Minuten goldbraun und knusprig backen.

Die Kirschen gleichmäßig auf dem Kuchenboden verteilen. Milch, Crème double und Vanilleschote in einen Topf geben und bis kurz vor dem Siedepunkt erhitzen. Den Topf vom Herd nehmen und das Ganze 10 Minuten ziehen lassen. Anschließend die Vanilleschote entfernen.

Eier und Zucker zu einer hellgelben, schaumigen Masse aufschlagen. Das Mehl unterrühren, zum Schluß die Milch-Creme-Mischung unter die glatte Masse rühren.

Die Creme über die Kirschen verteilen und den Kuchen 20 Minuten backen. Die Backofentemperatur auf 160° C herunterschalten und den Kirschkuchen weitere 30 bis 35 Minuten backen. Aus dem Ofen nehmen, auf einem Rost abkühlen lassen und warm servieren.

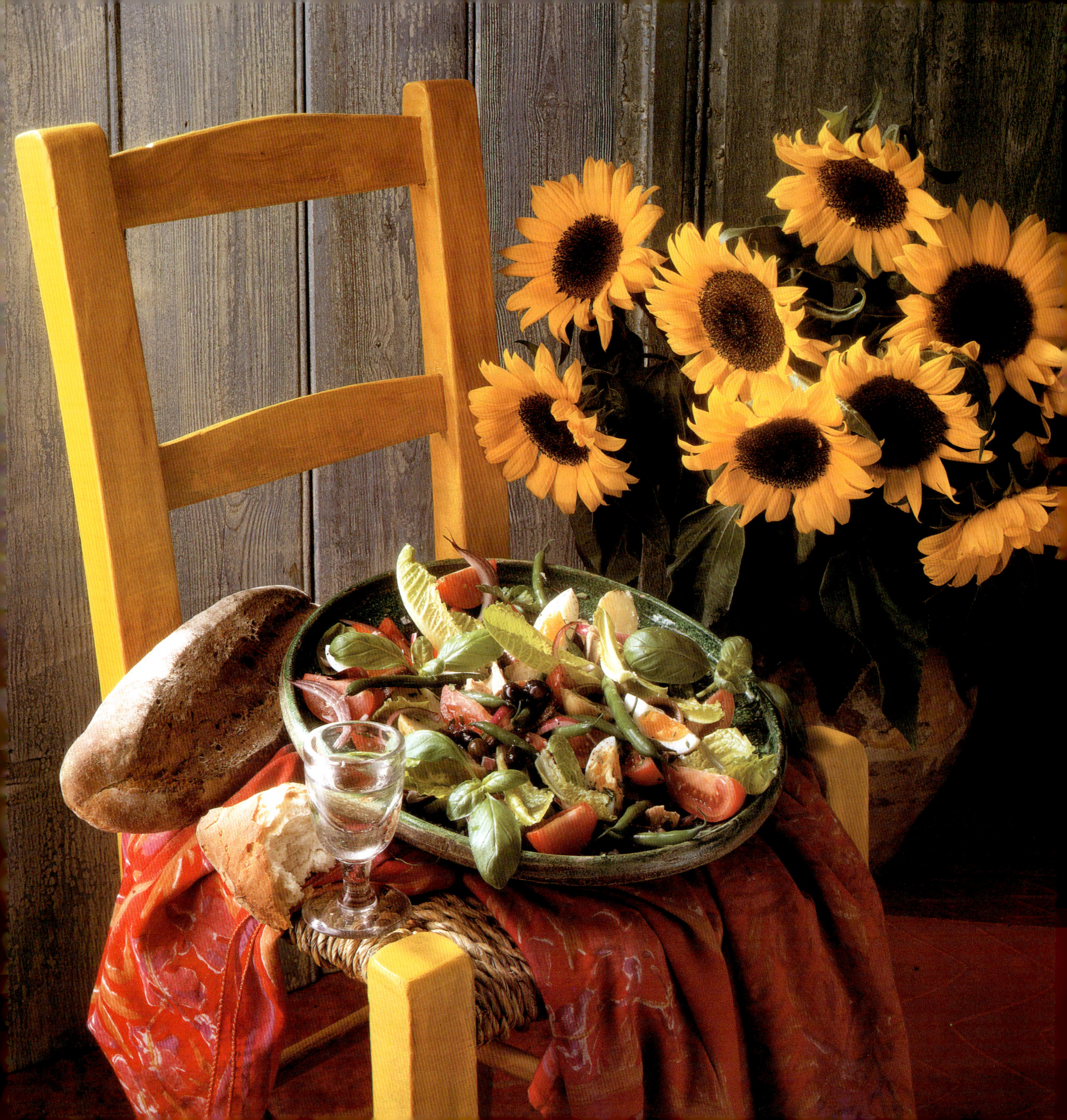

V

DIE PROVENCE

Auf der Suche nach Impressionen

»Wenn Du dort geboren wurdest, ist alles andere nicht mehr so wichtig.«

PAUL CÉZANNE

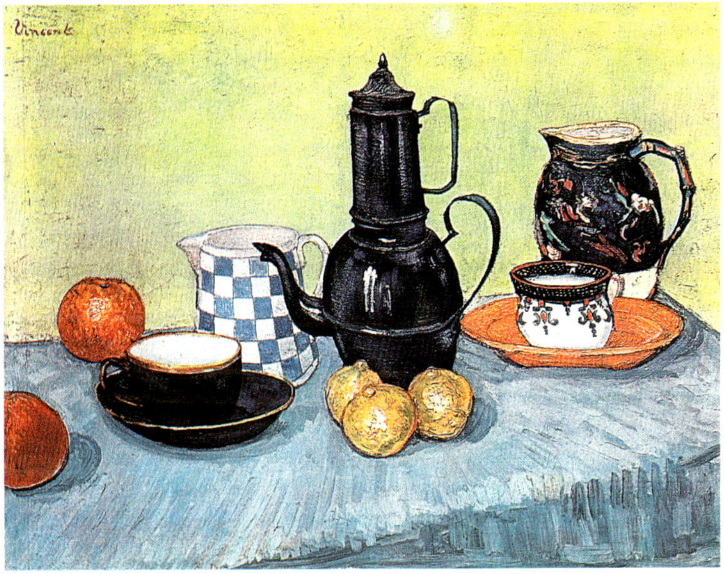

VINCENT VAN GOGH: STILLEBEN:
BLAUE EMAILLIERTE KAFFEEKANNE, IRDENES GESCHIRR UND FRÜCHTE
GEGENÜBER: NIZZA-SALAT (SIEHE SEITE 186)

FÜR VIELE IMPRESSIONISTEN WAR DIE eindrucksvolle provenzalische Landschaft mit ihrer lichtdurchfluteten, strahlenden Helle und den kräftigen, leuchtenden Farben eine Quelle der Inspiration. Seit van Gogh 1888 nach Arles gekommen war, explodierten seine Gemälde förmlich vor Licht, und die matten, trüben Farben seiner holländischen Zeit waren für immer vergessen. Ihn zog auch die wilde Schönheit der Landschaft in ihren Bann, und er arbeitete fieberhaft an immer neuen Bildern, die den hellen Glanz der vor Hitze flirrenden Luft einfingen. Van Gogh träumte davon, in Südfrankreich eine Künstlerkolonie ins Leben zu rufen, und überredete Paul Gauguin, ihm im »Gelben Haus« in Arles Gesellschaft zu leisten – ein Experiment, das jedoch am Ende in eine Katastrophe mündete.

Auch Renoir fühlte sich vom Süden magisch angezogen. Er liebte das rosige Licht und lebte und malte in dem kleinen Küstenort L'Estaque, bevor er sich schließlich in Cagnes-sur-Mer, westlich von Nizza, niederließ, wo er die letzten zwölf Jahre seines langen Lebens verbrachte. Monet fuhr zwar ebenfalls hin und wieder zum Malen in den Süden, doch mit zunehmendem Alter war sein Garten in Giverny die einzige Inspiration, die er benötigte. Paul Signac fühlte sich in dem kleinen, unbekannten Fischerdorf namens Saint-Tropez wohl, und für Berthe Morisot ging im November 1888 ein langgehegter Traum in Erfüllung, als sie in Cimiez, unweit von Nizza, ein großes Haus für den Winter mietete. Im riesigen Garten der grün-weiß gestrichenen »Villa Ratti« standen Feigen-, Orangen-, Aloe- und Olivenbäume, die das Licht »auf unglaubliche Weise« reflektierten. In einem überglücklichen Brief an ihre Schwester Edma führt sie die Tatsache, daß die ganze Familie vor Gesundheit strotzt, auf den Umstand zurück, daß sie sich angewöhnt hätten, jeden Mittag im Freien *»bella sardina«* zu essen.

Drei der Impressionisten waren gebürtige Südfranzosen: Frédéric Bazille (der tragischerweise schon als junger Mann 1870 im Deutsch-Französischen Krieg fiel) stammte aus Montpellier, Paul Cézanne aus Aix-en-Provence und Henri Toulouse-Lautrec aus Albi. Die Tauffeier für den kleinen Toulouse-Lautrec, Sprößling einer der ältesten Familien Frankreichs, der am 24. November 1864 das Licht der Welt erblickte, dauerte eine ganze Woche. »Der Toulouser Magen« war im Umkreis bereits sprichwörtlich, und so wurden in den großen Küchen seines Elternhauses, des alten »Hôtel du Bosc«, riesige Essensmengen für die Familie und die aus dem ganzen Midi angereisten Gäste zubereitet. Man feierte das freudige Ereignis mit Hirsch- und Fasanenbraten, Lachs und Forelle, Aal in Aspik, *pâté de foie gras* und seltenen Käsesorten, die eigens aus Paris angeliefert wurden.

Vergleicht man die drei Maler, so ist das Werk Cézannes am nachhaltigsten vom Süden geprägt. Ein Leben ohne die rosa- und pfirsichfarbenen Häuschen, die sonnengebleichten, sanft abfallenden Terrakottadächer, die abschüssigen, terrassierten Hänge mit dem fruchtbaren, roten Boden, ohne die Orangen- und Zitronenbäume und die altehrwürdigen Olivenhaine fiel Cézanne sichtlich schwer. Jedesmal, wenn er versuchte, im nördlichen Licht von Paris zu leben und zu arbeiten, »zog mich die Sonne zurück«.

Als Junge unternahm er mit seinen Freunden Émile Zola, Baptiste Baille und Paul Alexis »verrückte Ausflüge hinaus aufs Land«. Sie stromerten durch Olivenhaine oder lagen auf sonnenbeschienenen steinigen Anhöhen, wo es nach Thymian, Minze und Majoran duftete. Rückblickend stellte Zola einmal fest, daß sie »viel frische Luft« brauchten, als sie »nach geheimen Pfaden am Fuße der Schluchten« suchten.

Die Jungen fischten und schwammen in kalten Flüssen und ließen sich anschließend von der Sonne trocknen, während sie ihr mitgebrachtes Mittagessen verzehrten: *pan bagnat* – ein Brötchen, das in der Mitte durchgeschnitten, mit reichlich Olivenöl beträufelt und mit Tomaten, grünem Pfeffer, Anchovis, schwarzen Oliven, Zwiebelringen, hartgekochten Eiern und knackigen Radieschen belegt wird –, zubereitet von Madame Cézanne, die eine ganz ausgezeichnete Köchin war. Doch die Provence ist gesegnet mit guten Köchen. Schließlich sind die besten Zutaten in großer Zahl und in greifbarer Nähe vorhanden, so daß selbst in der kleinsten Küche die phantastischsten Mahlzeiten zubereitet werden können, und seien die Köche auch noch so jung. So beschrieb Paul Alexis, wie sich die jungen Freunde ein mittägliches Mahl zauberten: »Das Mittagessen bereiteten wir im Freien zu. Baille entfachte ein Holzfeuer und hängte die mit Knoblauch eingeriebene Lammkeule an einer Schnur über das Feuer. Zola wendete sie beim Braten, während Cézanne auf einem feuchten Tuch den Salat anrichtete. Nach dem Essen gönnten wir uns ein Nickerchen und zogen dann, mit geschulterten Gewehren und für die große Jagd bereit, wieder los.« Aber die Jungen konnten wohl besser kochen als jagen, und so vergingen die Stunden, ohne daß sie etwas schossen. Statt dessen saßen sie im Schatten der Bäume und lasen, während um sie herum

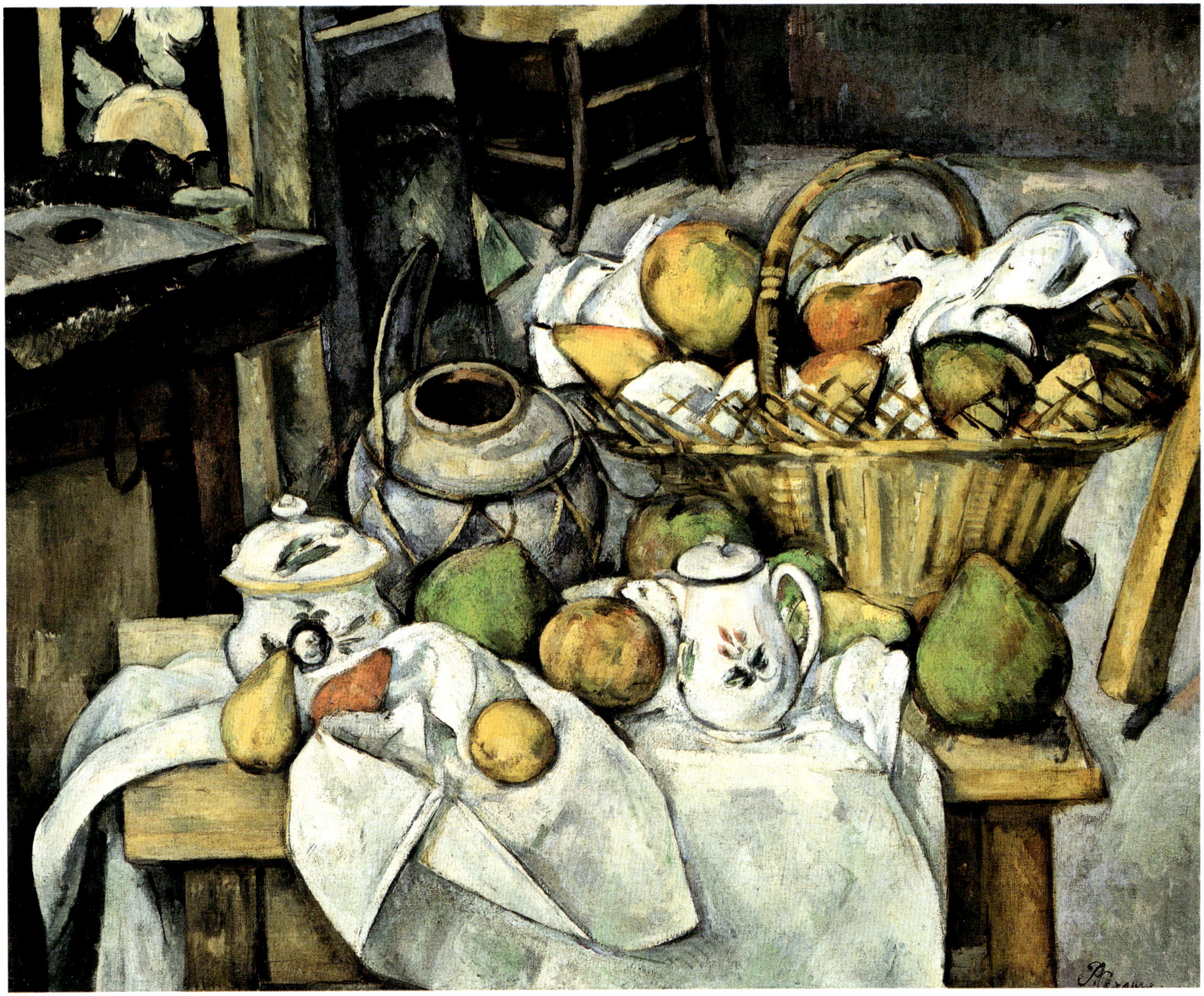

Paul Cézanne: Stilleben mit Korb

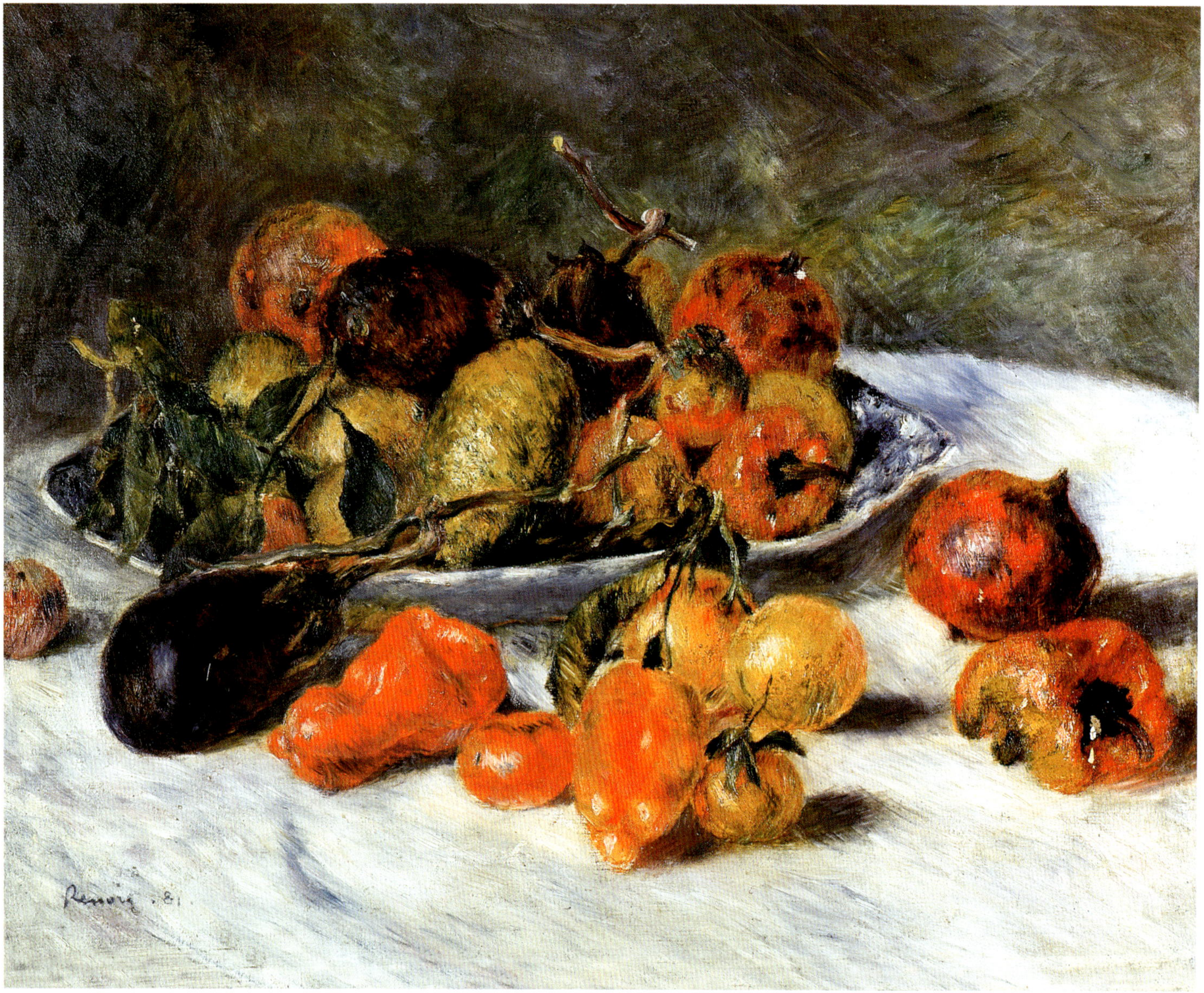

Pierre-Auguste Renoir: Früchte des Südens

»Mein Leben wird immer ländlicher, und erst jetzt bemerke ich, daß der Winter die eigentlich schöne Zeit ist: Das Feuer in dem großen Kamin mit seiner fröhlich tanzenden Flamme verursacht niemals Kopfschmerzen, und die Holzschuhe sorgen dafür, daß man niemals Angst vor kalten Füßen haben muß, ganz zu schweigen von den Kastanien und Kartoffeln, die in der Glut geröstet werden, und dem leichten Wein von der Côte d'Or.«

Renoir an Eugene Manet, 29. Dezember 1888

Schafe friedlich in den Wildkräutern grasten, die dem provenzalischen Lammfleisch seinen würzigen und einzigartigen Geschmack verleihen.

Die Schönheit der Landschaft, die Wärme, der intensive Duft von wilden Kräutern und Pinien animierten zum Essen im Freien, und so sind viele provenzalische Spezialitäten fürs Picknick wie geschaffen. Die Region ist nicht nur für ihr *pan bagnat* bekannt, sondern auch für ihre kleinen Pizzen, die *tartelettes*, die mit einer Mischung aus Zwiebeln und Knoblauch, Tomaten, Zucker und frischen Kräutern belegt, mit Öl beträufelt und kreuzweise mit Anchovisfilets garniert werden. Die herrlich frischen Sardinen, ebenfalls eine Delikatesse, werden einfach in Weinblätter eingerollt und über einem Holzfeuer gegrillt. Und um die Mahlzeit zu vervollständigen, gibt es Obst in Hülle und Fülle – Äpfel, Pfirsiche, Aprikosen, Trauben und saftige, süße Orangen oder Feigen – und dazu kleine, leicht gesalzene Rahmkäse.

Man kann sich vorstellen, wie die Maler ihre Arbeit für ein einfaches Mahl – aus schwarzen Oliven, kleinen Tomaten, ein paar *saucissons d'Arles* und einem frischen, knusprigen, goldbraunen *pain long* – unterbrachen. Zum Abschluß gab es vielleicht ein Stück Wassermelone und eine Handvoll kleiner grüner, sonnengedörrter Feigen. Oder sie verzehrten ein *ratatouille* aus vollreifen Tomaten, dunkel glänzenden Auberginen, Zucchini, Zwiebeln und jungem Knoblauch, das in einem Steinguttopf über einem mit Holz gefeuerten Herd in dickflüssigem, wohlriechendem Olivenöl gegart worden war.

Die Provence ist zu Recht berühmt für ihre mediterranen Fischgerichte, allen voran *bourride*, *brandade* und *bouillabaisse*. Gustave Caillebotte beklagte sich einmal, daß die *bouillabaisse* in seinem Haus nie so gut schmecke wie bei den Renoirs: »Dabei habe ich sogar eine richtige Köchin. Alles, was Renoir von seiner Köchin verlangt, ist, daß sie ›eine Haut besitzt, die das Licht in sich aufnimmt‹!«

Im Dezember 1883 fuhren Monet und Renoir mit dem Zug gen Süden. Renoir schilderte seinem Sohn Jean später, wie die Erste-Klasse-Passagiere sich bemühten, möglichst gelangweilt oder aber auch sehr geschäftig auszusehen, als die beiden Maler sich neben sie setzten. »Mit meinem Farbenkasten und dem großen Schirm kam ich mir in der ersten Klasse wie ein Eindringling vor, etwa wie ein Kohlenträger, der aus Versehen in eine Modenschau geraten ist.« Die zweite Klasse fand Renoir allerdings noch unangenehmer, »denn das Gehabe ihrer Benutzer verschlimmerte sich durch die Tatsache, daß sie sich die erste nicht leisten konnten«. So landeten sie schließlich in der dritten Klasse, wo die umgänglichen und mit Proviant reich versehenen Reisenden ihr Essen mit den mageren, hungrigen Malern teilten und sie mit »provenzalischem Schmorbraten« und »burgundischem Käsekuchen« fütterten und dann mit »neuem Wein von der Côte d'Or« oder »üppigem Rosé von den Ufern der Rhône« nachspülten. Renoir erinnerte sich, wie »eine dralle Bäuerin es nach den ersten Bissen nicht mehr aushielt, sie sich entschuldigte, ihr Mieder aufknöpfte und die Nachbarin bat, ihr den Rücken aufzuschnüren«. Dieser Anblick ergötzte natürlich Renoir, der eine Schwäche für üppige Frauen hatte. Die Frau war es ebenfalls zufrieden, denn nun konnte sie ordentlich zulangen, »und die Hasenpastete gewann endlich ihren vollen Wohlgeschmack«.

Als Renoir und Cézanne in L'Estaque malten und Renoir krank wurde, brachte ihn Cézanne in das Haus seiner Eltern im Jas de Bouffan, wo er dank der liebevollen Pflege von Cézannes Mutter wieder zu Kräften kam. Renoirs Briefe nach Hause sind voller Lobeshymnen auf die dort servierten Mahlzeiten. In einem Schreiben vom 2. März 1882 teilt er seinem Freund Victor Choquet mit: »Madame Cézanne machte mir zum Mittagessen eine *brandade* aus Stockfisch, so daß ich glaubte, das Ambrosia der Götter gekostet zu haben. Mit diesem Geschmack auf den Lippen kann man sich getrost zum Sterben hinlegen.« Und später erinnerte er sich in einem Gespräch mit dem Kunsthändler Ambroise Vollard: »Und dann die ausgezeichneten Fenchelsuppen, die Cézannes Mutter für uns kochte! Sie war eine großartige Frau!«

Renoir war von den Räumen mit den hohen Decken und den riesigen Kaminen im Jas de Bouffan derart angetan, daß er in der Provence zu bleiben beschloß und für mehrere Monate ein Haus von Cézannes Schwager Montbriand mietete. Während dieser Zeit standen sich die beiden Maler viel näher als früher in Paris. Der lebenslustige, intelligente, stets zu Scherzen aufgelegte Renoir lernte den sensiblen, freundlichen Menschen kennen, der sich hinter Cézannes rauher Schale verbarg. Und wie Pissarro erkannte er dessen große Begabung. »Wie kommt es«, sinnierte er, »daß, wann immer er zwei Pinselstriche auf eine Leinwand setzt, sie stets sehr gut sind?«

Doch wenn Cézanne auch ein selten talentierter Maler war, so stand ihm seine Mutter in der Küche an Kunstfertigkeit nicht nach. Zum Jas de Bouffan gehörten Weinberge, Olivenhaine, Obstgärten und ein großer Gemüsegarten, so daß Madame Cézanne stets reichlich frische Zutaten zur Verfügung standen. Und sie verstand es, daraus fachkundig die gute, einfache ländliche Kost zu bereiten, die ihr wohlhabender, aber sparsamer Ehemann schätzte, und die aus nahrhaften, aromatischen Gerichten bestand – einer wohlriechenden ***bouillabaisse*** mit Safran und Knoblauch beispielsweise oder einer gebratenen Lammkeule, gespickt mit dicken, saftigen Knoblauchzehen.

Cézannes Beziehung zu seinem Vater – einem erfolgreichen Bankier – war gespannt und schwierig. So verschwieg er ihm, daß er mit der jungen Hortense Figuet, die ihm häufig Modell stand, ein Kind hatte; obwohl er inzwischen vierzig war, versteckte er seine »heimliche Familie« in Marseille. Dort lebte Hortense Figuet mit dem Kind in der Rue de Rome, während er weiterhin viel Zeit im Jas de Bouffan verbrachte, wo er ideale Arbeitsbedingungen vorfand, denn hier stand ihm ein riesiges Atelier zur Verfügung, und gelegentlich – so etwa bei ***Joueurs de Cartes*** *(Die* ***Kartenspieler****)* – saßen ihm der Gärtner und ein paar Landarbeiter Modell.

Kurz vor dem Tod seines Vaters heiratete Cézanne schließlich die Mutter seines Kindes, aber da Hortense lieber in Paris lebte, waren die beiden weiterhin häufig getrennt. Je älter er wurde, desto einsamer und zurückgezogener lebte er. Mit dem mürrischen Verhalten seiner Umwelt gegenüber kaschierte er eine für ihn quälende Schüchternheit, und seine Stimmungen schwankten zwischen Ausgelassenheit und Verzweiflung. Wirklich wohl fühlte er sich nur in seinem Atelier im Jas de Bouffan und der Landschaft um Aix. Dort, weit weg von dem geschäftigen Treiben der Stadt und den forschenden Blicken der Menschen, konnte er sich ganz auf seine Arbeit konzentrieren. Von einem Motiv war er regelrecht besessen: seinem geliebten Mont Sainte-Victoire. Cézanne brach – die Malutensilien im Rucksack – im Morgengrauen auf und kehrte erst am Abend, völlig erschöpft, zurück. Oder er übernachtete in Rosa Bernes bescheidenem Gasthaus in Le Tholonet, wo er, um Geld zu sparen, in der Mansarde schlief. Rosa Berne, der auch der Lebensmittelladen im Ort gehörte, war eine ebenfalls ausgezeichnete Köchin. Bei ihr gab es herzhafte ländliche Gerichte wie Trüffel- oder Pilzomelett und Ente mit Oliven, dazu einen Weißwein aus der Region. Gelegentlich wurde Cézanne auf seinen Exkursionen von dem jüngeren Maler Émile Bernard oder dem Bildhauer Philippe Solari, mit denen er befreundet war, begleitet. Überhaupt schien er mit jungen Künstlern gut auszukommen, er ermutigte sie und lud sie manchmal sonntags in das bescheidenere Haus in Aix ein, das er nach dem Tod seiner Mutter erworben hatte. Hier kümmerte sich eine Haus-

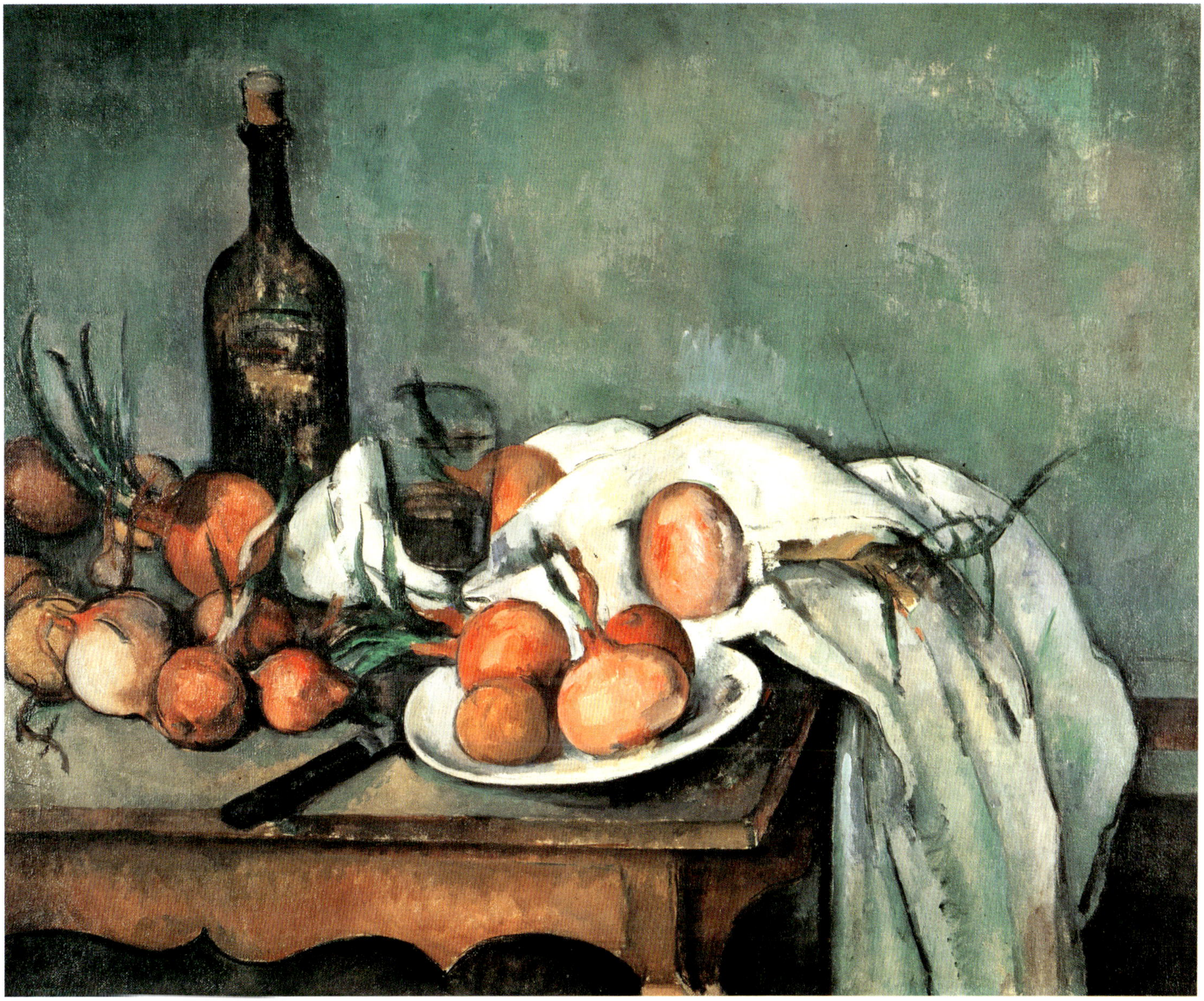

Paul Cézanne: Stilleben mit Zwiebeln

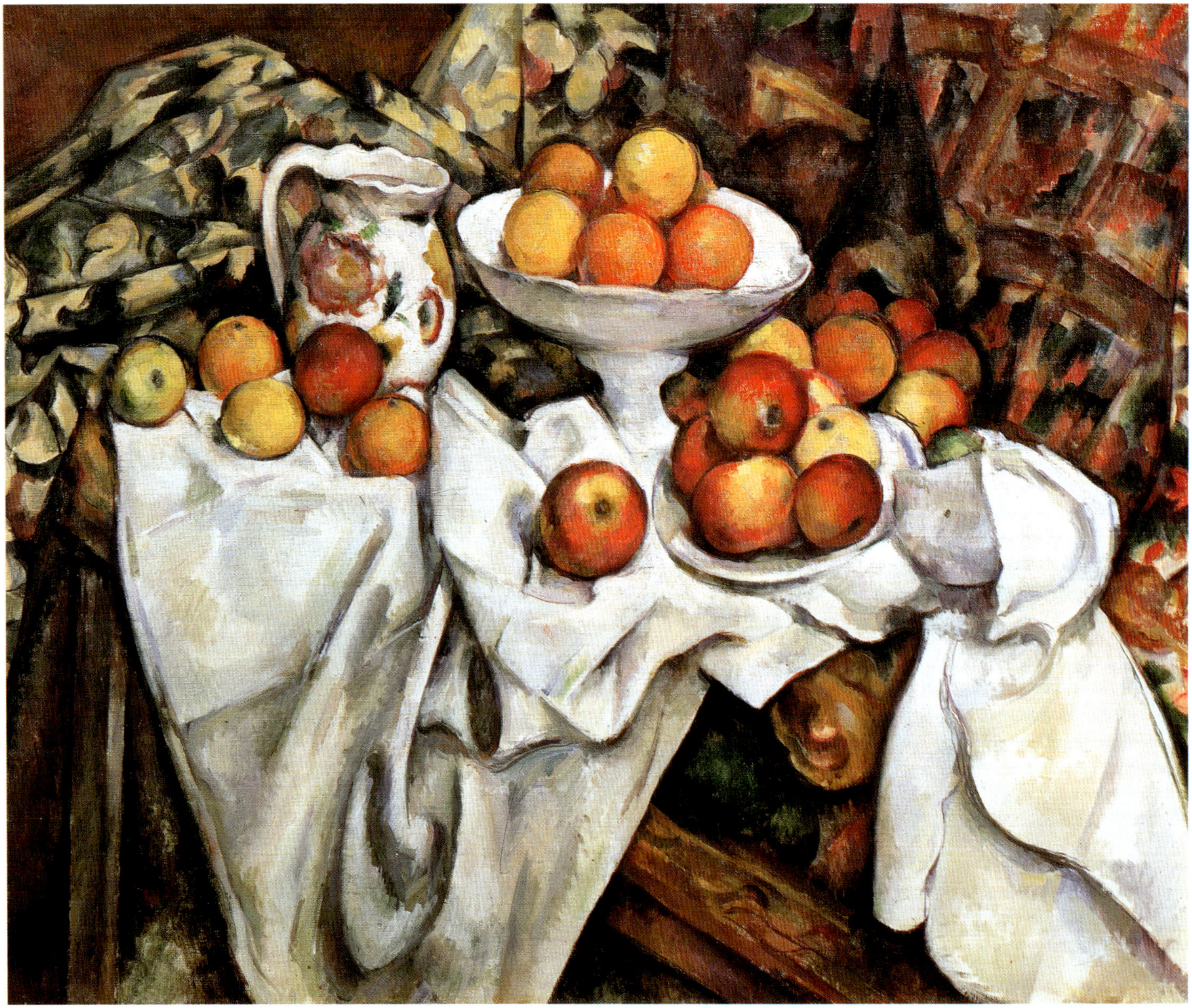

Paul Cézanne: Stilleben mit Äpfeln und Orangen

> Im Juli 1876 versuchte Cézanne mehrmals, Pissarro zu überreden, in das südfranzösische Aix zu kommen. Von L'Estaque aus schrieb er: »Ich kann mir vorstellen, daß das Land, in dem ich mich befinde, Ihnen wunderbar zupaß kommen würde . . . Die Sonne ist hier so kraftvoll, daß ich den Eindruck habe, die Silhouetten der Gegenstände erschienen nicht nur in Schwarz und Weiß, sondern in Blau, Rot, Braun und Violett . . . Wie glücklich wären unsere freundlichen Landschaftsmaler aus Auvers an diesem Ort!«

hälterin, Madame Brémond, um ihn und servierte den Gästen köstliche kleine Pasteten, die sie in der örtlichen *patisserie* gekauft hatte, dazu ihr selbstgemachtes Hühnerfrikassee mit Oliven und Pilzen.

Zeitgenossen zufolge soll Cézanne ein empfängliches, kindliches Gemüt besessen haben. Wenn er mit Solari zum Mont Sainte-Victoire zog, gab er sich in dessen Gesellschaft häufig »unbekümmert wie ein Junge, der die Schule schwänzt«; und Joachim Gasquet, der junge Dichterfreund, berichtete, wie Cézanne bei einer ihrer Wanderungen im April 1886 in kindlicher Verzückung ausrief: »Das ist das erste Mal, daß ich den Frühling sehe!«

Als Edmond Jaloux einmal bei den Gasquets zu Mittag aß, kam Cézanne unangemeldet vorbei und setzte sich zu ihnen. In jenem Augenblick fiel ein Lichtstrahl auf eine Schale mit Pfirsichen und Aprikosen. »Seht nur«, rief er hingerissen, »wie die Sonne die Aprikosen liebkost! Sie umhüllt sie, läßt sie von allen Seiten erstrahlen. Aber merkt ihr, wie gemein sie zu den Pfirsichen ist, die sie nur von einer Seite bescheint?«

Stilleben räumte Cézanne einen hohen Stellenwert ein, wobei seine besondere Vorliebe den Früchten galt, die für ihn ebenso Beispiele für die unglaubliche Schönheit der Natur waren wie die Bäume und Hügel der Provence. Die auf den ersten Blick einfach wirkenden Studien waren in Wahrheit Ergebnis einer wohlüberlegten Anordnung der Objekte. Ein Freund, der einmal zusah, wie Cézanne mit großer Sorgfalt ein paar Äpfel, Birnen und Kirschen arrangierte, kam zu dem Schluß, daß er »ein Festmahl für sein Auge« anrichtete.

Trotz des beträchtlichen Vermögens, das ihm sein Vater hinterlassen hatte, lebte Cézanne weiterhin wie ein mittelloser Mann: Er mietete bescheidene Wohnungen, aß schlichte Mahlzeiten und trug schäbige Kleidung. In seiner Jugend hatte er nicht selten auf einer Parkbank im Jardin du Luxembourg genächtigt, wobei ihm seine Schuhe als Kopfkissen dienten, weil er fürchtete, ein Clochard könne sie ihm stehlen. Nun, da er alt war und über hohe Einkünfte verfügte, fand er nichts dabei, weiterhin in Rosa Bernes Mansarde oder auch manchmal in einer Scheune zu übernachten. Und ihre großzügig portionierten Gerichte genoß er nur, wenn ihm Solari oder Bernard Gesellschaft leisteten. War er allein unterwegs, begnügte er sich mit etwas Brot, Käse und Nüssen, die er draußen vor dem gemieteten Häuschen im Bibémus-Steinbruch verzehrte, wo er seine Malutensilien verstaut hatte.

Als ihm durch seine Zuckerkrankheit der Aufstieg zum Mont Sainte-Victoire zu beschwerlich wurde, ließ er sich hinauffahren. Gasquet ist die freundliche Anteilnahme, die er dabei dem Kutscher entgegenbrachte, lebhaft in Erinnerung geblieben: Eines Nachmittags, »die Sonne brannte hernieder; wir hatten die Hälfte eines abschüssigen Hangs erklommen, und Pferd und Kutscher waren erschöpft eingenickt. Cézanne, der in der prallen Sonne saß, sagte keinen Ton und machte keinen Muckser, als wolle er sie auf keinen Fall stören, und wartete, bis sie wieder aufwachten. In dem Moment rieb er sich unschuldig die Augen, damit es den Anschein hatte, er sei derjenige gewesen, der eingeschlafen war.«

Die zunehmende Verschlimmerung seiner Zuckerkrankheit deprimierte Cézanne sehr, und er schrieb an Emile Bernard: »Ich bin alt und krank, und ich habe mir geschworen, an meiner Staffelei stehend zu sterben.«

Am 15. Oktober 1906 malte er wie gewöhnlich im Freien, als ein Sturm aufkam. Doch er arbeitete weiter, obwohl er schon völlig durchnäßt war, und brach schließlich am Straßenrand zusammen. Dort entdeckte ihn zufällig der Fahrer eines Wäschereikarrens. Er schaffte den Ohnmächtigen nach Hause in die Rue Boulegon. Man rief den Doktor,

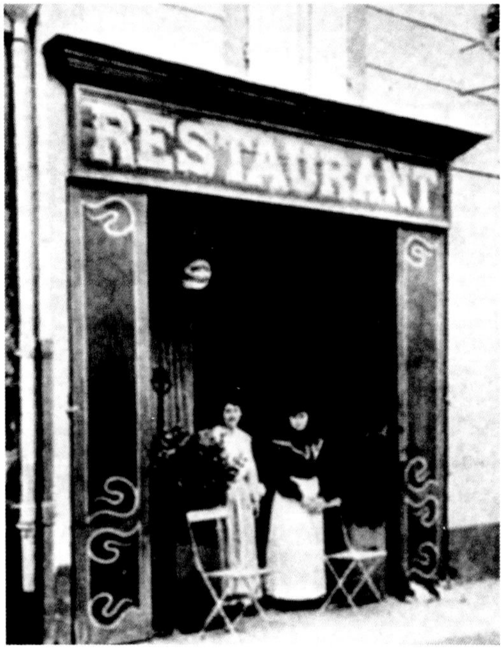

DAS RESTAURANT »CARREL«. DORT LEBTE VAN GOGH ZUNÄCHST, ALS ER NACH ARLES KAM.

aber Cézanne hatte sich bereits eine Lungenentzündung zugezogen und starb eine Woche später, am 22. Oktober 1906.

»Die Natur, das schöne Wetter, das ist der Vorzug des Südens.«

VINCENT VAN GOGH an seinen Bruder Theo, Mitte August 1888, Arles

An einem Sonntag im Februar 1888 kehrte Vincent van Gogh Paris den Rücken und reiste in die Provence. Er war auch an guten Tagen von Sorgen geplagt, doch im Winter sank seine Stimmung immer auf den Nullpunkt. Das strahlende Licht und die lebhaften Farben der Provence jedoch erweckten ihn zu neuem Leben und inspirierten ihn dermaßen, daß in diesen Monaten einige seiner besten Arbeiten entstanden.

Geldprobleme waren für van Gogh ein steter Anlaß der Sorge. Sein Bruder Theo, der Kunsthändler in Paris war, schickte ihm monatlich einen festen Betrag, doch van Gogh gab das Geld lieber für Farben aus, als sich etwas zu essen zu kaufen, und so ernährte er sich gegen Monatsende hauptsächlich von Brot und Käse. In seinen Briefen an Theo sprach er von »verzehrenden« Landschaften, davon, daß ihn »die Obstgärten fortwährend trunken machen«. Die Mandelbäume, die gerade ausgeschlagen hatten, als er in Arles eintraf, standen nun in rosaroter Blüte, und bald folgten die betörend cremefarbenen und zartrosa Blüten der Kirsch-, Pfirsich-, Aprikosen-, Birnen-, Apfel- und Pflaumenbäume. Am 20. April hatte er zehn Gemälde vollendet und arbeitete noch immer mit Feuereifer weiter. »Ich kann nichts anderes tun«, schrieb er seinem Bruder, »als das Eisen schmieden, solange es heiß ist. Nach den Obstgärten werde ich erschöpft sein.« Trotzdem aß er nur unregelmäßig und überzog sein Budget, um noch mehr Farben und Leinwand kaufen zu können. Und obwohl er unter Anfällen von Übelkeit litt, ernährte er sich einmal vier Tage lang lediglich von 43 Tassen Kaffee und Brotkrusten. Ende Mai verbesserte sich dann endlich seine finanzielle Lage, und er konnte den rechten Flügel eines schmalen, zweigeschossigen Hauses am Place Lamartine mieten. »Es ist außen gelb gestrichen« – das »Gelbe Haus« seiner Gemälde – und »innen weiß gekalkt«. Die monatliche Miete belief sich auf nur 15 Franc, da sich die Toilette im Nachbarhaus, einem Hotel, befand. Van Gogh hatte große Pläne mit dem »Gelben Haus«: Es sollte ihm für die gesamte Dauer seines Aufenthalts in Südfrankreich als Atelier und Lager dienen. Während das Haus renoviert wurde, kehrte er zum Essen ins »Café de la Gare« ein, das von der Familie Ginoux geführt

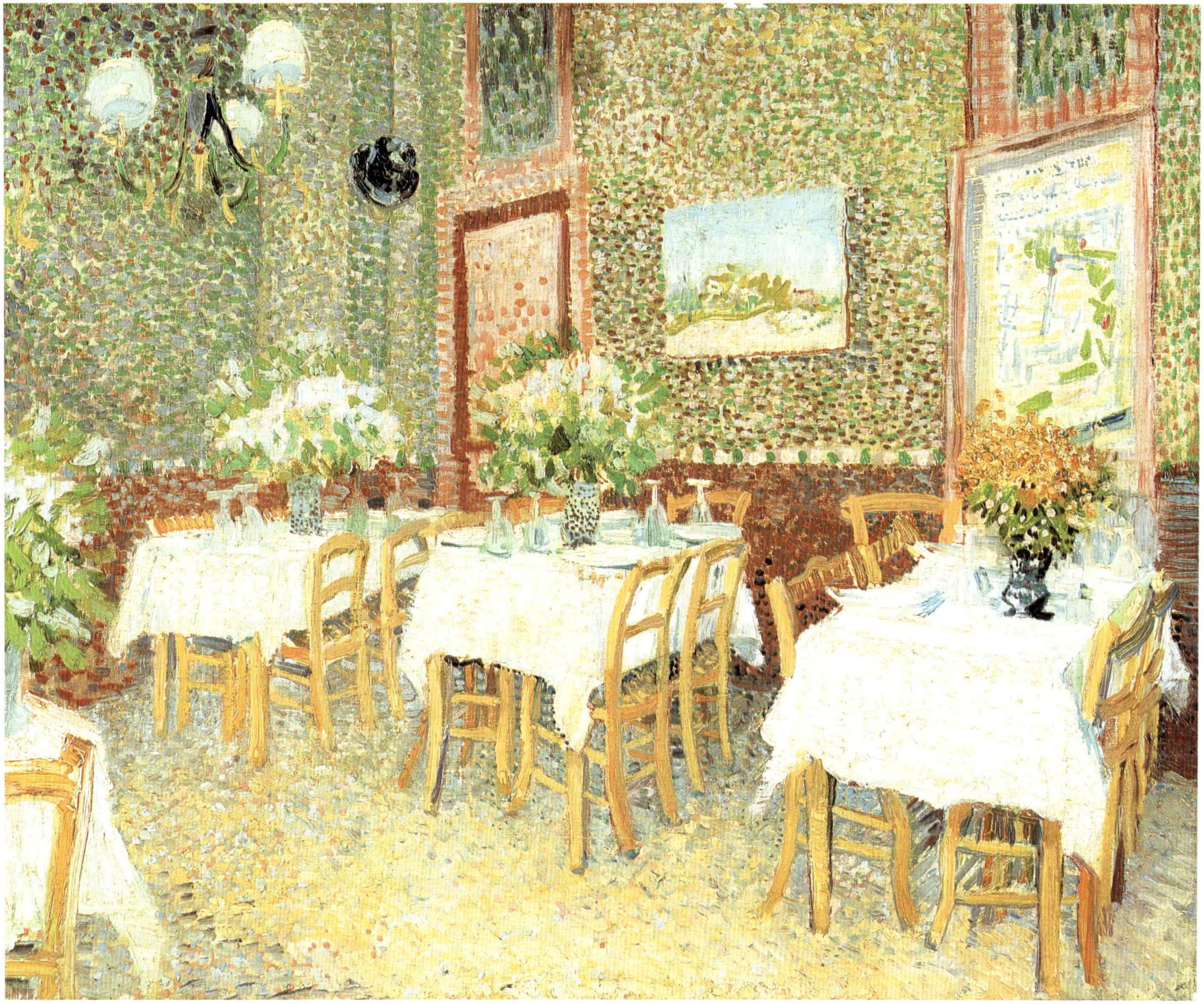

Vincent van Gogh: Interieur eines Restaurants

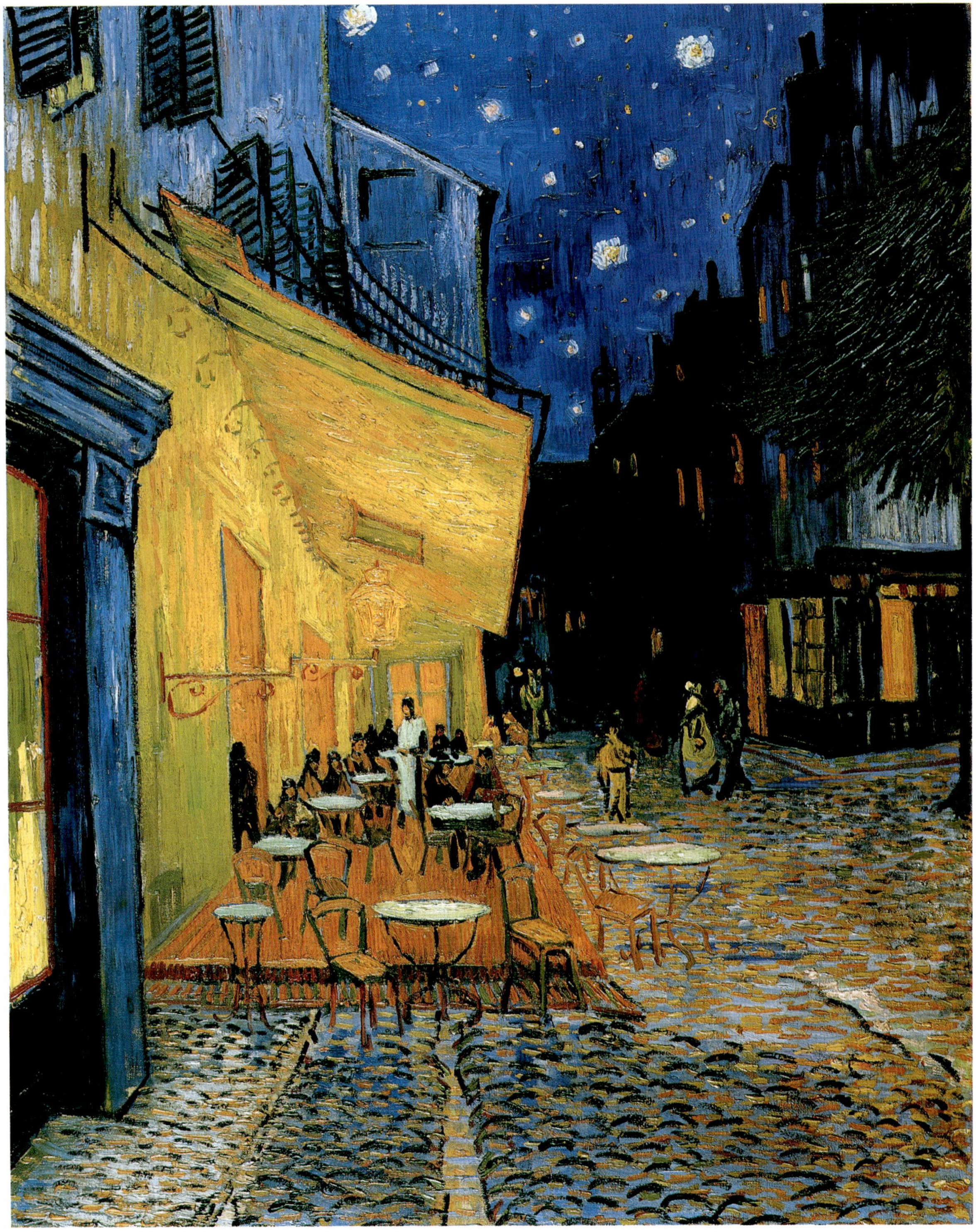

Vincent van Gogh:
Caféterrasse auf der Place du Forum in Arles bei Nacht

wurde, und übernachtete im »Café de l'Alcazar« – dem berühmten *Nachtcafé* (eines seiner späteren Gemälde), das er seinem Bruder Theo prophetisch als einen Ort beschrieb, »an dem man sich ruinieren, verrückt werden oder ein Verbrechen begehen kann«.

Als er im Juni nach Saintes-Maries-de-la-Mer an die Küste reiste, schrieb er seinem Bruder, das Mittelmeer – das er zum ersten Mal sah – habe »eine Farbe wie die Makrelen«, und fügte hinzu: »Man ißt hier bessere Fischgerichte als am Ufer der Seine. Doch es gibt nicht alle Tage Fisch, da die Fischer ihn in Marseille verkaufen. Aber wenn es welchen gibt, ist er verflixt gut.«

Van Gogh war einsam, und seine regelmäßigen Briefe an Theo dienten häufig als Ersatz für fehlende Gespräche. Auf sehr mitteilsame und anschauliche Weise gewähren sie Einblick in das Leben des Künstlers. So beschrieb er im August ein »sehr interessantes« Restaurant: »Natürlich kleine Tische mit weißen Tischtüchern. Dann hinter diesem Raum in Velazquezgrau erblickt man die altertümliche Küche, reinlich wie eine holländische Küche, Boden von sehr roten Ziegelsteinen, grüne Gemüse, Eichenschrank, Küchenherd mit glänzendem Kupfergeschirr, mit blauweißen Ziegelsteinen, und das hellorangefarbene Feuer ... In der Küche eine alte Frau und eine dicke, kleine Magd, auch in Grau, Schwarz, Weiß. Ich weiß nicht, ob ich es klar genug beschreibe, aber das ist das, was ich an wirklichem Velazquez hier gesehen habe.«

Doch die Briefe vermochten van Goghs große Einsamkeit nicht zu lindern, und so träumte er davon, eine Künstlerkolonie zu gründen, in der Kunst und Leben nicht mehr voneinander getrennt waren. Sein größter Wunsch war, daß Gauguin zu ihm nach Arles käme, und dieser ließ sich schließlich überreden.

Er traf am 23. Oktober 1888 ein, sollte aber nur zwei Monate im »Gelben Haus« bleiben. Anfangs waren die beiden Künstler unzertrennlich, und alles lief bestens. »Gauguin ist ein wirklich großer Künstler und ein wirklich guter Freund«, schrieb van Gogh seinem Bruder.

Zu van Goghs Freude war er auch ein ausgezeichneter Koch. Als ehemaliger Matrose dachte Gauguin praktisch und war außerdem sehr erfinderisch: »Ich übernahm das Kochen, wobei mir ein kleiner Gasherd zur Verfügung stand, während Vincent, ohne sich sehr weit vom Haus zu entfernen, die Einkäufe erledigte. Einmal jedoch«, erinnerte er sich, »wollte Vincent eine Suppe kochen. Ich weiß nicht, wie er die Zutaten mischte – wahrscheinlich wie die Farben für seine Gemälde –, auf jeden Fall war sie ungenießbar.«

Doch tragischerweise erwies sich der Traum vom gemeinsamen Kochen, Essen und Malen mehr und mehr als Fiktion und fand an Heiligabend ein traumatisches Ende. Bei einem Streit der beiden gleichermaßen launischen und aufbrausenden Männer in einem Café schüttete van Gogh seinem Freund ein Glas Absinth ins Gesicht, und kurze Zeit später schnitt er sich in einem Anfall geistiger Umnachtung mit dem Rasiermesser das linke Ohr ab. Gauguin war zutiefst entsetzt, reiste überstürzt ab und überließ van Gogh seinem Schicksal. Die beiden wechselten nie wieder ein Wort miteinander. Paul Signac hingegen stand van Gogh in dieser schwierigen Zeit bei und sorgte auch dafür, daß er sein Atelier wieder benutzen konnte, das von der Gendarmerie versiegelt worden war. Van Gogh berichtete seinem Bruder von Signacs freundlicher Hilfe und fügte hinzu: »Ich habe ihm zum Andenken ein Stilleben geschenkt, das die guten Gendarmen der Stadt Arles verärgert hat, denn es zeigt zwei Bücklinge, und wie du weißt, nennt man hier die Gendarmen so.«

Nach Vincents Aufenthalt im Irrenhaus von Saint-Rémy folgte Theo van Gogh Pissarros Ratschlag und brachte seinen Bruder nach Auvers-sur-Oise, um ihn der Obhut Doktor Paul Gachets zu unterstellen. Dort versuchte sich Vincent am 27. Juli 1890 in einem Anfall von Verzweiflung zu erschießen. Zwei Tage später starb er in einem kleinen Zimmer in der Pension »Ravoux«. Theo, der in der Stunde seines Todes bei ihm war, schrieb an die Mutter: »Er hat den Frieden gefunden, den er auf Erden nie fand«, und fügte hinzu: »Er war mir ein guter Bruder.« Die beiden Geschwister sind in einem Doppelgrab beerdigt, denn nach Vincents Tod war Theo untröstlich, erlitt einen Zusammenbruch und wurde schwer krank. Nur wenige Monate später, am 25. Januar 1891, folgte er seinem Bruder in den Tod.

Als junger Mann hatte Renoir sich vom bläulich-grün schimmernden Wald von Fontainebleau inspirieren lassen, doch nun fühlte er sich mehr zu den silbrigen Olivenbäumen der Provence hingezogen und verbrachte von Jahr zu Jahr mehr Zeit in Südfrankreich. Schließlich beschloß er, sich mit seiner Familie in Cagnes niederzulassen, einem »wundervollen, wohlhabenden Bauerndorf«, in dem das Leben geruhsam seinen Gang ging. Der Maler und seine Familie waren im Ort bestens bekannt, und die Dorfbewohner brachten Aline gelegentlich ein Kaninchen oder Drosseln vorbei und verrieten ihr, wie und mit welchen Kräutern man sie hier in der Gegend schmorte. Der Wein aus Cagnes war, trotz seines sehr würzigen Aromas, ganz ausgezeichnet und paßte hervorragend zu den kleinen Sardinen, die Renoir »die besten auf der Welt« nannte.

Als sie nach »Les Collettes« umzogen – auf die andere Seite des Flusses Cagne –, besann Aline sich wieder auf ihr allsamstägliches *pot-au-feu*, denn Renoir liebte Geselligkeit und klagte, daß das Haus zu still sei und zu abgeschieden läge. Aline fand noch eine weitere Möglichkeit, das Haus zu beleben, denn die Villa war von Orangen- und Olivenbäumen umgeben, durch deren Blattwerk in der Ferne Cap d'Antibes und die Bergkette des Estérel schimmerten. Und so stellte sie junge Mädchen ein, die im Frühjahr die Orangenblüten zupften und ihr im Herbst im sorgsam gepflegten Olivenhain zur Hand gingen. Renoir, der nun schon im Rollstuhl saß, sah ihnen gerne zu, wenn sie eine riesige Plane unter den Bäumen ausbreiteten und die reifen Oliven mit langen Stöcken von den Ästen schlugen. Dann wurden die Oliven zur Mühle gebracht und gepreßt. Renoir konnte es stets kaum erwarten, die erste Pressung des durchsichtigen, wohlriechenden, strohfarbenen Öls zu probieren, das er auf ein Stück getoastetes Brot träufelte und mit etwas Salz verzehrte. »Ein Götterschmaus«, pflegte er alljährlich zu wiederholen.

Aline nahm in ihrem Bemühen, es Renoir hier so angenehm wie nur möglich zu machen, immer wieder Veränderungen an Haus und Garten vor. So pflanzte sie Hunderte von Mandarinenbäumen, legte einen Gemüsegarten an und überwachte den Bau eines Hühnerstalls, die Verlegung von Wasserrohren, den Einbau einer Zentralheizung und das Legen eines Telefonanschlusses. Renoirs Hände waren bereits vom Rheuma verkrüppelt und konnten den Pinsel nur mühsam umklammern mit Fingern, die schwielig waren und knorrig wie ein alter Olivenzweig. Dennoch hörte er nicht auf, denn die Malerei war sein Leben. »Er malt, wie die Vögel singen, die Sonne scheint und die Blumen blühen«, urteilte der deutsche Kunsthistoriker Julius Meier-Graefe. Klaglos ließ sich Renoir in einem Lehnstuhl zu seinen zahlreichen lichtdurchfluteten Lieblingsplätzen rund um »Les Collettes« bringen – zu dem kleinen Rosengarten oder den Mandarinen- und Orangenbäumen, zu den Weinstöcken, dem Kirschgarten oder den silbernen Olivenbäumen. Dort stellte er dann seine Staffelei auf und begann zu malen. Seine grenzenlose Liebe zum Leben und zu seiner Familie, seine Begeisterung für das Essen, der schwärmerische Überschwang, mit dem er seinen Freunden begegnete, schwand bis zu seiner letzten Stunde nicht. Renoir starb 1919 im Alter von 78 Jahren.

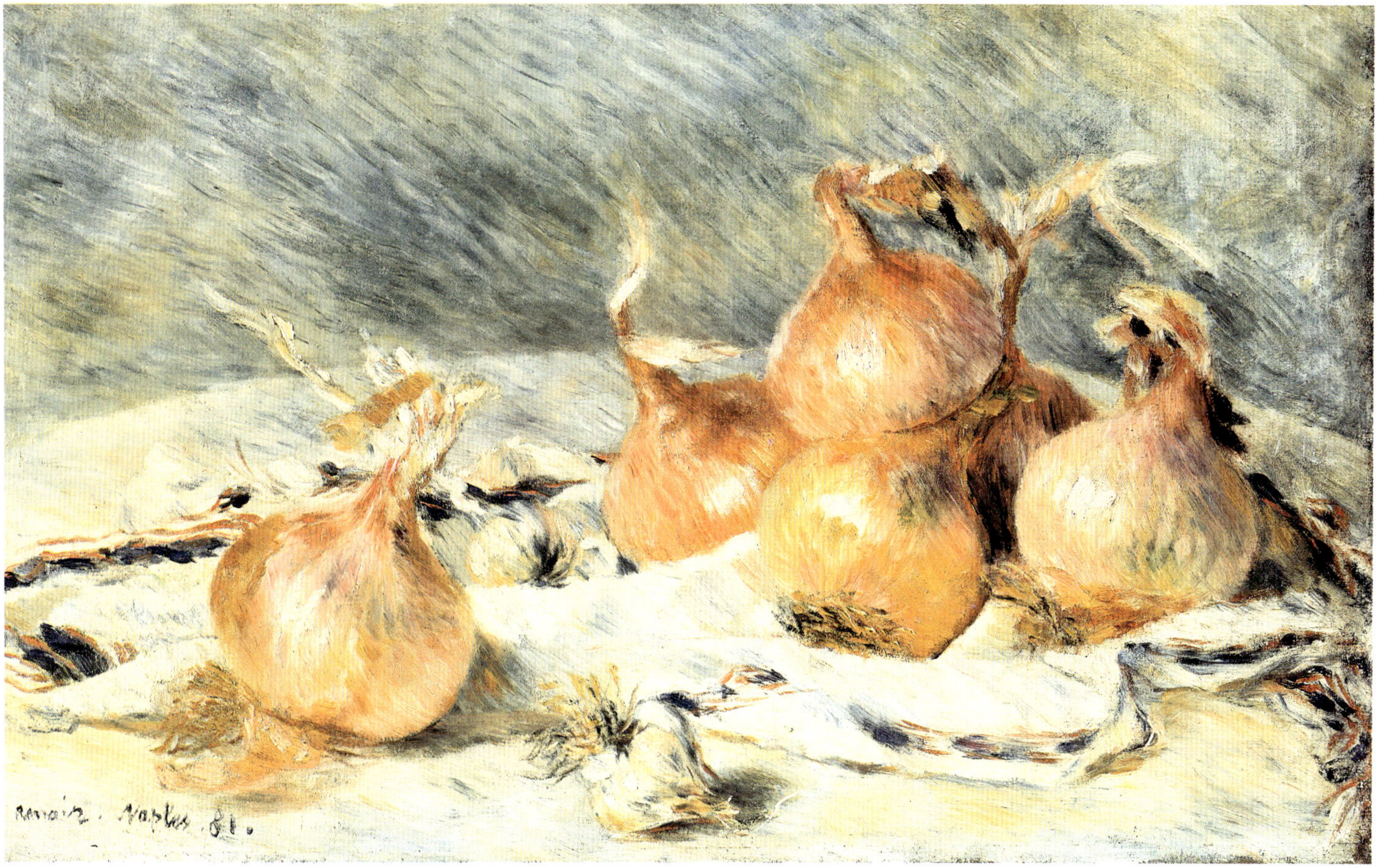

Pierre-Auguste Renoir: Zwiebeln

SELECTION DE HORS-D'ŒUVRES

VERSCHIEDENE VORSPEISEN

Typisch für die Provence ist eine reichhaltige Auswahl verschiedenster *hors-d'œuvres*. Zu den folgenden Vorspeisen passen auch gut die *brandade de morue* (siehe Seite 172) und die gefüllten Artischocken (siehe Seite 170).

TAPENADE

OLIVENPASTE

FÜR 4 PERSONEN

100 g schwarze Oliven, entsteint
2 Knoblauchzehen, feingehackt
2 EL in Salz eingelegte Kapern, abgespült und abgetropft
2 in Öl eingelegte Sardellenfilets, abgetropft und feingehackt
2 EL frische Petersilie, 1 TL frischer Thymian, gehackt
4 EL kaltgepreßtes Olivenöl
Pfeffer

ALLE ZUTATEN, MIT Ausnahme von Öl und Pfeffer, in einen Mixer oder in die Küchenmaschine geben und zu einer glatten Paste pürieren. Die Olivenpaste in eine Schüssel geben, das Öl unterrühren, mit Pfeffer abschmecken und beiseite stellen.

AÏOLI ⓥ

KNOBLAUCH-MAYONNAISE

FÜR 4 PERSONEN

4 – 6 Knoblauchzehen
½ TL Salz
2 Eigelbe
1 EL Zitronensaft
0,3 l französisches Olivenöl
Salz und Pfeffer

KNOBLAUCH, SALZ, EIGELB und Zitronensaft in einen Mixer oder in die Küchenmaschine geben und das Gerät 1 Minute laufen lassen. Wenn die Mischung hell und schaumig ist, bei laufendem Motor in stetigem, dünnem Strahl das Olivenöl zugießen. Wenn die *aïoli* dick und glänzend ist, abschmecken und in eine Schüssel geben.

OLIVES MARINÉES ⓥ

EINGELEGTE OLIVEN

FÜR 4 PERSONEN

225 g kleine grüne und schwarze Oliven, gemischt
2 Knoblauchzehen, feingehackt
1 TL Fenchelsamen, etwas zerstoßen
2 Streifen Orangenschale
2 Streifen Zitronenschale
4 kleine getrocknete rote Chilischoten
1 TL frischer Thymian, gehackt
0,15 l kaltgepreßtes Olivenöl

ALLE ZUTATEN IN eine Schüssel oder ein Glas geben und die Oliven zugedeckt bis zu 1 Woche, mindestens aber 3 Tage, in der Marinade ziehen lassen, weil sich dann die Aromen wunderbar verbinden.

LA SAUCE CHAUDE AVEC CRUDITÉS

ROHE GEMÜSE MIT HEISSER SAUCE

Dies ist ein weiteres typisches provenzalisches Gericht, doch sein Ursprung liegt möglicherweise in Italien, wo man es *bagna cauda* nennt. Die Sauce ist allerdings schon seit Jahrhunderten in der Provence verbreitet und wird gern heiß als Dip für rohe Gemüse serviert. Auch Renoir schätzte sie sehr, da sie mit großen Mengen Olivenöl zubereitet wird, und er konnte es kaum erwarten, bis im Herbst die ersten Oliven gepreßt wurden.

FÜR 6 PERSONEN

6 kleine Artischocken
1 Zitrone, halbiert
1 Bund junger, zarter Spargel
2 kleine Bunde junge, zarte Mohrrüben
1 Bund Radieschen
1 Bund junger, zarter Lauch
1 Zweig aromatische Strauchtomaten
eine Handvoll Salatblätter
französisches Landbrot, in Stücke geschnitten, zum Servieren

FÜR DIE SAUCE:
2 EL Butter
1 große Knoblauchzehe, zerdrückt
25 g in Öl eingelegte Sardellenfilets, abgetropft und feingehackt
1/8 l kaltgepreßtes Olivenöl

GANZ JUNGE, ZARTE Artischocken kann man roh essen. Da man sie jedoch bei uns selten findet, sollte man die Artischocken folgendermaßen vorbereiten: Zusammen mit dem Saft einer halben Zitrone und der ausgepreßten Zitronenhälfte in einen Topf mit leicht gesalzenem Wasser geben und 20 bis 25 Minuten köcheln lassen. Die Artischocken herausnehmen, unter fließendem kaltem Wasser abschrecken und längs halbieren. Das Heu herauskratzen, die Artischocken mit der restlichen Zitronenhälfte einreiben und beiseite stellen.

Die übrigen Gemüse putzen und abspülen. Falls nötig, den Spargel blanchieren. Alle Gemüse und die Salatblätter auf einer großen Platte anrichten.

Für die Sauce Butter und Knoblauch in einen kleinen Topf geben und den Knoblauch in etwa 2 Minuten bei milder Hitze glasig werden, aber nicht Farbe annehmen lassen. Die Sardellenfilets und nach und nach das Öl unterrühren. Die Sauce bei milder Hitze 10 Minuten ganz leise köcheln lassen; dabei gelegentlich umrühren, damit sie nicht ansetzt. Die Sauce sofort im Topf oder in einer vorgewärmten Schüssel zusammen mit den Gemüsen und dem Brot servieren.

ARTICHAUTS FARCIS

GEFÜLLTE ARTISCHOCKEN

Aus der Provence kommen viele schmackhafte Gemüse, darunter eine Vielzahl unterschiedlicher Artischocken, angefangen von den großen grünen wie in diesem typisch provenzalischen Rezept bis hin zu den winzigen purpurnen, die man roh als Salat essen kann. Diese Art der Zubereitung ist typisch provenzalisch.

FÜR 4 PERSONEN

2 Zitronen, halbiert, 4 Artischocken
kaltgepreßtes Olivenöl zum Servieren (nach Belieben)

FÜR DIE FÜLLUNG:
0,15 l Olivenöl
1 rote Zwiebel, feingehackt, 2 Knoblauchzehen, zerdrückt
50 g geräucherter Speck, in kleine Würfel geschnitten
2 reife Fleischtomaten, enthäutet, entkernt und in kleine Würfel geschnitten
50 g Semmelbrösel
je 2 EL frische Petersilie und frisches Basilikum, gehackt
2 EL Parmesan, frisch gerieben
Salz und Pfeffer

EINE GROSSE SCHÜSSEL zu zwei Drittel mit kaltem Wasser füllen. Den Saft einer Zitrone sowie die Zitronenschale zugeben. Die Artischockenstiele bis auf etwa 2½ cm vom Boden abbrechen und etwa 2½ cm von der Artischockenspitze wegschneiden. Die äußeren Blätter entfernen und die geputzten Artischocken sofort ins gesäuerte Wasser geben, damit sie sich nicht verfärben. In einem großen Topf leicht gesalzenes Wasser zum Kochen bringen. Die Artischocken mit den beiden restlichen Zitronenhälften hineingeben und 20 Minuten köcheln lassen. Die Artischocken aus dem Topf nehmen und auf Küchenpapier abtropfen und abkühlen lassen.

In der Zwischenzeit den Backofen auf 180° C vorheizen.

Für die Füllung 4 Eßlöffel Öl in einer Pfanne erhitzen. Zwiebel und Knoblauch hineingeben und 5 Minuten braten. Speckwürfel zugeben und bei starker Hitze 3 bis 4 Minuten braten. Wenn sie goldbraun zu werden beginnen, die Tomaten unterrühren und die Pfanne vom Herd nehmen.

Die Artischocken längs halbieren und das Heu herauskratzen. Die Artischocken mit der Schnittfläche nach oben in eine feuerfeste Form geben, mit etwas Öl beträufeln und den Boden der Form mit 4 Eßlöffel Wasser befeuchten.

Die Artischocken mit der Tomatensauce überziehen. Semmelbrösel, Kräuter, Parmesan sowie Salz und Pfeffer miteinander vermengen und die Mischung über die Artischocken verteilen. Mit dem restlichen Öl beträufeln und die Artischocken zugedeckt 30 Minuten im Ofen schmoren. Deckel oder Alufolie entfernen und das Gemüse weitere 25 bis 30 Minuten garen, bis die Oberfläche leicht gebräunt ist. Dabei darauf achten, daß immer etwas Flüssigkeit in der Form ist. Eventuell etwas Wasser zugeben.

Die Form aus dem Ofen nehmen und die Artischocken Zimmertemperatur annehmen lassen. Nach Belieben noch mit etwas Olivenöl beträufeln und servieren.

GEGENÜBER: GEFÜLLTE ARTISCHOCKEN

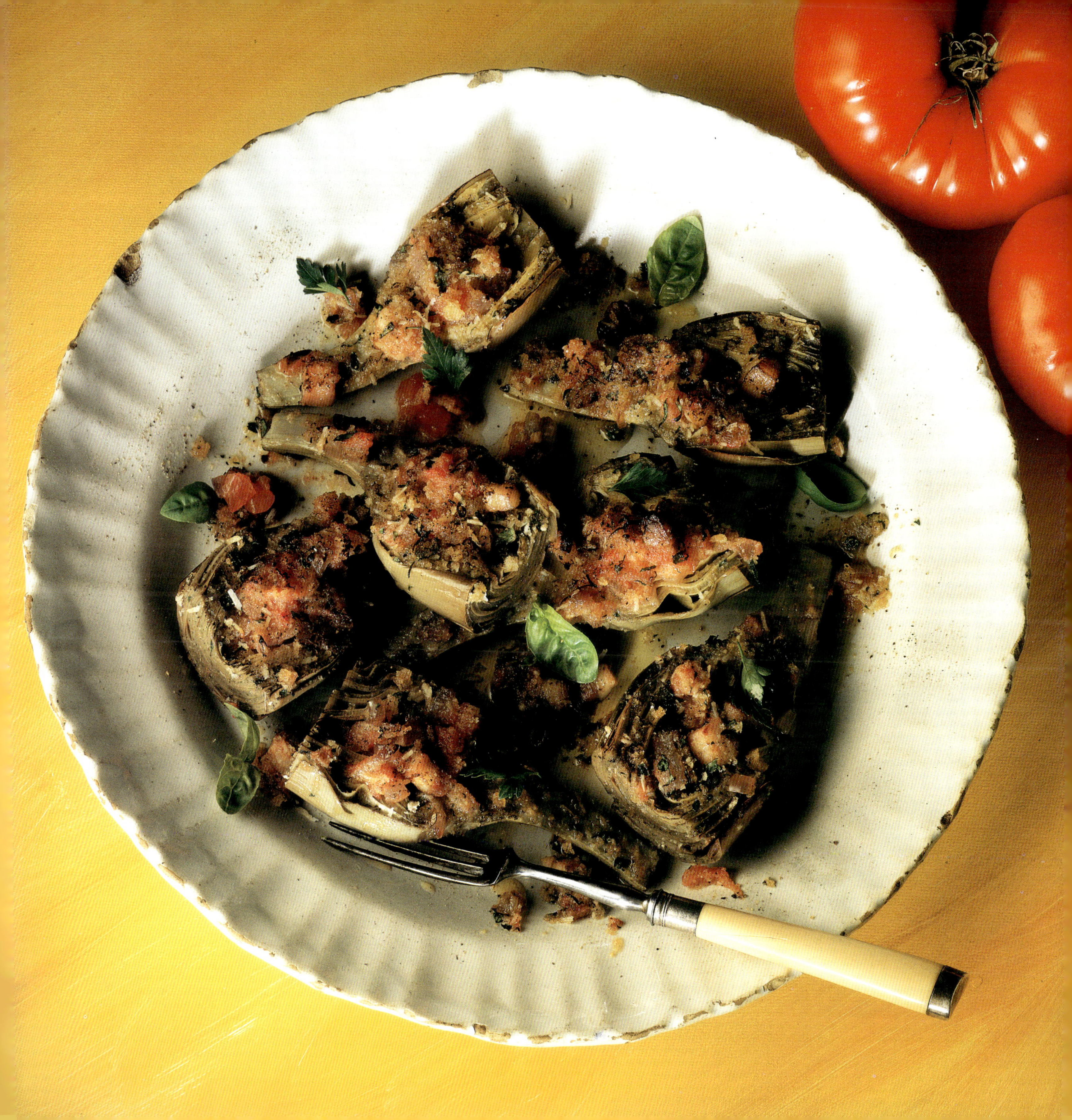

BRANDADE DE MORUE

STOCKFISCHPÜREE

Dieses gehaltvolle Püree aus Stockfisch wird, noch warm, mit Olivenöl, Milch, Sahne und Knoblauch verrührt. Normalerweise ißt man es als Vorspeise mit Brot oder Gemüsen. Renoir, zu dessen Lieblingsgerichten die *brandade* zählte, schrieb am 2. März 1882 in einem Brief an Victor Choquet: »Madame Cézanne machte mir zum Mittagessen eine *brandade* aus Stockfisch, so daß ich glaubte, das Ambrosia der Götter wiederentdeckt zu haben. Wenn man so etwas gegessen hat, kann man sich getrost zum Sterben hinlegen.«

FÜR 6 BIS 8 PERSONEN

150 g Stockfisch
⅛ l Olivenöl
3 EL Milch
3 EL Sahne
3 Knoblauchzehen, feingehackt
Zitronensaft
schwarzer Pfeffer
reichlich in Scheiben geschnittenes Baguette oder eine Auswahl an Gemüsen zum Servieren

DEN STOCKFISCH IN eine große Schüssel geben und mit reichlich kaltem Wasser bedecken. An einem kühlen Ort mindestens 24 Stunden einweichen, dabei das Wasser etwa alle 6 Stunden wechseln. Den Fisch herausnehmen, abspülen und abtropfen lassen.

Den Stockfisch in einen flachen Topf geben, mit kaltem Wasser bedecken und zum Kochen bringen. Die Hitze reduzieren und den Fisch etwa 10 Minuten ziehen lassen. Wenn er gar und weich ist, herausnehmen, trockentupfen und vorsichtig Haut und Gräten entfernen. Das Fischfleisch in einen Mixer oder in die Küchenmaschine geben.

Olivenöl, Milch, Sahne und Knoblauch in einen Topf geben und bis kurz vor dem Siedepunkt erhitzen. Den Mixer oder die Küchenmaschine einschalten und bei laufendem Motor in ständigem Strahl die Flüssigkeit zugießen, bis das Stockfischpüree dick und cremig ist. Mit Zitronensaft und schwarzem Pfeffer abschmecken und mit Baguette oder Gemüsen servieren.

AUBERGINES AU CHÈVRE Ⓥ

AUBERGINEN MIT ZIEGENKÄSE

FÜR 4 PERSONEN

2 Auberginen, geputzt
Meersalz
1 Knoblauchzehe, zerdrückt
1 EL Balsamico-Essig
8 EL Olivenöl
100 g frischer Ziegenkäse

ZUM SERVIEREN:
Baguette
Roséwein aus der Provence

DIE AUBERGINEN LÄNGS in ½ cm dicke Scheiben schneiden. Mit Meersalz bestreuen und etwa 30 Minuten in einem Sieb abtropfen lassen. In der Zwischenzeit den Grill vorheizen. Die Auberginen abspülen, abtropfen lassen und trockentupfen. Knoblauch, Essig und Olivenöl in einer kleinen Schüssel verrühren und die Auberginenscheiben damit bestreichen. Ein Blech mit Alufolie bedecken, das Gemüse darauf auslegen und unter dem Grill in etwa 3 bis 4 Minuten Farbe annehmen lassen. Die Auberginenscheiben wenden, mit der restlichen Essig-Öl-Mischung bestreichen und auf der anderen Seite ebenfalls 3 bis 4 Minuten grillen.

Die Auberginen auf Zimmertemperatur abkühlen lassen, anschließend mit dem Ziegenkäse bestreuen, weiteres Olivenöl darüberträufeln und auftragen.

Die verschiedenen *hors-d'œuvres* hübsch anrichten und alle zusammen mit reichlich in Scheiben geschnittenem Baguette und einer Flasche gut gekühltem Roséwein aus der Provence servieren.

PISSALADIÈRE

ZWIEBELKUCHEN NACH NIZZAER ART

Der Name dieses pizzaähnlichen Kuchens leitet sich von *pissala* ab, einer Fischpaste, die man ursprünglich über die gebratenen Zwiebeln strich, bevor man ihn buk.

FÜR 6 BIS 8 PERSONEN

4 EL Olivenöl
1 ½ kg Zwiebeln, in dünne Scheiben geschnitten
3 Knoblauchzehen, zerdrückt
1 EL frischer Salbei, gehackt
Salz
12 in Öl eingelegte Sardellenfilets, abgetropft
24 schwarze Oliven, vorzugsweise aus Nizza
1 EL Thymianblätter

FÜR DEN TEIG:
225 g kräftiges Mehl
1 TL Trockenhefe, 1/2 TL Salz
1 EL Olivenöl
⅛ l lauwarmes Wasser

DAS ÖL IN einer großen, schweren Pfanne erhitzen. Zwiebeln und Knoblauch hineingeben und bei mittlerer Hitze 15 Minuten anschwitzen. Salbei und etwas Salz zugeben, weitere 15 bis 20 Minuten schmoren, bis die Zwiebeln weich und goldgelb sind. Herausnehmen und abkühlen lassen.

Für den Teig das Mehl in eine Schüssel sieben, Hefe und Salz unterrühren und in die Mitte eine Mulde drücken. Nach und nach Öl und Wasser zugeben und zu einem weichen Teig verarbeiten. Den Teig auf einer leicht bemehlten Arbeitsfläche 8 bis 10 Minuten durchkneten, bis er ganz glatt und elastisch ist. Zu einer Kugel formen und in einer leicht eingeölten Schüssel, mit einem Tuch bedeckt, an einem warmen Ort etwa 1 Stunde gehen lassen, bis er das doppelte Volumen hat. In der Zwischenzeit ein Backblech in die oberste Schiene des Backofens schieben. Den Ofen auf 230° C vorheizen.

Den Teig aus der Schüssel nehmen und nochmals kräftig durchkneten. Ausrollen und eine leicht eingeölte Springform von 30 cm Durchmesser damit belegen oder einen runden Teigfladen ohne Form auf ein Backblech legen. Den Teigboden mehrmals mit einer Gabel einstechen.

Die inzwischen abgekühlten gebratenen Zwiebeln über dem Teig verteilen, dabei einen äußeren freien Rand lassen. Die Sardellenfilets gitterförmig darauf anordnen, Oliven und Thymian darüber verteilen und die Form auf das heiße Backblech setzen. Den Zwiebelkuchen im vorgeheizten Ofen 15 bis 20 Minuten backen. Wenn der Teig schön aufgegangen und die Oberfläche goldgelb ist, aus dem Ofen nehmen. Die *pissaladière* auf einem Kuchengitter etwas abkühlen lassen und warm servieren.

SOUPE DE FENOUIL ⓥ

FENCHELSUPPE

Wie einem Gespräch Renoirs mit dem Kunsthändler Vollard zu entnehmen ist, kochte Cézannes Mutter eine Variante dieser köstlichen Suppe für Renoir während seines Aufenthalts im Jas de Bouffan: »Und dann die ausgezeichneten Fenchelsuppen, die Cézannes Mutter für uns kochte! Ich höre noch, als wäre es erst gestern gewesen, wie sie mir das Rezept verrät. Sie war eine großartige Frau!«

FÜR 6 PERSONEN

4 EL Olivenöl
1 Zwiebel, feingehackt
2 Knoblauchzehen, feingehackt
1 TL Fenchelsamen, gemahlen
2 Fenchelknollen, quer in dünne Scheiben geschnitten
450 g reife Tomaten
1 l Gemüsebrühe, 1 Prise Zucker
2 EL Fenchelgrün oder Dill, gehackt
Salz und Pfeffer
6 EL kaltgepreßtes Olivenöl zum Servieren

FÜR DIE CROÛTONS:
6 Scheiben Baguette
1 Knoblauchzehe, geschält

DAS ÖL IN einem großen Topf erhitzen. Zwiebel, Knoblauch und gemahlenen Fenchel hineingeben und 5 Minuten braten. Den in Scheiben geschnittenen Fenchel zugeben und unter gelegentlichem Rühren weitere 10 Minuten schmoren lassen.

In der Zwischenzeit die Tomaten 30 Sekunden in kochendes Wasser tauchen, abschrecken und enthäuten. Die Tomaten halbieren, Kerne herausdrücken und dabei den Saft in einer Schüssel auffangen. Das Fruchtfleisch in Würfel schneiden und zusammen mit dem Tomatensaft in den Topf geben. Brühe und Zucker zugeben und aufkochen lassen. Die Hitze reduzieren und zugedeckt 20 bis 25 Minuten kochen, bis der Fenchel weich ist. Fenchelgrün oder Dill hinzugeben, die Suppe mit Salz und Pfeffer würzen und zugedeckt warm halten.

Für die Croûtons das Brot auf beiden Seiten rösten und mit dem Knoblauch einreiben.

Die Suppe in Schüsselchen füllen, die Croûtons darüber verteilen und mit Olivenöl beträufeln. Sofort servieren.

SOUPE AU PISTOU ⓥ

PROVENZALISCHE GEMÜSESUPPE

Soupe au pistou enthält immer Nudeln und Olivenöl, und sicher meinte Cézanne diese provenzalische Gemüsesuppe, als er an seinen Freund Émile Zola schrieb: »Ich bereite gerade eine Suppe aus Nudeln und Olivenöl von der Art, wie Lantier sie so gern mochte.« Er bezog sich dabei auf eine Romanfigur von Zola in dessen Roman *Le Ventre de Paris (Der Bauch von Paris)*, die Cézanne nachempfunden war.

FÜR 6 PERSONEN

100 g getrocknete weiße Bohnen, über Nacht in kaltem Wasser eingeweicht
4 EL Olivenöl
1 Zwiebel, feingehackt, 2 Knoblauchzehen, zerdrückt
1 Stange Lauch, geputzt, in Scheiben geschnitten und gründlich abgespült
2 TL frischer Rosmarin, gehackt
1 große Kartoffel, geschält und in Würfel geschnitten
2 große reife Tomaten, enthäutet und in kleine Würfel geschnitten
2 Lorbeerblätter, 2 Zucchini, in Würfel geschnitten
100 g dünne grüne Bohnen, geputzt und halbiert
100 g frisch enthülste Saubohnen
100 g frisch enthülste Erbsen
50 g Spaghettini, in kurze Stücke gebrochen

FÜR DEN PISTOU:
85 g Basilikumblätter
1 Knoblauchzehe, zerdrückt, 50 g Parmesan, frisch gerieben
⅛ l kaltgepreßtes Olivenöl, Salz und Pfeffer
geriebener Parmesan

DIE EINGEWEICHTEN BOHNEN abtropfen lassen, in einen Topf geben und mit 1¾ l kaltem Wasser bedecken. Zum Kochen bringen, den aufsteigenden Schaum abschöpfen und 10 Minuten kochen lassen. Die Hitze reduzieren und die Bohnen weitere 40 bis 45 Minuten zugedeckt weich kochen.

In der Zwischenzeit das Öl in einem großen Topf erhitzen. Zwiebel, Lauch, Knoblauch, Rosmarin und Kartoffelwürfel hineingeben und 10 Minuten schmoren lassen. Tomaten, Lorbeerblätter, Bohnen mitsamt der Kochflüssigkeit zugeben, aufkochen lassen, die Hitze reduzieren und das Ganze zugedeckt etwa 20 Minuten köcheln lassen, bis die Kartoffelwürfel gar sind.

Für den *pistou* Basilikum, Knoblauch und Parmesan im Mixer oder in der Küchenmaschine zu einem glatten Püree verarbeiten. Bei laufendem Motor das Öl in dünnem Strahl zugießen. Wenn der *pistou* sämig ist und sich alle Zutaten miteinander verbunden haben, mit Salz und Pfeffer abschmecken.

Die restlichen Gemüse und die Spaghettini in die Suppe geben und weitere 10 Minuten kochen, bis alle Gemüse und die Nudeln gar sind. Die Gemüsesuppe mit Salz und Pfeffer abschmecken und in vorgewärmte Suppenschälchen füllen. Jeweils einen Löffel *pistou* zugeben und Parmesan dazu reichen.

SOUPE DE POISSONS MÉDITERRANÉENNE ET SA ROUILLE

MITTELMEER-FISCHSUPPE MIT SCHARFER KNOBLAUCH-MAYONNAISE

Man kann bei diesem Rezept die Fischköpfe auch weglassen und nur Fischgräten verwenden, sollte dann die Kochzeit aber auf 45 Minuten verlängern, damit die Brühe Geschmack bekommt.

FÜR 4 PERSONEN

1 kg gemischte Fische wie Drachenkopf, Lippfisch, Seeteufel und Meerbarbe, geschuppt und gesäubert
450 g Seeaal
225 g rohe Riesengarnelen
6 EL Olivenöl, 2 Zwiebeln, feingehackt
4 Knoblauchzehen, feingehackt
1 große Fenchelknolle, geputzt und in Stücke geschnitten
4 EL Cognac
450 g reife Tomaten, grob gehackt
2 EL Tomatenmark, 2 frische Thymianzweige
2 Lorbeerblätter
$\frac{1}{4}$ TL Safranfäden, $\frac{1}{4}$ TL Cayennepfeffer

FÜR DIE ROUILLE:
25 g altbackenes Weißbrot
1 EL Rotweinessig, 2 Knoblauchzehen, feingehackt
1 kleine rote Chilischote, entkernt und feingehackt
1 Eigelb, 1 Prise Salz
$\frac{1}{4}$ l französisches kaltgepreßtes Olivenöl

ZUM SERVIEREN:
8 dünne Scheiben Baguette, geröstet
frisch geriebener Parmesan

FISCHE UND GARNELEN in große Stücke schneiden. Die Hälfte des Öls in einem schweren Topf erhitzen. Die Fische portionsweise hineingeben und bei starker Hitze braun anbraten. Mit einem Schaumlöffel herausnehmen und in einen großen Suppentopf geben.

Das restliche Öl in den Topf gießen. Zwiebeln, Knoblauch und Fenchel zugeben und in 10 Minuten goldgelb braten. Den Cognac zugießen und schnell einkochen lassen. Die Gemüse mit den übrigen Zutaten zu den Fischen in den Suppentopf geben. Mit $1\frac{1}{2}$ Liter Wasser aufgießen, langsam zum Kochen bringen und den aufsteigenden Schaum von der Oberfläche abschöpfen. Die Hitze reduzieren und zugedeckt 30 Minuten köcheln lassen (oder 45 Minuten, siehe Einleitungstext oben).

In der Zwischenzeit die *rouille* zubereiten: Das Brot zerpflücken, in eine Schüssel geben und mit dem Essig beträufeln. Zusammen mit den restlichen Zutaten, mit Ausnahme des Öls, in einen Mixer oder in die Küchenmaschine und zu einer glatten, hellgelben Masse aufschlagen. Bei laufendem Motor das Öl in stetigem, dünnem Strahl zugießen und zu einer sämigen Mayonnaise aufschlagen. Falls die Mayonnaise zu dick gerät, ein paar Tropfen kaltes Wasser unterrühren. Abschmecken, mit Klarsichtfolie bedecken und beiseite stellen.

Die Suppe im inzwischen gesäuberten Mixer oder in der Küchenmaschine portionsweise möglichst glatt pürieren. Durch ein feinmaschiges Sieb in einen Topf passieren, dabei die Rückstände im Sieb kräftig ausdrücken. Die Suppe wieder aufkochen lassen, die Hitze reduzieren und in etwa 20 Minuten um ein Drittel einkochen lassen. Die Fischsuppe in vorgewärmte Suppenschälchen füllen. Das geröstete Brot mit etwas *rouille* bestreichen und jeweils 2 Brotscheiben auf die Suppe legen. Mit etwas geriebenem Parmesan bestreuen und sofort auftragen.

Anmerkung: Sowohl Drachenkopf als auch Lippfisch werden traditionell für die provenzalische Fischsuppe und selten für andere Zubereitungen verwendet. Drachenkopf kann durch Meerbarbe ersetzt werden.

GEGENÜBER: MITTELMEER-FISCHSUPPE MIT SCHARFER KNOBLAUCH-MAYONNAISE

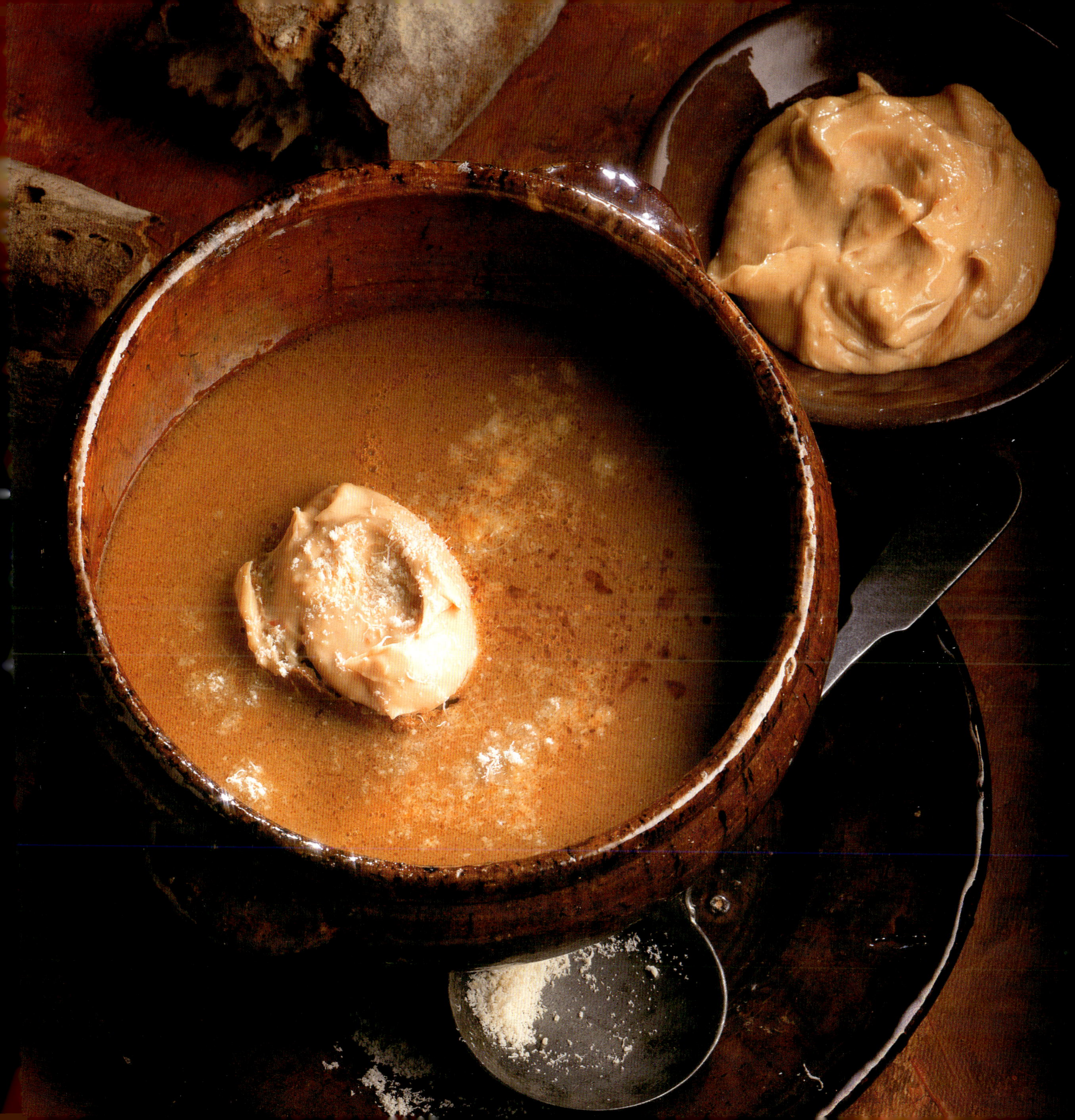

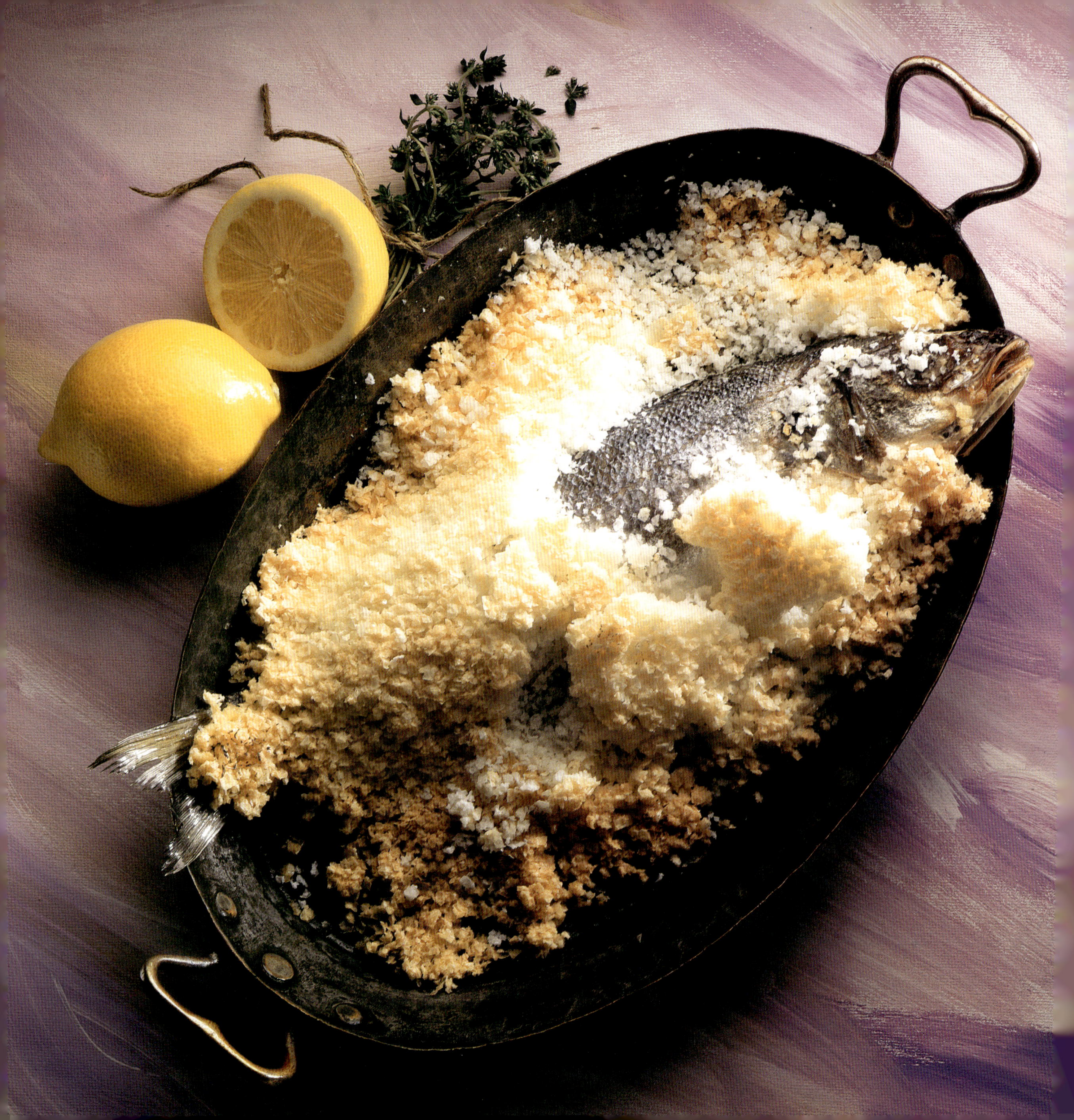

LOUP DE MER AU GROS SEL

SEEWOLF IN SALZKRUSTE

Eine wundervolle Art, diesen köstlichen Fisch zuzubereiten: Er wird mit einer Mischung aus Meersalz und Eiweiß überzogen und im Ofen gegart. Anschließend wird die Salzkruste aufgebrochen: Darunter verbirgt sich ein zarter und saftiger Fisch.

FÜR 4 BIS 6 PERSONEN

1 Seewolf von etwa 1 ½ kg, geschuppt und gesäubert
1 Knoblauchzehe, in Scheiben geschnitten
2 Lorbeerblätter
2 Zweige Fenchelgrün oder Dill
2 Zweige frischer Thymian,
2 Zitronenscheiben
schwarzer Pfeffer
5 Eiweiße
575 g Meersalz

ZUM SERVIEREN:
Zitronenspalten
aïoli *(nach Belieben; siehe Seite 168)*

DEN BACKOFEN AUF 190° C vorheizen. Eine feuerfeste Form, in die der Fisch hineinpaßt, mit Öl ausstreichen. Den Seewolf von innen und außen abspülen und mit Küchenpapier trockentupfen. Knoblauch, Kräuter, Zitronenscheiben und schwarzen Pfeffer in die Bauchhöhle geben und den Fisch in die vorbereitete Form legen.

Das Eiweiß schaumig aufschlagen und das Meersalz unterrühren. Die Mischung sollte die Konsistenz einer Paste haben. Den Fisch damit vollkommen überziehen und 40 Minuten im vorgeheizten Ofen garen, bis die Salzkruste goldgelb ist.

Aus dem Ofen nehmen und 10 Minuten abkühlen lassen. Die Salzkruste mit einem Hammer aufschlagen und entfernen. Den Seewolf mit Zitronenspalten garnieren und nach Belieben mit einer ***aïoli*** servieren.

»Ich bin im Begriff, mit dem Eifer eines Marseillaners, der die Bouillabaisse ißt, zu malen, was Dich nicht erstaunen wird, da es sich darum handelt, große Sonnenblumen zu malen.«
VINCENT VAN GOGH an seinen Bruder THEO,
Ende August 1888, Arles

GEGENÜBER:
SEEWOLF IN SALZKRUSTE

Le Grand Aïoli

Pochierter Fisch und gekochte Gemüse mit Knoblauch-Mayonnaise

Traditionsgemäß besteht dieses Gericht aus pochiertem Stockfisch, gekochten Gemüsen und *aïoli*. Obwohl frischer Kabeljau kein Mittelmeerfisch ist, wird er in diesem Rezept als Alternative zu Stockfisch verwendet, der oftmals nur schwer erhältlich ist.

Für 4 Personen

1 Kabeljau von etwa 1½ kg, geschuppt und gesäubert, Kopf und Schwanz entfernt
2 kleine Fenchelknollen, geputzt
2 kleine Bunde junge, zarte Mohrrüben, unter fließendem kaltem Wasser abgebürstet
225 g neue Kartoffeln, unter fließendem kaltem Wasser abgebürstet
225 g zarte grüne Bohnen, geputzt
225 g junge, zarte Spargelspitzen
Salz und Pfeffer
12 kleine, gekochte Artischocken (siehe Seite 169), abgekühlt
4 hartgekochte Eier, geschält und in Viertel zerteilt
1 Portion aïoli *(siehe Seite 168)*

Für die Brühe:
1¾ l trockener Weißwein
6 EL Weißweinessig
4 Mohrrüben, in Scheiben geschnitten
2 Zwiebeln, feingehackt
4 Stangen Sellerie, in Scheiben geschnitten
4 Stangen Lauch, geputzt, in Scheiben geschnitten und gründlich abgespült
4 Knoblauchzehen
4 Lorbeerblätter
8 Zweige Petersilie
8 frische Thymianzweige
12 weiße Pfefferkörner
2 TL Meersalz

Für die Brühe den Wein in einen großen Topf gießen, die gleiche Menge kaltes Wasser sowie die Aromaten zugeben und aufkochen lassen. Die Hitze reduzieren und zugedeckt 30 Minuten köcheln lassen. Den Sud durch ein feinmaschiges Sieb in einen anderen Topf gießen und in etwa 10 Minuten bei starker Hitze um ein Drittel einkochen lassen. Für die Zubereitung benötigt man etwa 2¼ Liter Brühe.

Die Brühe in einen Fischkochtopf oder in eine große feuerfeste Kasserolle gießen und nochmals aufkochen lassen. Den Kabeljau hineingeben und, sobald die Brühe wieder zu kochen beginnt, die Hitze reduzieren und den Fisch 5 Minuten leise ziehen lassen. Den Topf vom Herd nehmen und den Kabeljau in der Brühe etwa 30 Minuten ruhen lassen. Den Fisch mit einem Schaumlöffel aus dem Topf auf eine Platte heben, locker mit Alufolie bedecken und auf Zimmertemperatur abkühlen lassen.

Den Fischsud wieder zum Kochen bringen, Fenchel, Mohrrüben und Kartoffeln hineingeben und 10 Minuten köcheln lassen. Bohnen und Spargel zugeben und weitere 5 bis 6 Minuten köcheln lassen, bis alle Gemüse gar sind, mit Salz und Pfeffer abschmecken. Die Gemüse aus der Brühe nehmen, kalt abschrecken, abtropfen lassen und zum Abkühlen beiseite stellen.

Vom Kabeljau vorsichtig die Haut entfernen. Den Fisch auf einer Platte anrichten, mit den gekochten Gemüsen, den Artischocken und den Eiern umlegen und die Knoblauch-Mayonnaise getrennt dazu servieren.

RÔTI DE PORC À LA SAUGE

SCHWEINELENDE MIT SALBEI

Die Sardellensauce, die zur Schweinelende gereicht wird, ist typisch provenzalisch und paßt ausgezeichnet zu diesem Braten. Es empfiehlt sich, nach 1½ Stunden Schmorzeit mit einem kleinen Metallspieß in das Fleisch zu stechen, um zu prüfen, ob es gar ist. Wenn der Fleischsaft klar heraustritt, hat die Schweinelende den richtigen Garpunkt erreicht.

FÜR 4 PERSONEN

1½ kg Schweinelende, ohne Knochen, abgespült, trockengetupft und gerollt
24 Salbeiblätter, 2 EL Olivenöl
Salz und Pfeffer
6 EL trockener Weißwein
2 Knoblauchzehen, zerdrückt
2 Lorbeerblätter

FÜR DIE SARDELLENSAUCE:
25 g in Öl eingelegte Sardellen, abgetropft und feingehackt
1 TL geriebene Zitronenschale
1 EL Zitronensaft
2 EL frische Petersilie, gehackt
Salz und Pfeffer

MIT EINEM SPITZEN, scharfen Messer tiefe Einschnitte in das Schweinefleisch machen. Die Salbeiblätter hineingeben und das Fleisch von allen Seiten mit Öl, Salz und Pfeffer einreiben. Die Schweinelende in eine feuerfeste Kasserolle geben, Weißwein, Knoblauch und Lorbeerblätter zufügen und zugedeckt über Nacht marinieren.

Den Backofen auf 180° C vorheizen. Die Kasserolle in den Ofen schieben und die Schweinelende ohne Deckel 1½ bis 2 Stunden braten, dabei gelegentlich mit dem Bratensaft bestreichen. Das Fleisch vorsichtig aus der Kasserolle heben, locker in Alufolie wickeln und ruhen lassen, während die Sauce zubereitet wird.

Die Kasserolle auf den Herd stellen und das Fett abschöpfen. Sardellenfilets und Zitronenschale unterrühren und köcheln lassen. Dabei die Sardellenfilets mit einem Holzlöffel zerdrücken. Wenn sie sich aufgelöst haben, Zitronensaft und Petersilie unter die Sauce rühren und leicht einkochen lassen. Eventuell mit Salz und Pfeffer abschmecken und getrennt zur gebratenen Schweinelende servieren.

Daube de Bœuf à la Provençale

Provenzalischer Rindfleischeintopf

Ein klassischer provenzalischer Rindfleischeintopf mit Tomaten und Oliven.

Für 4 Personen

4 EL Olivenöl
1 kg Rinderbrust, abgespült, trockengetupft und in große Würfel geschnitten
100 g geräucherter Speck, in Würfel geschnitten
2 frische Thymianzweige
1 frischer Rosmarinzweig
2 Knoblauchzehen, feingehackt, 1 Zwiebel, feingehackt
3 Stangen Sellerie, in Würfel geschnitten
2 rote Paprikaschoten, Scheidewände und Samen entfernt, das Fruchtfleisch in Würfel geschnitten
2 Mohrrüben, in Würfel geschnitten
4 reife Tomaten, in Würfel geschnitten
2 Streifen Orangenschale
1 Streifen Zitronenschale,
0,6 l Rotwein
Meersalz und Pfeffer
225 g Champignons
12 schwarze Oliven

Zum Garnieren:

4 EL frische Petersilie, gehackt
4 in Öl eingelegte Sardellenfilets, abgetropft und gehackt
2 Knoblauchzehen, zerdrückt

Den Backofen auf 140° C vorheizen. Das Olivenöl in eine feuerfeste Steingutform oder in eine Kasserolle gießen. Rindfleisch und Speck hineingeben und Kräuter und Knoblauch dazwischen verteilen. Zwiebel, Sellerie, Paprikaschoten, Mohrrüben, Tomaten und Zitrusschalen darüberstreuen, mit dem Wein übergießen und mit etwas Salz und Pfeffer bestreuen.

Den Topfinhalt auf dem Herd langsam zum Kochen bringen, in den vorgeheizten Ofen schieben und zugedeckt 3 Stunden garen. Dabei gelegentlich prüfen, ob noch ausreichend Flüssigkeit im Topf ist. Falls nötig, etwas Wasser zugießen.

Nach 3 Stunden Champignons und Oliven zugeben, wieder in den Ofen schieben und eine weitere Stunde schmoren lassen, bis die Flüssigkeit eingedickt und das Fleisch so weich ist, daß es fast zerfällt. Nochmals abschmecken. Am besten schmeckt die ***daube***, wenn man sie nun abkühlen läßt, über Nacht in den Kühlschrank stellt und am nächsten Tag aufwärmt, weil sich dann die Aromen besser entfalten können. Aber man kann den Rindfleischeintopf natürlich auch frisch aus dem Ofen auf den Tisch bringen. Allerdings sollte man vor dem Servieren noch den zerdrückten Knoblauch und die Sardellen unterrühren und ihn mit gehackter Petersilie bestreuen.

RATATOUILLE TIAN ⓥ

ÜBERBACKENES GEMÜSE

Tian ist ein Steingutgefäß, das man im Mittelmeerraum normalerweise zum Garen von Gemüsen im Ofen benutzt. Grundlage für dieses Rezept ist eine *ratatouille*, die mit einer Schicht Zucchini und Tomaten bedeckt und mit Parmesan überbacken wird. Man kann das Gericht als reichhaltige Gemüsebeilage oder als vegetarisches Abendessen reichen.

FÜR 6 PERSONEN

6 EL Olivenöl
1 Zwiebel, feingehackt
2 Knoblauchzehen, zerdrückt
2 TL frischer Thymian, gehackt
2 TL frischer Rosmarin, gehackt
je 1 kleine rote und gelbe Paprikaschote, Scheidewände und Samen entfernt, das Fruchtfleisch in Würfel geschnitten
1 kleiner Zucchino, in Würfel geschnitten
1 kleine Aubergine, in Würfel geschnitten
400 g Tomaten aus der Dose, gehackt
1 TL Zucker
1 Lorbeerblatt
Salz und Pfeffer

FÜR DEN BELAG:
6 EL Olivenöl
1 Knoblauchzehe
2 große Zucchini, diagonal in dünne Scheiben geschnitten
450 g Eiertomaten, in Scheiben geschnitten
15 g frisch geriebener Parmesan
1 EL Thymianblätter, grob gehackt
1 EL Rosmarinnadeln, grob gehackt

IN EINEM GROSSEN Topf 2 Eßlöffel Öl erhitzen. Zwiebel, Knoblauch und Kräuter hineingeben und etwa 10 Minuten leise braten, bis Zwiebel und Knoblauch weich und goldgelb sind. Die Paprikaschoten zugeben und weitere 10 Minuten braten lassen.

In der Zwischenzeit das restliche Öl in einer Pfanne erhitzen. Die Zucchiniwürfel hineingeben und in etwa 5 Minuten goldgelb braten. Mit einem Schaumlöffel herausnehmen und in den Topf geben. Falls nötig, noch etwas Öl in die Pfanne gießen und die Auberginenwürfel bei mittlerer Hitze 6 bis 8 Minuten braten. Wenn sie goldgelb zu werden beginnen, zusammen mit den Tomaten, dem Zucker, Lorbeerblatt, Salz und Pfeffer in den Topf zu den anderen Zutaten geben. Das Ganze zum Kochen bringen, dann die Hitze reduzieren und zugedeckt 30 Minuten köcheln lassen.

Den Backofen auf 200° C vorheizen. Eine große feuerfeste Steingutform mit Öl ausstreichen.

Für den Belag Öl und Knoblauch miteinander vermischen. Die *ratatouille* gleichmäßig in der vorbereiteten Form verteilen. Mit den Zucchini- und Tomatenscheiben in abwechselnden Reihen belegen, so daß die *ratatouille* davon vollständig bedeckt ist.

Mit der Knoblauch-Öl-Mischung bestreichen und 40 Minuten im vorgeheizten Ofen backen.

Herausnehmen, mit geriebenem Parmesan und den Kräutern bestreuen, das Gemüse wieder in den Ofen schieben und weitere 20 bis 30 Minuten überbacken, bis die Oberfläche goldbraun und das Gemüse gar ist. Etwas abkühlen lassen und warm servieren.

GRATIN DE CITROUILLE ⓥ

ÜBERBACKENER KÜRBIS

Das leuchtende Orangerot des Kürbis findet sich in Cézannes atmosphärischen Bildern, die er in der Landschaft seiner Kindheit malte, immer wieder. Dieses einfache, herzhafte und wärmende Gericht schmeckt besonders gut an kühlen Herbst- oder Winterabenden.

FÜR 6 PERSONEN

675 g Kürbis, geschält, entkernt und in mundgerechte Stücke geschnitten
1 rote Zwiebel, in dünne Scheiben geschnitten
2 EL kaltgepreßtes Olivenöl
2 Knoblauchzehen, zerdrückt
1 EL frischer Thymian, gehackt

FÜR DIE BÉCHAMEL-SAUCE:
4 EL Butter
3 EL Mehl
0,45 l Milch, 0,15 l Sahne
3 EL frisch geriebener Parmesan
¼ TL Cayennepfeffer
Salz und Pfeffer

ZUM BESTREUEN:
2 EL Pinienkerne, geröstet und feingehackt
1 EL Semmelbrösel

DEN BACKOFEN AUF 220° C vorheizen. Den Kürbis in eine feuerfeste Form von etwa 1¾ Liter Inhalt geben und mit den Zwiebeln bestreuen. Öl, Knoblauch und Kräuter verrühren und den Kürbis von allen Seiten damit überziehen. Den Kürbis 30 bis 35 Minuten im Ofen garen, bis er weich ist und braune Sprenkel aufweist. Backofen auf 200° C herunterschalten.

In der Zwischenzeit die Béchamel-Sauce zubereiten: Die Butter in einem Topf zerlassen. Das Mehl zugeben und unter ständigem Rühren 30 Sekunden anschwitzen. Den Topf vom Herd nehmen und nach und nach unter Rühren Milch und Sahne zugießen. Dabei darauf achten, daß sich keine Klumpen bilden und die Mehlschwitze glatt ist. Wieder auf den Herd stellen und die Sauce unter ständigem Rühren sämig werden und kurz aufkochen lassen. Die Hitze reduzieren und die Béchamel-Sauce 2 Minuten köcheln lassen. Vom Herd nehmen, 2 Eßlöffel Parmesan und den Cayennepfeffer unter die Sauce rühren und abschmecken. Die Oberfläche mit Klarsichtfolie bedecken, damit sich keine Haut bildet, und beiseite stellen, bis der Kürbis gar ist.

Den Kürbis aus dem Ofen nehmen, mit der Béchamel-Sauce übergießen und gut umrühren. Semmelbrösel, Pinienkerne und den restlichen Parmesan vermischen und den Kürbis damit bestreuen. Die Form wieder in den Ofen schieben und den Kürbis 10 bis 15 Minuten überbacken, bis die Oberfläche goldgelb ist und die Sauce brodelt. Sofort servieren.

POMMES DE TERRE À L'HUILE ⓥ

BRATKARTOFFELN MIT OLIVENÖL

Cézanne soll ein großer Anhänger dieses einfachen Kartoffelgerichts gewesen sein. Er mochte Olivenöl so gern, daß er, wenn er nach Paris kam, stets eine Flasche davon dabei hatte.

FÜR 4 PERSONEN

1 kg kleine neue Kartoffeln, unter fließendem kaltem Wasser abgespült
6 EL Olivenöl
3 Knoblauchzehen, feingehackt
4 EL frische Petersilie, gehackt
Salz und Pfeffer
Olivenöl zum Servieren

DIE KARTOFFELN IN kochendem Salzwasser 10 Minuten garen. Das Wasser abgießen, die Kartoffeln etwas abkühlen lassen und anschließend halbieren.

Das Öl in einer großen Pfanne erhitzen. Den Knoblauch hineingeben, einige Sekunden braten, damit er sein Aroma entfalten kann, aber nicht bräunen. Den Knoblauch mit einem Schaumlöffel aus der Pfanne nehmen und beiseite stellen.

Die Kartoffeln in die Pfanne geben und bei mittlerer Hitze in 5 bis 10 Minuten goldbraun braten. Den Knoblauch wieder zugeben und die Bratkartoffeln mit Petersilie, Salz und Pfeffer bestreuen. Kurz umrühren und in eine vorgewärmte Schüssel geben. Die Bratkartoffeln großzügig mit Olivenöl beträufeln und servieren.

»Nächsten Sonntag kommt Dein Vater, um eine Ente mit mir zu essen. Mit Oliven (die Ente, natürlich). Wenn Du doch nur bei uns sein könntest!«
CÉZANNE an seinen Freund ÉMILE SOLARI, 8. September 1897

MESCLUN AU CHÈVRE ⓥ

GEMISCHTE BLATTSALATE MIT ZIEGENKÄSE

Heutzutage werden nur selten Wildkräuter angeboten, die man früher selbst zu sammeln pflegte. Man kann sich auch mit jungen Blattsalaten behelfen, aber das Ergebnis ist nicht vergleichbar, weil ihnen das leicht bittere Aroma der Wildkräuter fehlt. Es ist daher ratsam, Salate mit einer leicht bitteren Note wie Chicorée, Rauke, Endivie oder sogar eßbare Blüten zu verwenden.

FÜR 4 PERSONEN

je 1 Chicorée und 1 Radicchio, geputzt
1 kleiner Endivien- oder Friséesalat, geputzt
50 g junge, zarte Spinatblätter
50 g Rauke
4 EL frische Kräuter wie Basilikum, Kerbel, Schnittlauch und Petersilie, gehackt
1 Handvoll Kapuzinerkresse (Blüten und Blätter; nach Belieben)
100 g Ziegenkäse, zerpflückt

FÜR DAS DRESSING:
1 EL Rotweinessig
1 TL Dijon-Senf, 1 Prise Salz
schwarzer Pfeffer
1 Prise Zucker
4 EL kaltgepreßtes Olivenöl, 2 EL Walnußöl

DIE SALATBLÄTTER NUR abspülen, wenn sie sandig sind. Danach sollte man sie allerdings gut mit Küchenpapier trockentupfen. Die Blätter in mundgerechte Stücke zupfen und in eine ausreichend große Schüssel geben, in der man den Salat gut vermischen kann. Die gehackten Kräuter und eventuell die Blüten zugeben und die Schüssel auf den Tisch stellen.

In einer kleinen Schüssel Essig, Senf, Salz, Pfeffer und Zucker miteinander verrühren. Unter ständigem Rühren das Öl in dünnem Strahl zugießen. Wenn sich alle Zutaten gut miteinander verbunden haben und das Dressing schön sämig ist, den Salat damit anmachen. Gut vermengen, so daß alle Blätter von der Sauce überzogen sind, mit dem Ziegenkäse bestreuen und sofort servieren.

Salade Niçoise

Nizza-Salat

Für diesen Salat gibt es kein einheitliches Rezept. Immer gehören jedoch Tomaten, Knoblauch, Basilikum, Oliven, Kapern und Sardellenfilets hinein – auch nur auf eine dieser Zutaten zu verzichten, wäre unklug.

Für 4 Personen

225 g neue Kartoffeln, unter fließendem kaltem Wasser abgebürstet
100 g junge grüne Bohnen
450 g reife Eiertomaten, geschält und in Viertel geschnitten
1 rote Zwiebel, in dünne Scheiben geschnitten
200 g in Olivenöl eingelegter Thunfisch aus der Dose, abgetropft und zerpflückt
25 g in Öl eingelegte Sardellenfilets, abgetropft
2 EL in Salz eingelegte Kapern, abgespült und abgetropft
50 g schwarze Oliven, vorzugsweise aus Nizza
1 kleiner Kopf Römischer Salat, in Streifen geschnitten (nach Belieben)

Für das Dressing:
1 EL Zitronensaft
2 EL frisches Basilikum, gehackt
1 EL frische Petersilie, gehackt
2 Knoblauchzehen, zerdrückt, 1 TL Zucker
6 EL kaltgepreßtes Olivenöl
Salz und Pfeffer

Zum Garnieren:
2 hartgekochte Eier, geschält und in Viertel geschnitten
Basilikumblätter

Für das Dressing Zitronensaft, Kräuter, Knoblauch und Zucker in einer kleinen Schüssel miteinander vermischen. Nach und nach das Öl unterrühren und mit Salz und Pfeffer würzen. Beiseite stellen.

Die Kartoffeln in einem Topf mit leicht gesalzenem Wasser zum Kochen bringen und in 10 bis 12 Minuten gar kochen. Das Wasser abgießen, die Kartoffeln abtropfen lassen und in eine große Schüssel geben. Die Hälfte der Salatsauce zugießen, die Kartoffeln darin wenden und bis auf Zimmertemperatur abkühlen lassen.

Die Bohnen 2 Minuten in leicht gesalzenem Wasser blanchieren, abgießen, unter fließendem kaltem Wasser abschrecken und abtropfen lassen. Mit den anderen Zutaten zu den Kartoffeln in die Schüssel geben. Mit der restlichen Salatsauce überziehen und alles gut miteinander vermengen. Den Salat auf einer großen Platte anrichten, die Eier und Basilikumblätter darüber verteilen und sofort servieren.

Plateau de Fromage Provençal

Provenzalische Käseplatte

Provenzalischer Käse wird in der Regel aus Ziegen- oder Schafsmilch hergestellt, mit Knoblauch und Kräutern aromatisiert und manchmal auch in Olivenöl eingelegt. *Fromage frais*, ein leichter Frischkäse, kann entweder mit schwarzem Pfeffer aus der Mühle gewürzt und mit Olivenöl beträufelt oder mit Akazienhonig gesüßt und mit Lavendel aromatisiert serviert werden. Banon, ein kleiner Käse, den man im Sommer aus Schafs- und im Winter aus Ziegenmilch gewinnt, legt man in *eau de vie de marc*, den Tresterschnaps dieser Region, ein, wickelt ihn in Maronenblätter und läßt ihn einige Monate reifen.

Eine Auswahl provenzalischer Käse und frische Früchte auf einem Holzbrett anrichten und mit warmem Baguette servieren.

SORBET ORANGE ET CITRON

ORANGEN- UND ZITRONEN-SORBET

An einem Sommertag in der Provence, wenn die Sonne herunterbrennt, sind diese leichten Sorbets die ideale Erfrischung.

JEWEILS FÜR 6 BIS 8 PERSONEN

FÜR DAS ZITRONEN-SORBET:

250 g Zucker
0,45 l Wasser
0,45 l frisch gepreßter Zitronensaft, durch ein Sieb passiert

FÜR DAS ORANGEN-SORBET:

geriebene Schale und Saft von 2 Zitronen
85 g Zucker
0,175 l Wasser
0,45 l frisch gepreßter Orangensaft, durch ein Sieb passiert

FÜR DAS ZITRONEN-SORBET Zucker und Wasser in einen schweren Topf geben und ohne zu rühren langsam erhitzen. Wenn sich der Zucker aufgelöst hat, zum Kochen bringen und 3 Minuten kochen lassen. Den Zuckersirup vom Herd nehmen, den Zitronensaft unterrühren und auskühlen lassen. Anschließend in einen Plastikbehälter geben.

Für das Orangen-Sorbet Zitronenschale, Zucker und 0,175 Liter Wasser in einen schweren Topf geben und langsam erhitzen. Wenn sich der Zucker aufgelöst hat, zum Kochen bringen und 3 Minuten sprudelnd kochen lassen. Den Zuckersirup vom Herd nehmen und durch ein Sieb in einen Plastikbehälter gießen. Zitronen- und Orangensaft unterrühren und auskühlen lassen. Wenn die beiden Mischungen vollständig abgekühlt sind, ins Gefrierfach stellen. Nach 2 Stunden herausnehmen und die Eiskristalle, die sich am Rand des Behälters gebildet haben, aufschlagen. Wieder ins Gefrierfach stellen und die Sorbets in stündlichen Abständen aufschlagen. Bis zum Gebrauch im Gefrierfach aufbewahren. Man sollte die Sorbets jedoch 20 Minuten vor dem Servieren herausnehmen, damit sie schön cremig werden.

TARTE AU CITRON

ZITRONENKUCHEN

FÜR 6 PERSONEN

1 Portion Mürbeteig (siehe Seite 119)
175 g feiner Zucker
geriebene Schale und Saft von 3 großen Zitronen
3 Eier
2 Eigelbe
175 g weiche Butter
Puderzucker zum Bestäuben (nach Belieben)

DEN MÜRBETEIG AUSROLLEN und eine Tortenform von 23 cm Durchmesser damit belegen. Den Teigboden einige Male mit einer Gabel einstechen und 30 Minuten im Kühlschrank ruhen lassen.

Ein Backblech in die mittlere Schiene des Backofens schieben und den Ofen auf 200° C vorheizen.

Die Form aus dem Kühlschrank nehmen, den Teig mit Backpapier belegen und mit Hülsenfrüchten beschweren. In den Ofen auf das heiße Backblech setzen und 10 bis 12 Minuten blindbacken. Vorsichtig Backpapier und Hülsenfrüchte entfernen und den Teig weitere 10 bis 12 Minuten backen, bis er knusprig und goldgelb ist. Herausnehmen und auf einem Kuchengitter abkühlen lassen, den Backofen jedoch nicht ausschalten.

Zucker, Zitronenschale und -saft, Eier und Eigelb in einen Topf geben und bei sehr geringer Hitze verrühren, bis der Zucker sich aufgelöst hat. Die Hälfte der Butter zugeben, etwa 1 Minute weiterrühren, bis die Creme so dick ist, daß sie einen Löffelrücken überzieht. Die restliche Butter hinzufügen und weiterrühren, bis die Creme dick wird. Dabei die Masse ununterbrochen rühren, da die Eier sonst gerinnen. Die Zitronencreme beiseite stellen und abkühlen lassen.

Die Zitronencreme gleichmäßig auf dem Teigboden verteilen und die Form für weitere 5 bis 10 Minuten in den Ofen schieben. Wenn die Creme gestockt ist, den Kuchen aus dem Ofen nehmen und auf einem Kuchengitter bis auf Zimmertemperatur abkühlen lassen. Den Zitronenkuchen nach Belieben mit Puderzucker bestäuben und warm servieren.

NÄCHSTE SEITE: ZITRONENKUCHEN

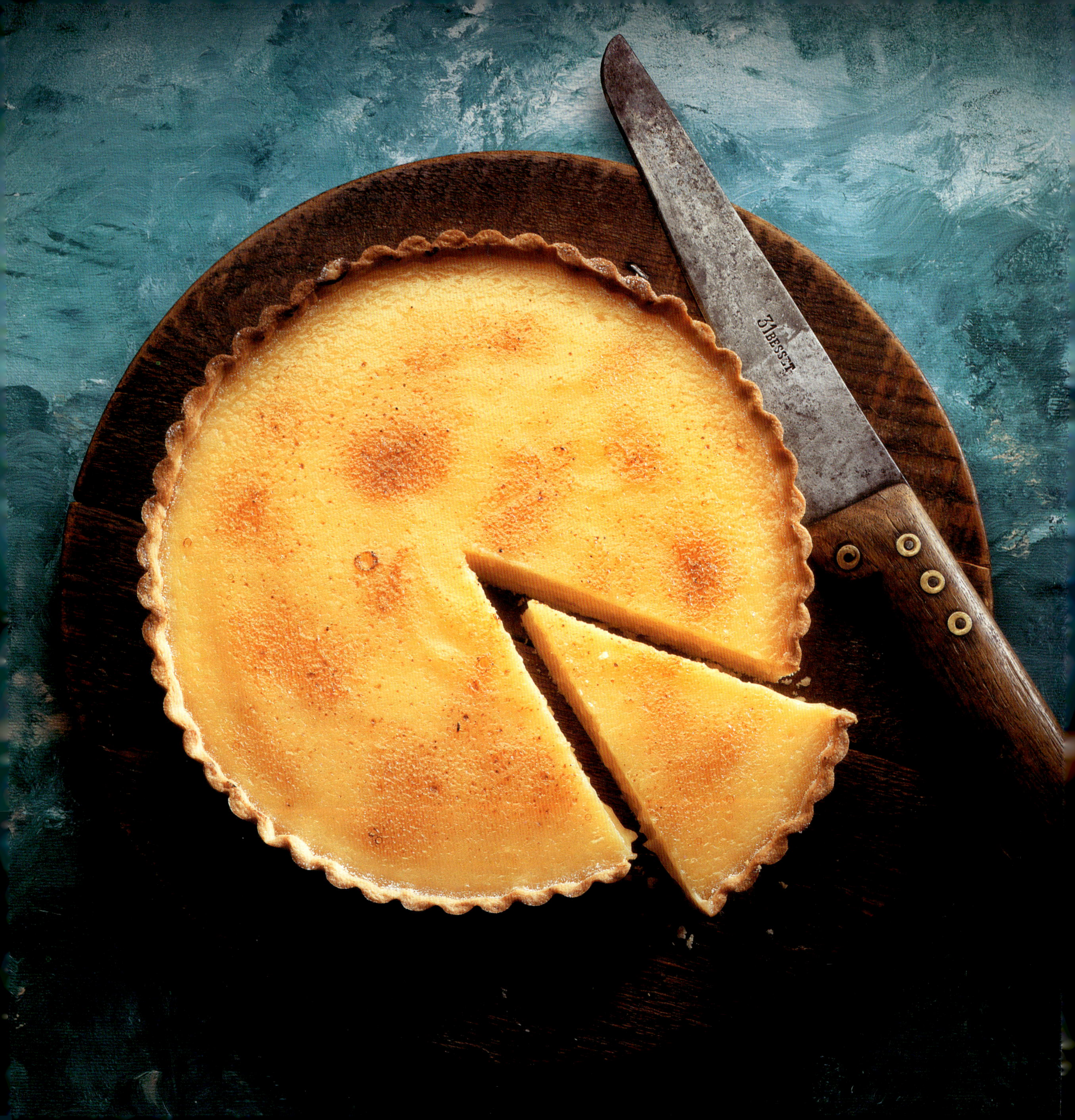
31BESSET

AUSWAHLBIBLIOGRAPHIE

Andrieu, Pierre, *Fine Bouche: A History of the Restaurant in France*, Cassell 1956

Ash, Russell, *Impressionists and their Art*, Orbis 1980

Baker, Jenny, *La Cuisine Grand-Mère: from Brittany, Normandy, Picardy and Flanders*, Faber and Faber 1994

Baldick, Robert (Hg.), *Pages from the Goncourt Journals*, Oxford University Press 1978

Bayard, Jean-Émile, *The Latin Quarter Past and Present*, T. Fisher Unwin 1926

Bellony-Rewald, Alice, *The Lost World of Impressionists*, Weidenfeld and Nicolson 1976

Boudaille, Georges, *Gauguin*, Köln 1978

Bretell, Richard R., *Pissarro and Pontoise*, Guild Publishing 1990

Brookner, Anita, *The Genius of the Future: Essays in French Art Criticism*, Cornell University Press 1971

Broude, Norma, *Seurat in Perspective*, Prentice-Hall 1978

Callow, Phillip, *Van Gogh: A Life*, Allison and Busby 1991

Carr-Gomm, Sarah, *Seurat*, Studio Editions 1993

Cate, Phillip Dennis, *The Graphic Arts and French Society 1871–1914*, Rutgers University Press 1988

Courthion, Pierre, *Montmartre*, Skira 1956

Daulte, François, *Auguste Renoir*, München 1972

David, Elizabeth, *French Provincial Cookery*, Penguin Books 1964

Davidson, Alan, *North Atlantic Seafood*, Penguin Books 1980

Davidson, Alan und Jane, *Dumas on Food: Recipes and Anecdotes from the Grand Dictionnaire de Cuisine*, Oxford University Press 1987

Denvir, Bernard, *The Impressionists at First Hand*, Thames and Hudson 1970

Elgar, Frank, *Cézanne*, Thames and Hudson 1969

Fitzgibbon, Theodora, *A Taste of Paris in Food and Pictures*, Dent 1974

Ford, Ford Madox, *Provence*, George Allen and Unwin 1938

Freson, Robert, *A Taste of France*, Hamlyn Publishing Group 1987

Gaunt, William, *The Impressionists*, Thames and Hudson 1970

Geffroy, Gustave, *Monet – Sa vie, son œuvre*, Paris 1980

Gerds, William H., *Monet's Giverny*, Abbeville Press 1993

Gogh-Bongers, Johanna Gesina van (Hg.), *Vincent van Goghs Briefe an seinen Bruder Theo* (3 Bd.), Frankfurt a.M. 1990

Goudeau, Émile, *Paris qui consomme*, Paris 1893

Gouffé, Gloria, *Le Livre de Cuisine: la cuisine de ménage et la grande cuisine*, Paris 1967

Groom, Gloria, *Edouard Vuillard*, New Haven, London 1993

Halevy, Daniel, *My friend Degas*, Rupert Hart Davis 1966

Hanson, Lawrence, *Renoir: the Man, the Painter, and his World*, Leslie Frewin 1972

Hanson, Lawrence, *Mountain of Victory: A Biography of Paul Cézanne*, Secker and Warburg 1960

Heinrich, Christoph, *Monet*, Taschen Verlag 1993

Herbert, Robert L., *Impressionism: Art, Leisure and Parisian Society*, New Haven, London 1988

Herbert, Robert L., *Monet on the Normandy Coast: Tourism and Paintings 1867–1886*, New Haven, London 1994

Horwitz, Sylvia L., *Toulouse-Lautrec: His World*, New York 1973

Isaacson, Joël, *Observation and Reflection: Claude Monet*, Phaidon 1978

Jaworska, Wlaydyslawa, *Gauguin and the Pont-Aven School*, Thames and Hudson 1972

Joyes, Claire, *Zu Gast bei Claude Monet – Der große Impressionist als Gourmet*, Wilhelm Heyne Verlag 1989

Joyes, Claire, *Les Carnets de Cuisine de Monet*, Editions du Chêne 1989

Kapos, Martha, *Impressionismus*, Könemann Verlagsgesellschaft 1994

Kendall, Richard, *Cézanne by Himself*, Macdonald and Co. 1988

Le Paul, Judy, *Gauguin and the Impressionists at Pont-Aven*, New York 1983

Le Pichon, Yann, *The Real World of the Impressionists*, Octopus Books 1984

Lethèye, Jacques, *Daily Life of French Artists in the Nineteenth Century*, Praeger Publishers 1972

Lucie-Smith, Edward, *Impressionist Women*, Weidenfeld and Nicolson 1989

Maupassant, Guy de, *Sonntage eines Pariser Bourgeois* u. andere Novellen, München 1963

Milner, John, *The Studios of Paris: The Capital of Art in the late Nineteenth Century*, New Haven, London 1988

Mittelstädt, Kuno (Hg.), *Paul Gauguin – Briefe*, Fischerhude 1989

Moffett, Charles S., *The New Painting: Impressionism 1874–1886*, Phaidon 1986

Monneret, Sophie, *Renoir: Der Mensch – Das Leben – Das Werk*, Parkland 1995

Moore, George, *Bekenntnisse eines jungen Mannes*, Dieterich'sche Verlagsbuchhandlung 1986

Morisot, Berthe, *The Correspondence with her Family and Friends*, Moyer Bell 1987

Naudin, Jean-Bernard, Gilles Plazy und Jacqueline Saulnier, *Zu Gast bei Cézanne – Der Künstler als Gourmet*, Wilhelm Heyne Verlag 1995

Naudin, Jean-Bernard, Geneviève Diego-Dortignac und André Daguin, *Zu Gast bei Toulouse-Lautrec – Der Maler des Moulin Rouge als Gourmet*, Wilhelm Heyne Verlag 1993

O'Connor, Patrick, *Toulouse-Lautrec: The Nightlife of Paris*, Phaidon 1991

Pach, Walter, *Renoir*, Thames and Hudson 1984

Prather, Marla und Charles F. Stuckey, *Gauguin: A Retrospective*, Hugh Lauter Levin Associates 1987

Renoir, Jean, *Mein Vater Auguste Renoir*, Diogenes Verlag 1991

Rewald, John (Hg.), *Paul Cézanne – Briefe*, Diogenes Verlag 1995

Rewald, John, *Die Geschichte des Impressionismus*, DuMont 1995

Rewald, John (Hg.) unter Mitwirkung von Lucien Pissarro, *Camille Pissarro – Briefe an seinen Sohn Lucien*, Erlenbach–Zürich 1953

Rewald, John, *Pissarro*, Thames and Hudson 1991

Rewald, John, *Seurat*, Harry N. Abrahams 1990

Richardson, Joanna, *The Bohemians: La Vie Bohème in Paris 1830–1914*, Macmillan 1969

Rivière, Georges, *Renoir et ses amis*, Paris 1921

Rothenstein, William, *Men and Memories 1872–1938*, Chatto and Windus 1979

Rouart, Denis, *Claude Monet*, Albert Skira 1958

Rouart, Denis, *Renoir*, Albert Skira 1959

Sagner-Dutching, Karin, *Claude Monet*, Taschen Verlag 1990

Schimmel, Herbert (Hg.), *The Letters of Toulouse-Lautrec*, Oxford 1991

Shikes, R.E. und Paula Harper, *Pissarro: His Life and Work*, Quartet Books 1980

Shone, Richard, *Sisley*, Phaidon 1979

Spate, Virginia, *The Colour of Time: Claude Monet*, Thames and Hudson 1992

Stein, Susan, *Van Gogh: A Retrospective*, Hugh Lauter Levin Associates 1986

Stuckey, Charles F. und William P. Scott, *Berthe Morisot: Impressionist*, Sotheby's 1987

Toulouse-Lautrec, Henri de /Maurice Joyant, *Die Kunst des Kochens*, Hädecke 1986

Tucker, Paul Hayes, *Monet at Argenteuil*, New Haven, London 1982

Tucker, Paul Hayes, *Monet in the 90's*, Guild Publishing 1989

Valery, Paul, *Degas, Manet, Morisot*, New York 1960

Vollard, Ambroise, *Degas: An Intimate Portrait*, New York 1986

Vollard, Ambroise, *Renoir: An Intimate Portrait*, New York 1925

Wadley, Nicholas, *Renoir: A Retrospective*, New York 1987

Walther, Ingo F., *Malerei des Impressionismus*, Taschen Verlag 1992

Walther, Ingo F. und Rainer Metzger, *Van Gogh*, Taschen Verlag 1993

Wilson-Bareau, Juliet, *Manet by Himself*, Macdonald and Co. 1991

Zola, Émile, *Briefe*, München 1976

Zola, Émile, *Der Bauch von Paris*, Berlin 1949

Zola, Émile, *Das Werk*, München 1976

REGISTER

Ⓥ hinter Rezepten besagt, daß diese für Vegetarier geeignet sind

Kursiv gedruckte Seitenzahlen beziehen sich auf Abbildungen

Abendessen, Das (Monet) *100*
Aïoli (Knoblauch-Mayonnaise) 168
Alexis, Paul 154
Alphonsine Fournaise in La Grenouillère (Renoir) *3*
Äpfel
– Normannischer Apfelkuchen 43
– Tarte Tatin (Gestürzter Apfelkuchen) 41
Artischocken, gefüllt 170, *171*
Auberginen mit Ziegenkäse 172
Austern
– Ausgebackene 29
– in der Schale 70, *71*
Austern (Manet) *134*
Baudelaire, Charles 14
Bazille, Frédéric 8, 50, 88, 91, 154
– in der Normandie 13 ff.
Bei Tortoni's (Manet) 46
Birnen
– Birnenkuchen mit Mandelcreme 84
– Gefüllte Birnen 43
Blätterteigkuchen mit Mandelfüllung 120, *121*
Blick aus meinem Fenster (Pissarro) 103
Boudin, Eugène 14, 17, *18*
Bretagne 11, 123 ff.
Bretonischer Butterkuchen 150
Brillat-Savarin, Anthelme 46
Caféterrasse auf der Place du Forum in Arles bei Nacht (van Gogh) *164*
Caillebotte, Gustave *22*, 57, 95, 157
Cassatt, Mary 24, 54, 68
Cézanne, Paul 8, 10, *99*, *155*, *159*, *160*
– in Fontainebleau 88
– in Giverny 23 f.
– in Paris 50, 52 ff.
– in der Provence 154, 157 ff.
– an der Seine 101, 103
Champagner-Granité mit Erdbeeren 84, *85*
Charigot, Aline 49, 57 f., 95, 124, 166
Chicorée, geschmort 82
Clemenceau, Georges 24
Corot, Camille 87, 96 ff.
Courbet, Gustave 14, 18, 87, 92
Crudités Rohe Gemüse mit heißer Sauce 169
Degas, Edgar 8, 61, 68, *69*
– in der Normandie 19
– in Paris 45, 50, 52, 54, 68 f.
– an der Seine 92
Dienstmädchen, Das kleine (Morisot) 99
Doncieux, Camille 8, 92, 100
Dumas, Alexandre 18, 28
Eier, gebacken mit Spinat 109
Ein Sonntagnachmittag auf der Ile de la Grande Jatte (Seurat) 96
Eine Bar in den Folies-Bergère (Manet) 46, *47*
Ente
– Ente mit Kirschen 35
– Gebratene Ente mit Erbsen 143
Ephreussi, Charles 95, 101
Erdbeeren auf weißem Tischtuch (Renoir) *13*
Fasan mit Weinblättern und Calvados *36*, 37
Fenchelsuppe 174
Fisch (Monet) 7
Fisch
– Ausgebackene Fische 108
– Forelle Müllerin-Art, gegrillt 111
– Gegrillte Lachssteaks mit gebackenen Tomaten 141
– Mittelmeer-Fischsuppe mit scharfer Knoblauch-Mayonnaise 176, *177*
– Pochierter Fisch und gekochte Gemüse mit Knoblauch-Mayonnaise 180
– Seezunge auf normannische Art 32
– Steinbutt mit Spinat und einer Sauce béarnaise 76, *77*
– Stockfischpüree 172
Fontainebleau 87 ff.
Fournaise, Alphonse 91 f.
Früchte auf einem Stand (Caillebotte) *22*
Früchte des Südens (Renoir) *156*
Frühstück der Ruderer, Das (Renoir) 10, 91 f., *94*, 118
Frühstück im Freien, Das (Manet) 88, *89*
Frühstück im Freien, Das (Monet) 88 ff., *90*
Frühstück in Berneval (Renoir) *25*
Frühstück, Das (Signac) *133*
Frühstück im Atelier, Das (Manet) *55*
Gachet, Dr. Paul 103, 132, 165, 166
galettes (Pfirsichkuchen) 83
Garnelen-Cremesuppe 28
Gauguin, Paul *99*, *123 ff.*, *153*, *165*
Geffroy, Gustave 23, 56 f.
Geflügelmarkt in Gisors (Pissarro) *102*
Gemüse
– Gemüse-Gratin 40
– Überbackenes Gemüse 183
Geräucherter Lachs auf geröstetem Brot mit Sardellenbutter 70
Gide, André 131
Gill, André 18, 35
Gloanec, Marie-Jeanne 127 f., 132
Guichard, Joseph 56, 96
Halévy, Daniel 68
Hartrick, Archibald Standish 128
Henry, Marie 131
Hors d'oeuvres 70, *71*, 168
Hoschedé, Alice 20, 132, 134
Huhn
– Gebratenes Huhn mit Butter 111
– Huhn in Biersauce 78
– Huhn »Vallée d'Auge« 34
Hummerfrikassee 137
Im »Ambassadeurs« (Elegante Leute) (Toulouse-Lautrec) *66*
Im Café-concert (Manet) 46, *48*
Im Eßzimmer (Morisot) *97*, 99
Im Gastgarten des ›Père Lathuille‹ (Manet) 58, *59*
Im Gasthaus von Mère Anthony (Renoir) 2, 88
Im »Moulin Rouge« (Toulouse-Lautrec) *63*
Interieur eines Restaurants (van Gogh) *163*
Jakobsmuscheln, überbacken 135
James, Henry 46
Kaninchenragout 78
Kartenspieler, Die (Cézanne) 158
Kartoffeln
– Bratkartoffeln mit Olivenöl 185
– Kartoffelkuchen 147
– Kartoffeln nach Pariser Art 81
– Kartoffelsalat 117
– Pommes frites 79
Käse
– Brie aus Meaux 82
– Hausgemachter Frischkäse mit Walderdbeeren 120
– Käse-Soufflé mit Kräutern 109
– Normannische Käseplatte 41
– Provenzalische Käseplatte 186
– Trappistenkäse 149
Kaviar auf geröstetem Brot 70, *71*
Kirschkuchen mit Englischer Crème 151
Kohl
– Geschmorte Kohlrouladen 115
– Kohlsuppe 106
Krebssuppe 107
Kürbis, überbacken 184
Lammragout mit weißen Rübchen und Artischocken 144, *145*
Lauchtörtchen 74
Leroy, Louis 8, 101
Les Galettes (Monet) *14*
Mahlzeit, Die (Renoir) *98*
Mahlzeit auf dem Bootsausflug, Die (Renoir) *93*
Mahlzeit in Honfleur (Cals) *16*
Makrelen, eingelegt mit Senfsauce 30
Mallarmé, Stéphane 56, 100
Manet, Edouard 8, 10
– in Paris 45, 46, 50, 52, 53
– an der Seine 100, 101
Manet, Eugène 19, 56, 99
Maupassant, Guy de 91, 92
Meeresfrüchte
– Bretonischer Fischeintopf 138, *139*
– Meeresfrüchte-Platte *122*, 136
– Eintopf mit Meeresfrüchten 31
Miesmuscheln in Cidre *12*, 30
Mirabellenkuchen mit Sahne 119
Mirbeau, Geffroy 24
Mirbeau, Octave 24, 134
Mittagsmahl, Das (Monet) *21*
Mittagsmahl, Das (Monets Garten in Argenteuil) (Monet) *9*, 10, 100
Monet, Claude 8, 10
– in Argenteuil 100, 101
– in Fontainebleau 88
– in der Bretagne 123, 132 ff.
– in der Normandie 13 ff., *18*, 32, 34, 40, 41
– in Giverny 19 ff., *23*, 153
– in Paris 50, 52, 53, 57
– in der Provence 153, 157
– an der Seine 91, 92
Montagné, Prosper 58
Moore, George 52, 54
Morisot, Berthe 8, 96 ff.
– in der Bretagne 123
– in der Normandie 19
– in Paris 45, 54, 56
– in der Provence 154
Morisot, Edma 19, 56, 96, 99, 123, 154

Nach dem Frühstück (Renoir) *51*
Nachtcafé (van Gogh) 165
Natanson, Alexandre 64
Normandie 11, 13 ff.
– Ferme Saint-Siméon 13, 14, 19, 30, 31, 35
Oliven
– Eingelegte Oliven 168
– Tapenade (Olivenpaste) 168
Omelett
– mit Venusmuscheln 27
– mit frischen Kräutern 73
Orangen- und Zitronen-Sorbet 187
Paris 11, 45 ff.
– »Café Guerbois« 8, 50, 56
– »Café de la Nouvelle-Athènes« 8, 52, 53, 54, *54*, 56
– »Café Riche« 45, 46, 56, 57
– *café-concerts* 46, 61, 65
– »Le Moulin de la Galette« *60*, 61, 83
– »Moulin Rouge« 62, *63*, 65, 70
Pfannkuchen
– auf normannische Art 26
– süße Pfannkuchen mit Erdbeeren 150
Pfirsichkuchen 83
Pflaumenschnaps, Der (Manet) 46
Pilze
– Champignons 82
– Pfifferlinge mit Crème fraîche *116*, 117
Pissarro, Camille 8, 10, 61, *99*, *165*
– in Fontainebleau 88
– in Paris 52, 54
– an der Seine 101, 103
Provence 153 ff.
Renard, Gabrielle 57
Renoir, Auguste 7, 8, 10, 20, 82, 83, *95*, 118
– in Fontainebleau 88, 91, *95*
– in Giverny 24
– Berthe Morisot 99 f.
– in der Bretagne 123 f., 132
– in der Normandie 19
– in Paris 49, 50, 54, 57 ff.
– in der Provence 153, 157 f, 166, 174
– an der Seine 91, 92 ff, 100, 101
Renoir, Jean 57
Restaurant de la Sirène in Asnières (van Gogh) *6*
Rindfleisch
– Provenzalischer Rindfleischeintopf 182
– Rindfleischtopf 112, *113*
– Zwischenrippenstück mit Bercy-Sauce *44*, 79
Rodin, Auguste 24
Salate
– Gemischte Blattsalate mit Ziegenkäse 185
– Mimosa-Salat 118
– Nizza-Salat *152*, 186
– Normannischer Salat 40
– Kartoffelsalat 117
Salatsuppe mit Kräutern 135
Sauerkraut mit Würsten und gepökeltem Bauchspeck *80*, 81
Schinken, Der (Gauguin) *126*
Schneider, Louis 46
Schokoladencreme-Töpfchen 118
Schweinefleisch
– Gebratene Schweinelende mit Senf und Äpfeln 146
– Gepökeltes Schweinefleisch mit Linsen 38
– Pastete 75
– Schweinelende mit Salbei 181
Seewolf.
– gegrillt mit weißer Buttersauce 142
– in Salzkruste *178*, 179
Seine 91 ff.
Seurat, Georges Pierre 19, 54, 61, 96
Signac, Paul 54, 61, 123, 132, 154
Sisley, Alfred 8, 10, 24, 88, 91, 92
Spargelbund (Manet) *87*, 101
Spargelsuppe 104
Stilleben mit Äpfeln und Orangen (Cézanne) *160*
Stilleben mit Karpfen (Manet) *15*
Stilleben mit Kirschen (Gauguin) 128, *129*, 151
Stilleben mit Korb (Cézanne) *155*
Stilleben mit Melone (Monet) *45*
Stilleben mit Orangen (Gauguin) *125*
Stilleben mit Laval im Profil (Gauguin) *130*
Stilleben mit Zwiebeln (Cézanne) *159*
Stilleben: Blaue emaillierte Kaffeekanne, irdenes Geschirr und Früchte (van Gogh) *153*
Strandfenchel in Butter 149
Suppen
– Brunnenkresse-Kartoffel-Suppe 27
– Erbsensuppe 72
– Fenchelsuppe 174
– Garnelen-Cremesuppe 28
– Gemüsesuppe *148*, 149
– Gemüsesuppe nach Hausfrauenart 72
– Kohlsuppe 106
– Krebssuppe 107
– Mittelmeer-Fischsuppe mit scharfer Knoblauch-Mayonnaise 176
– Provenzalische Gemüsesuppe 175
– Salatsuppe mit Kräutern 135
– Sauerampfer-Suppe 73
– Spargelsuppe 104
– Überbackene Zwiebelsuppe 104, *105*
Tabarant, A. 45
Tanz im Moulin de la Galette (Renoir) *60*, 61, 83
tapenade (Olivenpaste) 168
Tavernier, Adolphe 91
Toulouse-Lautrec, Henri de 61, 62 ff, *64*, 120, 154
Valéry, Paul 69
van Gogh, Vincent 8, 103, *153*, 162 ff.
Vellay, Julie 101, 103
Venusmuscheln
– Gefüllte Venusmuscheln 137
– Omelett mit Venusmuscheln 27
Vollard, Ambroise 10, 57, 68
Waldschnepfe, gebraten 114
Weiße Bohnen mit Tomaten 147
Weiße Rübchen, glasiert mit Schinken und Schnittlauch 38, *39*
Wildterrine *86*, 110
Zitrone (Manet) *123*
Zitronenkuchen 187, *188*
Zola, Émile 50, 53 f., 73, 106, 109, 117, 154
Zwiebelkuchen nach Nizzaer Art 173
Zwiebeln (Renoir) *167*
Zwiebelsuppe, überbacken 104, *105*

BILDNACHWEIS

Art Institute, Chicago, Illinois:
15 (Mr. and Mrs. Lewis Lurned Coburn Memorial Collection),
63 (Helen Birch Bartlett Memorial Collection),
93 (Mr. and Mrs. Potter Palmer Collection)

Barnes Foundation, Merion, PA: 98

Bibliothèque Nationale, Paris: 94, 69

Bridgeman Art Library, London:
3 Musée d'Orsay, Paris, Giraudon; 9 Musée d'Orsay, Paris, Lauros, Giraudon; 13 Musée des Beaux-Arts, Bordeaux; 14 Privatbesitz, Giraudon; 16 Musée d'Orsay, Paris, Giraudon; 21 Städelsches Kunstinstitut, Frankfurt a. M.; 25 Privatbesitz; 47 Courtauld Institute Galleries, London; 51 Städelsches Kunstinstitut, Frankfurt a. M.; 55 Neue Pinakothek, München; 59 Musée des Beaux-Arts, Tournai; 60 Musée d'Orsay, Paris, Giraudon; 89 Louvre, Paris; 90 Puschkin Museum, Moskau; 94 The Phillips Collection, Washington; 97 National Gallery of Art, Washington; 100 Sammlung Bührle, Zürich; 102 Museum of Fine Arts, Boston; 125 Musée des Beaux-Arts, Rennes, Giraudon; 126 The Phillips Collection, Washington; 129 Christie's, London; 130 Collection Josefowitz, New York; 155 Musée d'Orsay, Paris, Lauros, Giraudon; 156 Art Institute of Chicago; 159 Musée d'Orsay, Paris, Lauros, Giraudon; 160 Musée d'Orsay, Paris, Lauros, Giraudon

British Museum, London: 11

Galerie Schmidt, Paris: 18

Harvard University Art Museums: 7 (Schenkung der Freunde des Fogg Art Museum);
50 (Schenkung von Meta und Paul J. Sachs)

Musée d'Orsay, Paris: 6, 123

Museu Calouste Gulbenkian, Lissabon: 45

Museum of Fine Arts, Boston: 22 (Fanny P. Mason Fund in Erinnerung an Alice Thevin)

National Gallery, London: 48

National Gallery of Art, Washington: 66 (Collection Mr. and Mrs. Paul Mellon);
134 (Schenkung des Adele R. Fund)

Nationalmuseum, Stockholm: 2

Privatsammlung, Schweiz/Ingo F. Walther, Alling: 153

Rijksmuseum Kröller-Müller, Otterlo: 133, 163, 164

Roger-Viollet, Paris: 127

The Clark Art Institute, Williamstown, Mass.: 167

Toulouse-Lautrec-Museum, Albi: 64

Wallraf-Richartz-Museum, Köln: 87